中华君子文化

（第二辑）

何善蒙　主　编
孙钦香　执行主编

九州出版社　JIUZHOUPRESS | 全国百佳图书出版单位

图书在版编目（CIP）数据

中华君子文化. 第二辑 / 何善蒙主编；孙钦香执行
主编. — 北京：九州出版社，2021.9
  ISBN 978-7-5225-0403-2

  Ⅰ. ①中… Ⅱ. ①何… ②孙… Ⅲ. ①中华文化－文
集 Ⅳ. ①K203-53

  中国版本图书馆CIP数据核字(2021)第161959号

中华君子文化（第二辑）

作　　者	何善蒙　主编　孙钦香　执行主编
责任编辑	陈文龙
出版发行	九州出版社
地　　址	北京市西城区阜外大街甲 35 号（100037）
发行电话	（010）68992190/3/5/6
网　　址	www.jiuzhoupress.com
电子信箱	jiuzhou@jiuzhoupress.com
印　　刷	北京九州迅驰传媒文化有限公司
开　　本	710 毫米 ×1000 毫米　16 开
印　　张	19.25
字　　数	342 千字
版　　次	2021 年 9 月第 1 版
印　　次	2021 年 9 月第 1 次印刷
书　　号	ISBN 978-7-5225-0403-2
定　　价	98.00 元

编辑委员会

目　录

理想人格与君子文化

君子文化的当代实践

特稿

怎样成为君子？

谢遐龄 *

　　关于君子的概念内涵现在存在两个模糊认识：一是只要注重修身，就是君子；二是每个人都能成为君子。持有这两个观点的人士很多。要澄清上述错误认识，《孟子·离娄下》中的两句话有着指导意义：

　　孟子曰："人之所以异于禽兽者几希，庶民去之，君子存之。"①

　　那么，这"异于禽兽几希"而君子"存之"的是什么？

　　孟子的回答是："君子所以异于人者，以其存心也。"② 这就是说，君子与普通人之间的区别在于君子能够存心。

　　笔者在复旦附中青浦分校的研讨会上提了个问题：中国社会有近 14 亿人口，君子有多少？提出这个问题，是我观察到目前的教育基于唯利主义。孔子曰："君子喻于义，小人喻于利。"（《论语·里仁》）我国目前的教育，即使意图是培养君子，也是以利动之。中学生要报考大学，家长的指导思想是"怎样报名可以在将来找到赚钱多的工作"（笔者并不反对考虑找工作的问题，但以此为指导思想则误矣）。对孔子的这一思想，孟子发挥得极为透彻。《孟子》开篇第一章曰：

---

　　* 谢遐龄，复旦大学教授，主要研究方向为中国哲学史。

　　① 《孟子·离娄下》第 19 章：孟子曰："人之所以异于禽兽者几希，庶民去之，君子存之。舜明于庶物，察于人伦，由仁义行，非行仁义也。""由仁义行，非行仁义"是基本判据。行仁义，是修身要求，任何人都可以做到，肯做、不肯做而已。由仁义行，庶民做不到。

　　② 《孟子·离娄下》第 28 章：孟子曰："君子所以异于人者，以其存心也。君子以仁存心，以礼存心。仁者爱人，有礼者敬人。爱人者，人恒爱之；敬人者，人恒敬之。有人于此，其待我以横逆，则君子必自反也：我必不仁也，必无礼也，此物奚宜至哉？其自反而仁矣，自反而有礼矣，其横逆由是也，君子必自反也，我必不忠。自反而忠矣，其横逆由是也，君子曰：'此亦妄人也已矣。如此，则与禽兽奚择哉？于禽兽又何难焉？'是故君子有终身之忧，无一朝之患也。"此章不仅讲存心，而且讲了怎样存心、存何样心。

> 孟子见梁惠王。王曰："叟！不远千里而来，亦将有以利吾国乎？"孟子对曰："王！何必曰利？亦有仁义而已矣。王曰'何以利吾国'，大夫曰'何以利吾家'，士庶人曰'何以利吾身'，上下交征利而国危矣。……王亦曰仁义而已矣，何必曰利？"（《孟子·梁惠王上》）

正是这种"上下交征利"的社会状况，造成本来应该是君子的在位者并不是君子。君子不够多啊！那么，中国社会至少应该有多少君子？宽泛地说，应占中国总人口的约三十分之一至十五分之一。

注重修身就是君子吗？非也。

修身是全民性的要求。《大学》中有一句话："自天子以至于庶人，壹是皆以修身为本。"全民性的修身，是治国之本。但并不是说，注重修身就是君子。这就相当于当代社会要求每个社会成员遵纪守法、恪守各项道德规范；但并不是说每个人都因此是君子。实际的社会状况也表明，君子只是全体社会成员中的一小部分。古代社会划分君子、庶民为两大群体，当代社会划分干部、群众（或表述为精英、大众）为两大群体，都是有事实依据的。当代中国直至 1980 年代，考上大学就列入干部（准）编制，界限相当清晰。

从古代以来，就有一个困境：在阶层上属于君子，品格上未必够得上君子。把这种情况移到当代，就是：编制属于干部的，道德上是否够得上君子？（注意：编制非干部的人，也有不少在道德上够得上君子。）

部分人士主张，每个人都应该成为君子；从而反对讨论君子占人口比例的问题。这种主张可能的不良后果是：降低君子标准；忽视存心、慎独；混淆概念，把一些黑恶分子也升格为君子。（中国社会除了有崇尚读书修身的儒家传统，并列的还有民间习武结帮的墨家游侠传统，衍生出的民间组织易有"黑社会"性质。由于君子-小人概念模型普及度相当高，黑社会分子也常常以君子称号标榜自己。尽管"盗亦有道"，毕竟此道非彼道——明明德方为正道。）

我们也提倡每个人都要努力提升自己为君子，鼓励人们培养自己为君子。现在当然是君子越多越好，不会担心君子多了减损了自己的稀缺性，要担心的是君子太少。可叹的是，人类各社会历史阶段迄今为止够得上君子的都只是人口中的一个小比例。我们甚至担心，中国社会的君子数量远远不能达到 4500 万人的下限。

部分人士又把君子标准拔得高而又高，描写得桀骜不驯、特立独行；或者以当代"作为社会良心的知识分子"充当君子标准。前者是以狂狷替代中行；后者是以混合了西方要素的模型替换了君子当有的内涵，在一定程度上脱离了中国国情，虽然博取一时喝彩，实效却是误导思潮。（够得上"社会良心"水准的，人数极少，大约可列入"思想领袖"。以这种人物配当君子，在学术上是混淆概念，有哗众取宠之嫌。）

考虑到中国社会目前的实际情况，成为君子首先要补小学的课；在补课同时着重三个目标：畏天命、养仁义、立诚敬，奠定人格基础。怎样实现上述目标？无疑，存心是修养为君子的核心。

孟子讲四端，前引文讲以仁存心、以礼存心，本文仅讲一端——羞恶之心。讲这一端，是因为现实有迫切需要，且它在君子修养中位于入口处，是落实孔子所讲的"行己有耻"。

论及孟子性善论，要排除一些误解和曲解。宋明理学把仁义礼智看作天命之性，主张是人生而具备于心，并且自称其是根据孟子。这实则是曲解了孟子。诚然孟子主张仁义礼智源于人的本性，然而他只是认为人的天性中有仁义礼智之端倪，并非现成地具备仁义礼智。他举的恻隐之心、羞恶之心，属于人天生的心理本能。这些能力，在一些高等动物身上也可观察到。这些能力是端倪，必须经过存养扩充才会成为仁义礼智等德性。性善，在这个意义上，意思是善之德性在人的天性中有其端倪，或曰有其存在。同时，孟子并未否认人的天性也有不善的端倪，比如嫉妒心、虚荣心。

孟子关注的是怎样获得仁义礼智等德性。宋儒的思想是仁义礼智为天命之性，每个人生而备有；普通人不能发挥其用，是被气禀遮蔽了；所以修养就是去除气质之性的遮蔽，让天命之性挣脱出来。这就远离了孟子思想。孟子要求的第一步是"存"。因为这端倪很脆弱，很容易就被毁坏了。

我们可以从婴儿身上观察羞恶之心。这个"恶"，要读 wù（务，去声），意思是因做了错事、坏事而感到羞耻、憎恶。有人认为"恶"要读 è（鹅，去声），似乎婴儿已经形成善恶观并具备辨别善恶的能力了，但实则不然。实际上婴儿是有能力辨别成人对它的不满。这就是说，羞恶之心是人生下来就具备的心理能力。对婴儿的这种能力，成人要注意呵护，切忌粗暴对待犯错的婴儿，这种做法极易伤害婴儿的羞恶之心。也就是说，在与婴儿的互动中要注意保存其羞恶之心。孟子说"人之所以异于禽兽者几希，庶民去之"，几乎是在婴儿时期庶民的羞恶之心已经被破坏了。不过，如果这种破坏不很深固的话，还有重建羞恶之心的可能。

反观自身，我们能否敏锐地觉察周围人对自己的不满，并及时调整自己行为，且在反复调整中确定同类行为合适的度？比如与他人碰撞。大家知道，欧美人极其注意在人群中不要碰到他人身体；若有误撞，必定立即道歉。而我国人则撞了也觉察不到——不是故意不察，而是全然没感觉。有时，笔者看见有人从对面过来，特意缩住身子，让出足够空间让其通过，彼还会撞上一下，令人难以理解。前不久到黄山开会，在高铁上有位男士手撑住笔者座背与后面的人讲话，并不断晃手，让人很不舒服。我就扭头看看他。他还摇晃不止。十几分钟后，我不得不开口请求他不要再摇。不少人遇到这种情况会反唇相讥，这位男士还算好，道了歉，但说，难怪你时不时看看我，我还奇怪你怎么总看我！坦然承认自己毫无感觉。而君子则要敏锐地觉察他人的不满，明白自己错在何处，立即调整行为。孟子讲存养扩充，不仅要存心，还要养心、扩充。这可以推广到各个方面。

朱子讲"耻便是羞恶之心"，存养羞恶之心，要在知耻。管子总结的核心价值体系"礼义廉耻"有知耻一项，儒家所强调的"孝弟忠信礼义廉耻"也有知耻一项。按孟子学说，耻字似可归入义字。知耻根于羞恶，但知耻比羞恶含义更为高级、更为丰富。羞恶、愧疚、知耻，可以看作三个层级。羞恶是最基础的从而也是最低级的心理反应；愧疚是自知做错了事而产生的道德情感，包含有是非判断，较为高级；知耻有更多的文化意义，更深的道德反省，包含有罪恶感，道德升华之后才会懂得羞耻。从一定程度上来说，在当下的核心价值体系中列入知耻，是有必要的。

由此可见，当今之时，存养羞恶之心，在知耻上用功，是成为君子的主要功课。怎样成为君子？第一步就是知耻。

君子文化的内涵阐释

"易为君子谋"：谈君子随时之义

林文钦 *

摘要：《周易》一书特重在"时"义的阐扬，书中论"时"者共四十一处，而《象传》中言"时"即有二十四卦，亟言"时"义的重要。《系辞》之作，言《易》乃圣人所以崇德而广业也。宋儒张载《正蒙·大易》云："易为君子谋，不为小人谋。"《周易·象传》中，赞叹"随时之义"者有《随》卦一卦，其要义在于"时"。本文就《随》卦来研味其理，而识其时义。《随》卦其"义"，在强调"随时"。"随时"，除具有"浅事而有深意"之义外，还兼具"用"的作用，及"大事大变"的"时"之功能在。《随》卦的义理如下：（一）《随》在随时从善基于"天下随时"的原则，"随"就要"刚来而下柔，动而说"，不能完全坚持己见与利害，需要容采他人智慧与见解，同时兼顾他人的利益，唯有将自身智慧与利益和团体智慧与利益相结合，当下与长远利益及理想目标相结合，方能"得人心之归"，创造幸福逸乐的社会。（二）《随》时大用在明哲《随》卦之"时"义其用在于与行。时行则行，时止则止，随顺自然而动静不失其时。

关键词：周易；时义；随卦；随时；时用

前　言

《周易·象传》中，赞叹"随时之义"者有《随》卦一卦，其要义在于"时"。本文就《随》卦来研味其理，而识其时义。

宋儒张载《正蒙·大易》云："易为君子谋，不为小人谋，故撰德于卦，虽爻

---

* 林文钦，台湾高雄师范大学教授，主要研究方向为中国哲学史。

有小大，及系辞其爻，必谕之以君子之义。一物而两体，其太极之谓与！阴阳天道，象之成也；刚柔地道，法之效也；仁义人道，性之立也。三才两之，莫不有乾坤之道。"① 张载之论，盖从《易》六十四卦各卦之象、象辞发明而得。六十四卦中，有五十三卦之象辞结句必用"君子以……"，只有十一卦之象辞未提"君子"二字，分别是：比卦之象曰："地上有水，比。先王以建万国，亲诸侯。"泰卦之象曰："天地交，泰。后以财成天地之道，辅相天地之宜，以左右民。"豫卦之象曰："雷出地奋，豫。先王以作乐崇德，殷荐之上帝，以配祖考。"观卦之象曰："风行地上，观。先王以省方，观民设教。"噬嗑卦之象曰："雷电，噬嗑，先王以明罚勒法。"剥卦之象曰："山附于地，剥。上以厚下安宅。"复卦之象曰："雷在地中，复。先王以至日闭关，商旅不行，后不省方。"无妄之象曰："天下雷行，物与无妄，先王以茂对时育万物。"离卦之象曰："明两作，离。大人以继明照于四方。"姤卦之象曰："天下有风，姤。后以施命诰四方。"涣卦之象曰："风行水上，涣。先王以享于帝，立庙。"若将上述十一卦中的"先王""大人""上""后"等用语算同君子行列，则只剩泰卦看似无关君子之谋，然泰卦之象辞有云："君子道长，小人道消"，由此可知张载之言"必谕之以君子之义"为是。

《易》为君子谋，不为小人谋。此论尚可从《系辞》之言观察而得。《系辞》之作，言《易》乃圣人所以崇德而广业也。崇德，则修身之格物、致知、诚意、正心在其中矣；广业，则齐家治平在其中矣，而修齐治平都是君子之事，若是小人，唯在乎一身之物质欲望，止乎一家之发迹变泰耳，即使臆则屡中，格局自不能大。《系辞》云《易》之广大，乃从天道、地道、人道兼论："易与天地准，故能弥纶天地之道。仰以观于天文，俯以察于地理，是故知幽明之故，原始反终，故知死生之说。……知周乎万物，而道济天下，故不过。旁行而不流，乐天知命，故不忧。安土敦乎仁，故能爱。"其中"济天下，故不过。旁行而不流，乐天知命，故不忧。安土敦乎仁，故能爱。"为人道之至。人道中，以圣人位阶最高，圣人神道设教，系辞以提高"人"道精神，将天道之自强不息与地道之厚德载物皆以"人"道精神配之，而君子又为圣人之"代言人"，故圣人君子大道，致广大而尽精微，极高明而道中庸，其挈挈于谋设社稷长远之安策、天下恒久之治道，对于自身又是忧道不忧贫的豁达，可谓善矣。君子行善、从善，乃在此心本善，行善而人亦行之，从善

---

① （宋）张载：《正蒙·大易》，《张载集》，中华书局，1978，第48—49页。

而人从之，此谓实践人道，上与天道等功，下与地道同德也。若则小人，鸡鸣而起，孳孳为利，得志，失却本来面目，不得志，唯戚戚以终，何以为善哉？故知《易》提升人道位阶与天地并称三才而两立，人道者，仁义之道也，仁义发诸己身，施诸百姓，故知《易》为君子谋，不为小人谋甚明。

《易》有三义，"变易"所以生生不息，"时"也；"不易"的自然规律，为"时"运化的轨迹；"简易"为自然，实时的变化方法在"与时偕行"。总而言之，"易"者，时也。所以黄庆萱先生于《周易纵横谈》中说：

> "易"，有"简易"、"变易"和"不易"的意思。"变易"中便含有时间的因素……"周"之言"周匝"，"易"之言"变易"，周匝变易，构成《周易》时间观的基本形态。[1]

朱熹在《答范伯崇书》中简括地说：

> 《易》，变易也，随时变易以从道也。《易》也，时也，道也。自其流行不息者而言之，则谓之《易》；自其变易无常者而言之，则谓之"时"。而其所以然之理，则谓之"道"。[2]

《周易》义理的主体精神在言"变"与"处变"的道理，而"处变"的方法在于能"适时"。所以，王弼在《周易略例·明卦适变通爻》一文中，首句便云："卦者，时也；爻者，适时之变者也。"[3]《周易》六十四卦，每卦六爻，由初而上代表六个不同位置，也代表着六个不同时间。王弼有见于《易》道深广，而"时义"的精微，又进一步详论道：

> 夫时有否泰，故用有行藏；卦有大小，故辞有险易。一时之制，可反而用也；一时之吉，可反而凶也；故卦以反对，而爻亦皆变。用无常道，事无轨

---

① 黄庆萱：《周易纵横谈》（增订二版），东大图书股份有限公司，2008，第119页。

② （宋）朱熹：《晦庵先生朱文公文集》卷三十九，见（宋）朱熹撰，朱杰人、严佐之、刘永翔主编：《朱子全书》第22册，上海古籍出版社、安徽教育出版社，2002，第1773页。

③ （曹魏）王弼：《周易略例·明卦适变通爻》，见（曹魏）王弼撰，楼宇烈校释：《王弼集校释》，中华书局，1980，第604页。

度，动静屈伸，唯变所适。①

王弼《周易略例》中观变应时的精辟见解，正足以说明"时"对于人生的应对进退趋避的重要性，也是《易》学智慧之旨趣所在。

人皆有否泰时机，所以行有藏用，动静屈伸唯有趣时。如何把握住"卦时"？《易经·系辞上传》云："天地设位，而《易》行乎其中矣。"②宇宙万象的变化以爻位来象征。爻位的升降变化，实乃象征宇宙事相的变化。顺天地宇宙事相的变化来行事则称为"适时"，逆天地宇宙事相的变化来行事则称为"逆时"。顺时而行则吉，逆时而行则凶。人有因行事违时而后知悔，经常时已过境已迁，然欲待重头，而情境因缘已复不可得，因此，"时"义的重要由此可见。《周易》一书特重在"时"义的阐扬，书中论"时"者共四十一处，而《彖传》中言"时"即有二十四卦，亟言"时"义的重要。

《周易》六十四卦的《彖传》中，赞叹"时义"者有《豫》《遁》《姤》《旅》四卦，此四卦，为项安世所说"皆浅事而有深意"之卦；赞叹"时大"者有《颐》《大过》《解》《革》四卦，此四卦，为项安世所说"皆大事大变"之卦；赞叹"时用"者有《坎》《睽》《蹇》三卦，此三卦，即项安世所说"皆非美事，而圣人有时而用之"之卦；赞叹"随时之义"者有《随》卦一卦。以上十二卦，其要义在于"时"。这十二卦的重要性，程颐在《周易程氏传》中更是加以称赞："欲之研味其理，优柔涵泳，而识之也。"③《周易》原为卜筮之书，历史上早有定论。当然，《易》之预测旨在提供酌参建议，使人看清形势与时势，是以无论君子小人，皆有权占，至于相不相应，吉凶悔吝，唯有德者处之泰然，未必百分之百无误。据说孔子百占而七十当，④圣人也只到百分之七十的准确率，然而"随时"而处之，应时而作之，则得失不存我心，安危有所不避也。

本文先就《随》卦来研味其理，而识其时义，以为君子谋也。

---

① （曹魏）王弼：《周易略例·明卦适变通爻》，见（曹魏）王弼撰，楼宇烈校释：《王弼集校释》，中华书局，1980，第604页。

② 黄寿祺、张善文译注：《周易译注·系辞上传》，上海古籍出版社，2007，第383页。

③ （宋）程颐：《豫》，《周易程氏传》卷二，《二程集》，王孝鱼点校，中华书局，1981，第779页。

④ 帛书《易传·要》："子赣曰：夫子亦信其筮乎？子曰：吾百占而七十当，唯周梁山之占也，亦必从其多者而已矣。"见丁四新撰：《楚竹书与汉帛书周易校注》，上海古籍出版社，2011，第529页。

《随》卦之时义

《易经·随卦·彖传》曰："随，刚来而下柔，动而说，随。大亨贞无咎，而天下时。随时之义大矣哉！"① 唐代陆德明在《经典释文》中考证道："王肃本'时'字在'之'字下。"② 李光地认为文本中的"随时之义"应作"随之时义"，其于《周易观象》说：

> 豫、随、遁、姤、旅，或得人心之归，或处所遇之难，故皆以义言之。险、睽、蹇则义皆不善，而有时而用，故言用也。养人、解难、大过、改革则其得人心之归，所遇之难又有大焉者，但言其时而义与用皆举之矣。③

近现代学者刘百闵在《周易事理通义》中也主张这种说法：

> 上随时，王肃本作随之；下随时，作随之时义。当随之时，大亨贞无咎，而天下随之，故曰随之时义大矣哉！④

高亨亦认同此说，其《周易大传今注》曰：

> 以彖传之意言之，'而天下随之'，谓天下随其人，非谓天下随时也。'《随》之时义大矣哉'，谓天下随其人而得时宜，其意义甚大，非谓随时之意义甚大。⑤

而《昭明文选》录干宝《晋纪论晋武帝革命》中引《随卦·彖传》文字云：

---

① 黄寿祺、张善文译注：《周易译注·随卦》，上海古籍出版社，2007，第 105 页。
② （唐）陆德明：《周易音义》，《经典释文》卷二，见《景印文渊阁四库全书》经部第 176 册，台湾商务印书馆，1986，第 383 页。
③ （清）李光地：《豫》，《周易观象》卷三，见《景印文渊阁四库全书》经部第 36 册，台湾商务印书馆，1986，第 657 页。
④ 刘百闵：《周易事理学通义·随象》，远东图书公司，1966，第 559 页。
⑤ 高亨：《随第十七》，《周易大传今注》卷二，见高亨著，董治安编：《高亨著作集林》第二册，清华大学出版社，2004，第 214—215 页。

各因其运而天下随时，随时之义大矣哉！①

干宝《晋纪论晋武帝革命》所引"随时之义大矣哉"与《随·彖》文字相同。孔颖达在《周易正义》则认为应做"随时之义"解，他说：

特云"随时"者，谓随其时节之义，谓此时宜行元亨利贞，故云"随时"也。②

金景芳、吕绍纲在《周易全解》中，亦主此句应当作"随时之义大矣哉"，并说：

"随时之义大矣哉"这句赞语，强调"随时"的重要性。③

《随》卦所以异于"豫、遁、姤、旅"四卦，在于《随》卦并非强调"义"，"浅事而有深意"，而是强调"随时"。"随时"，除具有"浅事而有深意"之"义"外，还兼具"用"的作用，及"大事大变"的"时"之功能在。所以朱维焕在《周易经传象义阐释》中说：

《孟子·万章篇》称孔子为"圣之时"，即示孔子对应特殊性境况，或仕、或止、或久、或速，皆能推其时宜，以张其圣德，兼及现实与超越两面而体证其至道。故"随时"者，非随缘流转，乃于现实上对应特殊境况，莫不适道以立，当机而权。"天下随时"，则随道之成。是以"随时"所涵具之超越与现实两层次意义，可为"大"矣。④

傅隶朴在《周易理解》，则对两者看法加以解析：

随时之义大矣哉！随时之随在此作动词用，与豫之时义大矣哉不同，豫之

---

① （梁）萧统编，（唐）李善注：《晋纪论晋武帝革命》，《文选注》卷四十九，见《景印文渊阁四库全书》集部第268册，台湾商务印书馆，1986，第853页。
② （曹魏）王弼注，（唐）孔颖达疏：《随》，《周易正义》卷三，九州出版社，2004，第104—105页。
③ 金景芳、吕绍纲：《周易全解》，吉林大学出版社，1989，第150页。
④ 朱维焕：《周易经传象义阐释》，台湾学生书局，2000，第134页。

时义的豫是卦名，时与义是相对的二事。①

金景芳、吕绍纲在《周易全解》中说：

> 随卦的关键问题是正，随而得其正，然后方可大亨而无咎，失其正则有咎，更谈不到大亨了。不过什么是正什么是不正？这没有固定的标准，须因时而定，所以说，"天下随时"。"随时之义大矣哉"这句赞语，强调"随时"的重要性，意思是说随，并不难，随而能各当其时则不易做到。②

余敦康在《周易现代解读》中说：

> 在具体的操作上，每一个行为主体面临着这种大好形势，必须守持正道，才能无咎，不犯错误。这是因为，随从之义并不是毫无原则，随波逐流，随风转舵，以致正邪不分，是非混淆，而是在自我与他人的交往中探索一种彼此沟通的共识，既不以己强人，也不以人强己，从而建立一种阴阳协调、刚柔并济的人际关系。这种人际关系合乎理性的原则，称之为正道。只有守持正道才能大亨而无咎，如果随而不正，丧失原则，那就必然会破坏这种合理的人际关系，动而有悔了。③

"随时"在强调随而能当其时，随要得其正，是不容易做到之事，因正与不正是因时而定，所以说"随时之义大矣哉"。兹述《随》卦的义理如下。

（一）《随》在随时从善

《随》卦"时"之义在随时从善。

"随"的本义为随从。《说文》："随，从也。"④ 金景芳、吕绍纲在《周易全解》中解析"随"义说：

---

① 傅隶朴：《周易理解》，巴蜀书社，1991，第139页。
② 金景芳、吕绍纲：《周易全解》，吉林大学出版社，1989，第150页。
③ 余敦康：《周易现代解读》，中华书局，2016，第101—102页。
④ （汉）许慎撰，（宋）徐铉校订：《说文解字·辵部·随》，中华书局，1978，第39页。

朱熹和清人查慎行都说随是从的意思。把随释作从，是正确的。引伸一步说，从就是通达时变，不拘守故常。但是，是己从物还是物从己，各家意见不一。程颐以为随的含义包括物从己和己从物两个方面。《周易折中》则认为随卦卦义主要在以己随物，物来随己不过是以己随物的反馈。这后一种意见是对的。事情很明白，由于你随人家，人家才来随你。物随己与否是由己是否随物决定的。①

"随"是以己随物，有顺的意思。所以《广雅》说："随，顺也。"② 所以"随"有随从、随和、顺随、追随的意思。

《易经·序卦传》："豫必有随，故受之随。"③ 安乐幸福的社会环境，为人所乐于随从。凡人立于成功和逸乐之际，必然有人来追随，也能够使人来追随。因为追随别人或使人追随，均可以得到愉悦安乐。

《随》卦从卦象看，下卦震，震为阳、为雷、为动；上卦兑，兑为阴、为泽、为悦。刚卦震居于柔卦下，刚动而柔顺，相互配合，此动而彼悦，动中取乐，有"随"的意义。同时，震在东方，象征日出；兑在西方，象征日落。由"震"到"兑"，又象征春天到秋天，具有"随"着时间顺序而转换的意思。由此可见，《随》卦之道，在于遵循自然法则，而不是在"随意妄为"。而本卦阳下于阴，刚下于柔，有尊贵者问道于卑贱者，"随"本是以己随物，所以有"不耻下问"的"随时"意义在。能"随时"屈伸显隐，这正是"随"的精义所在。所以孔颖达在《周易正义》云：

> 时既殊异于前，而不使物相随，则是否塞之道，当需可随则随，逐时而用，所利则大，故云"随时之义大矣哉"。④

《随》卦义理蕴含着随从原则，无论以己随物，或物来随己；上随下，或下随上，均应"可随则随，逐时而用"。"可随则随，逐时而用"就是遇事随时，能随则随时

① 金景芳、吕绍纲：《周易全解》，吉林大学出版社，1989，第147页。
② （曹魏）张揖：《广雅》卷一《释诂》："卶、巽、娓、随、理、猷、训、悌、婉、楷、插、摩：顺也。"见《景印文渊阁四库全书》经部第215册，台湾商务印书馆，1986，第429页。
③ 黄寿祺、张善文译注：《周易译注·序卦传》，上海古籍出版社，2007，第449页。
④ （曹魏）王弼注，（唐）孔颖达疏：《随》，《周易正义》卷三，九州出版社，2004，第105页。

显用，不可随则随时隐屈，但屈伸潜现不违正道。"随时"本有随自然规律法则赞化育之功，是以"随从"须诚心从善。

孔子于《论语·述而》中说："三人行，必有我师焉。择其善者而从之，其不善者而改之。"[①]这充分显示向善的美德。《随》卦"随从"之义，正是表现"择善而从"的精神。卦辞"元亨，利贞，无咎"[②]强调守持正道无害的观念。初九："官有渝，贞吉；出门交有功。"[③]"官"就是指思想观念。孔颖达于《周易正义》注解为："官为执掌之职，人心执掌与'官'同称，故人心所主谓之'官'。"[④]"渝"是变的意思。《九家易》注曰："渝，变也。"[⑤]"贞吉"是从正而吉，所以"渝"有改善的意义在。因此孔颖达于《周易正义》又云：

> 初九既无其应，无所偏系，可随则随，是所执之志有能变渝也；为正是从，故"贞吉"也；"出门交有功"者，所随不以私欲，故见善则往随之，以此出门，交获其功。[⑥]

初九处下守正，同时，思想观念亦能"随时"迁善，有慎始的意义在。而九五："孚于嘉，吉。"[⑦]"嘉"为美善之义，九五居尊中正诚信，有竭诚从善之象。程颐在《周易程氏传》云：

> 九五居尊，得正而中实，是其中诚在于随善，其吉可知。嘉，善也。自人君至于庶人，随道之吉惟在随善而已，下应二之正中，为随善之义。[⑧]

初、五二爻，显示《随》卦以"善"为"随"的主体意义。九五居尊而能以诚从善，天下善者也必将纷纷相随。所以王弼《周易注》云：

① （曹魏）何晏注，（宋）邢昺疏：《论语注疏》卷七，北京大学出版社，2000，第102页。
② 黄寿祺、张善文译注：《周易译注·随卦》，上海古籍出版社，2007，第105页。
③ 黄寿祺、张善文译注：《周易译注·随卦》，上海古籍出版社，2007，第106页。
④ （曹魏）王弼注，（唐）孔颖达疏：《随》，《周易正义》卷三，九州出版社，2004，第105页。
⑤ （唐）李鼎祚：《周易集解》，李一忻点校，九州出版社，2003，第185页。
⑥ （曹魏）王弼注，（唐）孔颖达疏：《随》，《周易正义》卷三，九州出版社，2004，第105—106页。
⑦ 黄寿祺、张善文译注：《周易译注·随卦》，上海古籍出版社，2007，第108页。
⑧ （宋）程颐：《随》，《周易程氏传》卷二，《二程集》，王孝鱼点校，中华书局，1981，第787页。

履正居中，而处随世，尽'随时'之宜，得物之诚，故'嘉吉'也。①

《随》卦最主要在能"尽随时之宜"以从善，所以《随·彖》才有"随时之义大矣哉"的赞叹。

《随》卦的主体精神，在讲述人生或事业发展过程中应当"随从"的原则。"随"的含义有二：一为"己从物"，一为"物从己"。也就是跟随别人，或使别人跟随自己。而《随》卦所强调的是团结他人，或依从他人。人生在世欲建立事功，除自己奋发图强外，还须团结他人智慧力量共同图谋，人不可能独立于人群之外求成事功。要团结他人，自身先须具备才德方面优秀的素质，如此方能使人乐意相随，而共同为理想奋斗。

倘若自身能力才德并非足以领袖群伦，尚乏使人随从的魅力与能耐，此时则可以去追随具有共同理想而有才德智慧的人，随顺他人的力量以实现自己的理想、抱负与人生价值。随人并非可耻之事，也非能耐才德不及于人，此乃"时"与"命"也。能知"时"而"随时"，知"命"而进退不失所据，此知者所以能"大亨贞无咎"。所以余敦康在《周易现代解读》中说：

> 所谓随从，其实质性的含义就是普遍交往，只有通达己随于人与为众所随的相互交往，才能达到"动而说（悦）"的境界，使双方的心愿都得到满足。既然心愿得以满足，自我能够实现，所以随卦总的说来象征有利的形势，发展的前景大为亨通。但是，在具体的操作上，每一个行为主体面临着这种大好形势，必须守持正道，才能无咎，不犯错误。这是因为，随从之义并不是毫无原则，随波逐流，随风转舵，以致正邪不分，是非混淆，而是在自我与他人的交往中探索一种彼此沟通的共识，既不以己强人，也不以人强己，从而建立一种阴阳协调、刚柔并济的人际关系。这种人际关系合乎理性的原则，称之为正道。只有守持正道才能大亨而无咎，如果随而不正，丧失原则，那就必然会破坏这种合理的人际关系，动而有悔了。②

---

① （曹魏）王弼：《周易注·随》，见（曹魏）王弼撰，楼宇烈校释：《王弼集校释》，中华书局，1980，第305页。

② 余敦康：《周易现代解读》，中华书局，2016，第101—102页。

《易经》六十四卦，其中有《同人》卦与《比》卦，是在说明人生历程上均须"同人"或"比"于人，需要依靠他人合作，或追随共同理想的人，才能有所作为。同时基于"天下随时"的原则，"随"就要"刚来而下柔，动而说"，不能完全坚持己见与利害，需要容采他人智慧与见解，同时兼顾他人的利益，唯有将自身智慧与利益和团体智慧与利益相结合，当下与长远利益及理想目标相结合，方能"得人心之归"，创造幸福逸乐的社会。"随"并不难，能随而各当其"时"，则不易做到，随而不当，则生僭越。所以《随·象》才有"随时之义大矣哉！"的赞叹。

（二）《随》时大用在明哲

《随》卦在阐述随时从善的道理。"随"并不难，难在遇事"随时"。如九四："随有获，贞凶；有孚在道，以明，何咎。"[1] 就卦象而言，因六三求随于九四，对九四而言，得六三来随则为获，所以说"随有获"。然九四获，六三来随，何以说"贞凶"？且其《小象传》说："随有获，其义凶也。"[2] 李光地在《周易折中》分析说：

> 卦义刚下于柔，而四刚为柔随，且处近君之地，尤有招纳之嫌，故曰"其义凶也"。[3]

在《随》卦以刚居柔下此一"时义"原则下，违反卦义才得凶。就事理而言，九四阳居阴位，四位多凶，又兼失正，近"君"而擅为人所从，有威严震主之嫌，必被猜忌，即或忠贞，持正，也不免有危险。需要"有孚在道，以明"才能"无咎"，唯有诚实信守正道，才可以无过咎。程颐在《周易程氏传》论云：

> 唯孚成积于中，动为合于道，以明哲处之，则又何咎？古之人，有行之者，伊尹、周公、孔明是也，皆德及于民，而民随之。其得民之随，所以成其君之功，致其国之安，其至诚存乎中，是有孚也。其所施为，无不中道，在道

---

① 黄寿祺、张善文译注：《周易译注·随卦》，上海古籍出版社，2007，第107页。
② 黄寿祺、张善文译注：《周易译注·随卦》，上海古籍出版社，2007，第107页。
③ （清）李光地：《御纂周易折中》卷十一，见《景印文渊阁四库全书》经部第32册，台湾商务印书馆，1986，第313页。

也。唯其明哲，故能如是以明也，复何过咎之有？ ①

程颐在《周易程氏传》的论说，"有孚"是能诚信，"在道"是行为合理，能诚信而行为合理，尚不足以化险为夷，还需要明哲。明哲就是要明智，要谨防凶险并谋化解之道。元代易学家董真卿在《周易会通》引袁枢论点解之，其云：

> 其义凶者，有凶之理而未必凶也；处得其道，如下所云，则无咎矣。②

虽然说"有凶之理而未必凶也"，但是历史上雄猜之主，未有不忌大臣之得民心者；而由来劫国奸臣，又未有不自收揽民心入手者。无论君之明其臣，或臣之自明，皆难以得中。由此而观，九四"随有获"虽能守贞，却是祸而不是福。因此，"随时"之智慧，正如程颐在《周易程氏传》所说，唯有"明哲"方能保身，而"随时"之用，在于"明哲"。王船山《周易内传》有云：

> 卦下一阳本自《否》变，乃"倾否"之卦。《干》德屈而下，拨乱反正，惟圣人顺天道以行大用，然后可以随时，故叹其时义之大，非可轻用以枉道从人。③

李道平《周易集解纂疏》亦云：

> 中庸曰："君子而时中"，时中之义本大，事事得时，则天下皆随，故曰："随时之义大矣哉"。④

金景芳、吕绍纲在《周易全解》中说：

> 随卦的关键问题是正，随而得其正，然后方可大亨而无咎，失其正则有

---

① （宋）程颐：《随》，《周易程氏传》卷第二，《二程集》，王孝鱼点校，中华书局，1981，第786—787页。

② （元）董真卿：《随》，《周义会通》卷四，见《景印文渊阁四库全书》经部第20册，台湾商务印书馆，1986，第272页。

③ （明）王夫之：《随》，《周易内传》卷二上，见（明）王夫之撰，船山全书编辑委员会编：《船山全书》第一册，岳麓书社，2011，第182页。

④ （清）李道平：《周易集解纂疏》，潘雨廷点校，中华书局，2011，第211页。

咎，更谈不到大亨了。不过什么是正什么是不正？这没有固定的标准，须因时而定，所以说，"天下随时"。"随时之义大矣哉"这句赞语，强调"随时"的重要性，意思是说随，并不难，随而能各当其时则不易做到。[①]

黄寿祺、张善文在《周易译注》释"天下随时"说：

> 此句举天下万物随从于合宜的时机之例，释卦辞"元亨，利贞，无咎"，并引起下文"随时之义大"的叹美，《正义》"特云'随时'者，谓随其时节之义，谓此时宜行元亨利贞，故云'随时'也。"又曰："可随则随，逐时而用，所利则大，故云'随时之义大矣哉'。"[②]

余敦康在《周易现代解读》中说：

> "随"，随从，随顺，包括为众所随与己随于人，以及临事择所随各个方面，广而言之，也就是在自我与他人、主体与客体之间结成一种平衡互动的关系。从随卦的卦爻结构看，震下而兑上，震为刚，兑为柔，震卦一阳居于二阴之下，兑卦一阴居于二阳之上，因而总体上表现了一种"刚来而下柔"的态势。刚主动随从于柔，柔也因感应随从于刚，这就是刚柔相应，双向互动，而成其随从之义。[③]

总之，《随》卦之"时"义在于与时行。时行则行，时止则止，随顺自然而动静不失其时。所以说"随时之义大矣哉"。

结　语

在先秦其他古籍中，没有像《周易》这样对"时"的重视，《周易》是中国文化典籍中特具时间观念与时间哲学的经典，它揭示了中国文化中对时间哲理的思

---

① 金景芳、吕绍纲：《周易全解》，吉林大学出版社，1989，第150页。
② 黄寿祺、张善文译注：《周易译注·随卦》，上海古籍出版社，2007，第106页。
③ 余敦康：《周易现代解读》，中华书局，2016，第101页。

考，及其重要性。所以王弼在《周易略例·明卦适变通爻》中说：

> 夫卦者，时也。爻者，适时之变者也。夫时有泰否，故用有行藏。卦有大
> 小，故辞有险易。一时之制，可反而用也。一时之吉，可反而凶也。故卦以反
> 对，而爻亦皆变。是故用无常道，事无轨度，动静屈伸，唯变所适。故名其
> 卦，则吉凶从其类；存其时，则动静应其用。寻名以观其吉凶，举时以观其动
> 静，则一体之变，由斯见矣。[1]

诚如王弼所说"夫卦者，时也"，"时"是易理的根本。"时"永远是个变量，唯有
"变"，是"不可为典要"，是无休无止的；唯有"存其时，则动静应其用"，"举时
以观其动静，则一体之变，由斯见矣"。所以，"时"的文化思维，应是不滞、不待
而圆融周流的。王振复在《大易之美：周易的美学智慧》也说：

> 《周易》美学智慧文化哲学的本涵又是什么？一言以蔽之：时。[2]

《易·彖》论"时""大矣哉"十二卦，每一卦的主体精神所涵摄的范畴，并非
独立不变，而是可以在相对涵摄中不息运动而加以转化的，并不执着于现象，而能
通达事理，在相互涵摄中呈显出智慧光芒。这十二卦象示及义理，均在相互涵摄中
显现出智慧的精神，所以唐君毅在《中国文化之精神价值》中说：

> 《易》中表现物之相涵摄与实中皆有虚，以形成生化历程之思想，则随此
> 可见。如地自表面观之，明为纯粹之坚固物质，天体之日月星辰，希腊人或以
> 为只是火光，无物体之实质性者，或视为超越之神所居住。而依易教，则地之
> 德为坤，坤之德曰柔，乃以表之。据《易》所言，天之功为贯入地中，以引出
> 地中之植物者，其德为干为刚，此则表示一种"于地之坚固之实质中，识取其
> 虚涵性，而于天之运行作用及其与地感通中，认识其实在性"之态度。故在
> 《易经》之思想中，一物之实质性、实在性，纯由其有虚能涵摄，而与他物相

---

[1] （曹魏）王弼：《周易略例·明卦适变通爻》，见（曹魏）王弼撰，楼宇烈校释：《王弼集校释》，
中华书局，1980，第604页。

[2] 王振复：《大易之美：周易的美学智慧》，北京大学出版社，2006，第73页。

感通以建立，而不依其自身以建立。①

唐氏指出了易理中天地、动静、进退、刚柔、虚实等均相互涵摄、相互通感的道理。今《彖传》论"时""大矣哉"十二卦，其主体精神，无论"动静、进退、刚柔、离合、行止、顺逆、常变"等，所涵摄的范畴内蕴在于"时"。所以易理的智慧在于"时"，在《周易》主体概念中，"时义"是极具重要性的概念。

《随》卦之吉道在于"随时"，因人所当追随者莫大于天道，"随时"即是随顺于天道，此即《彖》传所说："天下随时，随时之义大矣哉。""时"是时间、时机，也是天道、自然，随时就是随着天道之法则、自然的推移而行动。《象传》以"君子以向晦入宴息"说明之，这是一种日出而作、日入而息，遵循自然规律的极简生活方式。

可见，万物随天时而生，君子随时义治事，无论人事或物理皆要随时而动，此《随》卦之时义也。

---

① 唐君毅:《中国文化之精神价值》，见《唐君毅全集》第九册，九州出版社，2016，第63—64页。

郭店简子思学派的君子思想研究

柳清泉 [*]

摘要： 对郭店儒简十二篇研究表明，子思学派在孔子"仁义君子"的基础上，强调德性的内在情感来源，君子依据发自内心的情感为人处事，才是真正的仁，仁义礼智圣五行如果没有内心的真诚与自愿就不能称为德之行。子思学派一方面沿着情感一路，表现出鲜明的"君子美情贵义"的思想，另一方面也沿着孔子开出的"仁者爱人"的思想继续发展，以鲜明的君子尊贤爱民的思想倾向，表现出强烈的社会责任感与天下情怀。子思学派还从人性与天道的关系立论，认为人性与天性是可以相通的，君子行人道而宅于天心，上达天道。人性与天道的打通为君子实现精神境界的升华提供了坚实的理论依据，也为孟子与荀子的君子之道提供了一个很好的接引。

关键词： 郭店简；子思学派；君子思想

性情问题、人道与天道问题是战国时期重要的哲学命题，代表性作品便是子思学派的著作——1993 年湖北荆门出土的郭店楚墓竹简中的十二篇儒家典籍^①，以

---

* 柳清泉，青岛农业大学副教授，主要研究方向为中国古代文学。

① 孔子没后儒分为八，子思子是其中一派，但这一派留下的资料并不多，一些学者倾向于认为《礼记》中的《大学》和《中庸》是其学说，1993 年湖北郭店出土的楚墓竹简亦被学术界公认为子思学派的资料，本文大抵遵从上说。郭店简儒家典籍十二篇分别为：《缁衣》《鲁穆公问子思》《五行》《穷达以时》《唐虞之道》《忠信之道》《成之闻之》《尊德义》《性自命出》《六德》《语丛一》《语丛二》《语丛三》。

及《礼记》中收录的子思学派另一系的《大学》《中庸》《表记》《坊记》《缁衣》①。孔子将"仁"作为君子的道德内核，其后子思学派一方面从"仁"入手阐释德的情感来源，他们强调德的内在的情感源泉，"性自命出，命自天降，道始于情，情生于性"。德不是来自外在的强迫，而是出于内心情感自愿的一种自觉，君子美其情又不唯情是尊，美情贵义以礼节情，从情感方面为德行的开展奠定了内在的心理基础，将德行情感化。另一方面，《中庸》一系又从人性与天道的关系入手来阐发君子人格下贯人道上达天道之理，君子慎独至诚，至诚尽性，至圣配天。天性内在于人性之中，君子尽人性而慎求于己就会自成天理，而至圣人境界，圣人之德金声玉振，德配天地。子思学派的君子思想既为君子的道德精神提供了内在的情感基础，又为君子实现精神境界的跃升打通了天人之间的道路，也为孟子向纵深处开掘君子的道德精神拉开了帷幕。关于《中庸》一系的君子思想，笔者已有专文论述②，故本文主要以郭店楚墓竹简儒家典籍十二篇为文本基础，来阐明子思学派的情义君子思想，望各位方家有以教我。

一、君子美情贵义

子思学派在孔子"君子有仁"的基础上，从情感入手阐释"德"之显发所需要的内在情感动力。君子的种种德性行为必须出于内在情感的自觉自愿，否则就仅仅是一种行为而不能称之为德行，无论是内在的道德还是由之引发的外在行为都必须是当仁不让自觉而为，是出于内心情感的自然流露而非任何外力的强迫。德性品质作为君子内在精神品格的重要方面，因有了坚实的情感基础而愈加深刻持久、根深蒂固。

---

① 曾子与其门人作《大学》，其弟子子思作《中庸》，汉唐文人都对此深信不疑，《史记》《汉书》及汉代各经师皆以《中庸》是子思所作，《史记·孔子世家》曰："子思作《中庸》"。郑玄曰："名曰'中庸'者，以其记中和之为用也。庸，用也。孔子之孙子思伋作之，以昭明圣祖之德。"《隋书·音乐志》引梁沈约说："《中庸》《表记》《坊记》《缁衣》皆取《子思子》。"朱熹曰："《中庸》何为而作也？子思子忧道学之失其传而作也。"这种说法持续了一千多年，应该说，司马迁、郑玄、朱熹等人的说法是有根据的，《坊记》《表记》《缁衣》《中庸》确认为子思作品。其余篇章《鲁穆公问子思》《五行》《性自命出》《尊德义》《成之闻之》出自子思弟子手笔，《唐虞之道》《六德》是子思学派极富代表性作品。前者约撰于孟荀之间，后者则撰于公元前278年秦将白起拔郢之后，对丰富子思的研究有很大的帮助。参看王锷：《〈礼记〉成书考》，中华书局，2007。

② 柳清泉：《〈中庸〉美学思想及其现代意义》，载叶朗总主编，朱良志主编：《第十八届世界美学大会论文集》，中国社会科学出版社，2014，第98—109页。

《性自命出》曰："性自命出，命自天降。道始于情，情生于性。始者近情，终者近义。知情者能出之，知义者能内（入）之。"这在很大程度上证明了原始儒家对于情性的重视，《性自命出》所展示的天命性情关系呈现出"天→命→性→情→道"的内在理路，"道"之所起皆息息相关于人之情而生，从而也证明与"道"相联系的"教""礼"等也都缘情而生。如《语丛二》所言：

> 情生于性，礼生于情，严生于礼，敬生于严，望生于敬，耻生于望，悫生于耻，廉生于悫。
>
> 爱生于性，亲生于爱，忠生于亲。
>
> 欲生于性，虑生于欲，倍生于虑，争生于倍，党生于争。
>
> 智生于性，卯生于智，悦生于卯，好生于悦，从生于好。
>
> 子生于性，易生于子，肆生于易，容生于肆。
>
> 恶生于性，怒生于恶，胜生于怒，惎生于胜，贼生于惎。
>
> 喜生于性，乐生于喜，悲生于乐。
>
> 愠生于性，忧生于愠，哀生于忧。
>
> 惧生于性，监生于惧，望生于监。
>
> 强生于性，立生于强，断生于立。
>
> 弱生于性，疑生于弱，北生于疑。

由此可见子思学派对性情的认识已经非常细致入微了，爱、欲、智、子（慈）、恶、喜、愠、惧、强、弱等都属于"情"的领域。但是"道始于情"的思想也并非凭空而来，而是有其思想渊源。《尚书》的克诚节性、"允执厥中"，《周易》的"中心有孚"，《论语·泰伯》"兴于诗，立于礼，成于乐"、感发性情思想等，都是其前奏。孔子思想的基点就是"情"，孔子本人就是个性情中人，其思想是就"情"的抉发而展开，如他从人之最本然的"孝悌"之情来点拨"仁"："孝悌也者，其为仁之本欤"（《论语·学而》）。子思学派的性情论集中表现在《性自命出》中：

> 《诗》《书》《礼》《乐》，其始出皆生于人。《诗》，有为为之也；《书》，有为言之也；《礼》《乐》，有为举之也。圣人比其类而论会之，观其先后，而逆训之，体其义而节度之，理其情而出入之，然后复以教。教，所以生德于中者

也。礼作于情，或兴之也，当事因方而制之。其先后之舍（序）则义道也。或舍（序）为之节则也。致容貌，所以度节也。君子美其情，贵其义，善其节，好其容，乐其道，悦其教，是以敬焉。

又曰：

> 凡人情为可悦也。苟以其情，唯（虽）过不恶；不以其情，唯（虽）难不贵。苟有其情，唯（虽）未之为，斯人信之矣。

此处的思想非常明确，君子美情贵义、善节好容、乐道悦教，而尤以情义为先。君子乃有情之人，君子之德由情而来，君子依据发自内心的情行仁行义做人处事，才是真正的"仁"。五种君子的行则在实践中如果没有来自内心的真情实感就不能称为德行，"仁形于内谓之德之行，不形于内谓之行"，义、礼、智、行也与之相同。《五行》从"不形于内"的"已发"去追究"形于内"的"未发"的道德情感活动的根据，"不变不悦，不悦不戚，不戚不亲，不亲不爱，不爱不仁"，并从正面的肯定的形式论仁："仁之思也清，清则详，详则安，安则温，温则悦，悦则戚，戚则亲，亲则爱，爱则玉色，玉色则形，形则仁。"情感的自然、真实、质朴的流露就是仁，仁德之人思虑清明，思虑清明就能审察，颜色就能温善和悦，表现出亲爱之情而形之于色，表现出仁者笃实的仁心，仁心表征于面部之温暖和善之色便谓之"玉色"。

关于"玉色"，可与《荀子·法行》篇对玉的精辟见解相对读：

> 孔子曰：……夫玉者，君子比德焉。温润而泽，仁也；缜栗而理，知也；坚刚而不屈，义也；廉而不刿，行也；折而不挠，勇也；瑕适并见，情也。扣之，其声清扬而远闻，其止辍然，辞也。故虽有珉之雕雕，不若玉之章章。《诗》曰："言念君子，温其如玉。"此之谓也。

《五行》则以"金声""玉音"来言君子德性之美：

> 金声而玉振之，有德者也。金声，善也；玉音，圣也。善，人道也；德，

天道也。唯有德者，然后能金声而玉振之。

这既是对君子德行的称颂，也是对其美好的德性自然显发于外而表现出与之相应的温润之情的妙赏。

在中国古代社会人们是在族类群体性的交往中实现族类亲情或与他人的情感亲和关系的，亲情之爱推及他人，便是仁者爱人的情感的内在心性根据。人施爱于亲人、他人及天地万物，构成了天地万物一体之仁的系统，这便是"不爱不仁"，"不智不仁，不仁不安，不安不乐，不乐无德"，"智（知）而安之，仁也"。仁爱只有施于对象，才是明智和有知的德行，才能身心皆安，安而后能乐，乐在心中流行，机然忘塞，德之至也。在对亲人的仁爱和物类的仁爱中，蕴涵着人的广大能容的慈悲之心。君子是温暖和悦发自内心地流露着仁爱之情的人，"五行皆形于内而时行之，谓之君 ×"（《五行》）。"君子执志必有夫光光之心，出言必有夫柬柬之信，宾客之礼必有夫齐齐之容，祭祀之礼必有夫齐齐之敬，居丧必有夫恋恋之哀。君子身以为主心。"（《性自命出》）这种重情的自然人性论在《尚书》《诗经》、周易古经及孔子的崇尚真情流露的基础上，更加明确了中国美学史上以情感之真与伦理之善为共同准绳的双重价值判断与审美标准。

这里需要指出的是，子思学派重视由内心的真情实感而发，并不意味着唯情是尊。君子"美情贵义"意味着尊情而不率性纵情。人的性情固然自然合理但也容易失控，心志正才会性情正，但即使心志与性情都端正而无所偏斜，所发也未必中节合度，未必合于道。因而"美其情"而外还需"贵其义"，使人的性情得其正，要"体其义而节文之"。义者，宜也。根据情之所宜来规定节文，"齐之以礼者，使之复于正也"。《性自命出》曰："性自命出，命自天降。道始于情，情生于性。始者近情，终者近义。知情者能出之，知义者能内（入）之。"这才是子思学派性情论的核心精神之所在。《性自命出》如下的文字也说明了"始者近情，终者近义"之以礼节情的思想：

　　喜斯陶，陶斯奋，奋斯咏，咏斯犹，犹斯舞，舞，喜之终也。愠斯犹，犹斯戚，戚斯叹，叹斯舞，舞斯踊，踊，愠之终也。

《礼记·檀弓》中亦有一段大致相同的文字，即子游所言：

> 礼有微情者，有以故兴物者。有直情而径行者，戎狄之道也，礼道则不
> 然。人喜则斯陶，陶斯咏，咏斯犹，犹斯舞，舞斯愠，愠斯戚，戚斯叹，叹斯
> 辟，辟斯踊矣。品节斯，斯之谓礼。

这里的"以礼节情"的观点与《孔子诗论》简在遵礼的前提下以"情""志"论诗的主张是一致的，所以后来才有了《诗大序》之情礼相谐、相得益彰的思想："发乎情，止乎礼义。发乎情，民之性也；止乎礼义，先王之泽也。"

"发乎性情，止乎礼义"是对儒家性情学说的精到表述，是以人的性情为出发点，通过节文的调适，将它引导到符合礼义要求的层次上，使人性合于理性，人道合于天道，所谓"礼者，因人之情而为之节文也"。《诗大序》"发乎情，止乎礼义"的思想与《性自命出》"始者近情，终者近义"的性情思想如此一致，也恰好证明了《诗大序》的"发乎情，止乎礼义"思想确实代表了原初儒家的情感哲学思想，而与道家的"发乎性情，由乎自然"是不同的进路。

这里需要指出的是，"发乎情，止乎礼义"并不是强制性地扼杀内心的情感，而是自然发乎性情，自然止乎礼义。人类不同于动物，不止为个体生存与种族繁衍，而是上求与宇宙大生命无隔，不断向上争取灵活与自由。道家说顺则成人逆则成仙，强调了入世与出世的相反方向。佛家在生活中感悟也在生活中超越，佛说一切法为治一切病，病好之后的那个境界佛是不说的。印度教的"舍离"帮助一个人做绝对完全的自我超升，一个人头发开始变白、子孙也出世后便要舍离，采取出家的方式去寻找内在的精神性。儒家在道德伦理生活中修身养性，强调人类本性的一体之仁，也强调人类本性争取活泼自由的刚健向上的生命品性。生命情感直觉自然地表达出来就是仁，而不是规范限制我们的生命，《韩诗外传》所谓"爱由情出谓之仁"，便是此意。

"君子美情贵义"是子思学派君子性情思想的集中体现，它既是对人性的肯定，也是对人性的扶正，君子之责在"顺天道以化民气"，儒家希冀培养人的纯正健康的情感，建立和谐真诚的人际关系，因而"始者近情，终者近义"便成为继《尚书》《诗经》、孔子之后子思学派情感哲学的核心表述，也是对其"情义君子"理想的最好诠释。

二、君子尊贤爱民

子思学派一方面沿着情感一路，表现出鲜明的"君子美情贵义"的思想，另一方面也沿着孔子开出的"仁者爱人"的思想继续发展，以鲜明的君子尊贤爱民的思想倾向，表现出强烈的社会责任感与天下情怀，这一亲民思想大量表现在《缁衣》一篇中，在《性自命出》《五行》《成之闻之》等篇章中也有所体现。

《缁衣》一篇已证实为子思所记，该篇以《缁衣》命名应该是取《诗经·国风·郑风》的第一篇《缁衣》之君上爱护贤能之思想。兹引如下：

> 缁衣之宜兮，敝，予又改为兮。适子之馆兮，还，予授子之粲兮。
> 缁衣之好兮，敝，予又改造兮。适子之馆兮，还，予授子之粲兮。
> 缁衣之蓆兮，敝，予又改作兮。适子之馆兮，还，予授子之粲兮。

诗歌讲的是辅佐周平王有功的郑武公爱贤惜能，诗人借平王的语气嘉赏之，言其身穿的缁衣很是宽大好看，要是朝服破旧了一定赠送新衣；去他工作的地方看到他那样辛苦，说他回来后一定请他吃饭。全诗充满爱惜的语气，那份爱惜贤良的心情，大有周公"一沐三握发，一饭三吐哺，犹恐失天下之贤"的胸襟，比"燕昭延郭隗，遂筑黄金台。剧辛方赵至，邹衍复齐来"还让人心里感到温暖和感动。故楚简《缁衣》开篇就引孔子之言感慨道："好贤如《缁衣》，恶恶如《巷伯》，则爵不渎而民作愿，刑不试而民咸服。"如果真能像《缁衣》所称颂的那样去爱护贤人，像《巷伯》中所说的那样去嫉恨谗言的小人，那么不必滥赏爵位，民众也会形成忠厚淳朴的风气，不必动用刑罚百姓也会恭顺服从。"子曰：夫民，教之以德，齐之以礼，则民有格心；教之以政，齐之以刑，则民有遁心。故君民者，子以爱之，则民亲之；信以结之，则民不倍；恭以莅之，则民有孙心。"对于民众，道德礼仪的教化比政令与刑法远为重要。如果能像爱护子女一样对待百姓，以真诚去团结他们，恭恭敬敬地对待他们，百姓也会以亲近与恭顺之心相回报。"上好仁，则下之为仁争先人。故长民者章志、贞教、尊仁，以子爱百姓，民致行己以说其上矣。"君长好仁，视百姓如己出，百姓就会争先恐后地行仁，修养道德以求得君长的欢心。君与民的关系之密切就如心与身的关系一样，所有君民必须共同结成一个荣辱与共的整体才会天下太平。"子曰：民以君为心，君以民为体。心好则体安之，君好则民欲之。故心以体废，君以民亡。"楚简中除《缁衣》外还有大量的此类文字：

> 未言而信，有美情者也。未教而民恒，性善者也。未赏而民劝，含福者也。未型（刑）而民畏，有心畏者也。贱而民贵之，有德者也。贫而民聚焉，有道者也。（《性自命出》）
>
> 古之用民者，求之于己为恒。行不信则命不从，信不著则言不乐。民不从上之命，不信其言，而能含德者，未之有也。故君子之莅民也，身服善以先之，敬慎以守之，其所在者入矣。……君子之求诸己也深。不求诸其本而攻诸其末，弗得矣。（《成之闻之》）
>
> 君子集大成。能进之，为君子，弗能进也，各止于其里。大而晏者，能有取焉。小而轸者，能有取焉。胥肤肤达诸君子道，谓之贤者。君子知而举之，谓之尊贤；知而事之，谓之尊贤者。前，王公之尊贤者也；后，士之尊贤者也。（《五行》）
>
> 尧舜之行，爱亲尊贤。爱亲故孝，尊贤故禅。孝之方，爱天下之民。禅之传，世亡隐德。孝，仁之冕也。禅，义之至也。（《唐虞之道》）

子思学派尊贤爱民的思想，是建立在君子反求诸己的道德自觉的基础之上的。竹简中包含了大量诸如此类的思想，一方面是对于统治者的一种告诫与警醒，倘若统治者置民众的饥寒交迫于不顾而作威作福，也必将走向灭亡而被新的能够为民父母的统治者所取代。另一方面，就自身而言，君子有惩前毖后、治病救人之责任，尊贤爱民也是君子修身思想（推己及人）的一个重要组成部分，虽然有时这可能是士人君子单方面的一厢情愿，或者即使知道无济于事也还是会理直气壮喋喋不休地叙说。他们相信人与人之间是可以在道德的高度实现沟通和相互回报的，他们相信一个理想的社会图景是可以通过人为的个人修身和推己及人而实现的，这坚强的信念正是儒家君子自立于世的精神支柱。

三、君子行人道而宅于天心（达于天道）

原始儒家的君子之道自孔子始便将修养的核心放在了人自身，后继的子思学派概莫能外。君子首先须正己然后正人，而且是本着人道的原则正己正人，孔子所谓"君君、臣臣、父父、子子"便有此意。虽然这其中有人伦的秩序与大法，但更重要的思想就是君主要有君主的风范，臣下要知臣下的本分，父亲要有父亲的威严与智慧，儿子要有儿子的道义，比如《六德》就有"父圣子仁，夫智妇信，君义臣忠"的人道原则。《尊德义》也强调君子须以人道为先：

> 圣人之治民也，民之道也。禹之行水，水之道也。造父之御马，马之道。后稷之艺地，地之道也。莫不有道焉，人道为近。是以君子，人道之取先。

这与《中庸》中"君子以人治人，改而止"的人道思想有同样的意思。

子思学派将人性作为治道的基础，是对周公、孔子以来周代人本思想的传承与发展。武王克殷革命之后，周公鉴于纣王失德亡国的教训而有明德、慎罚之远见，要求统治者"无于水监，当于民监"，奠定了周代人本思想的基础。孔子又深化了周公的思想提出一个"仁"字，仁者自爱、仁者爱人、仁者恕于人，都是"以人为本"的人道思想的集中体现。人道的关系是根植于相互亲和、尊敬以及某种责任之间的关系，以真正君王的方式与本分去做一名仁慈的君主，以真正父亲的方式去做一名仁爱智慧的父亲，以真正人道的方式去对待别人，在生活纷繁复杂的诸多关系中从最基本的事情做起，在各种相互关系中去体现君子精神得以实现和敞开的可能性，而不是游离于人群之外四无依傍的自得自足。正如《中庸》所言："道不远人，人之为道而远人，不可以为道。"（《中庸》第十三章）

君子行人道不离内外，君子在服饰、容态、言语、词采、德行诸方面无一不合君子之风，有《表记》与《缁衣》中的两段文字为证："小雅曰：'不愧于人？不畏于天？'是故君子服其服，则文以君子之容；有其容，则文以君子之辞；遂其辞，则实以君子之德。是故君子耻服其服而无其容，耻有其容而无其辞，耻有其辞而无其德，耻有其德而无其行。"（《礼记·表记》）"子曰：君子言有物，行有格，此以生不可夺志，死不可夺名。故君子多闻，质而守之；多志，质而亲之；精知，略而行之。"（《楚简·缁衣》）君子言之有物，行之有则，其容有常，其生有志，其死有名。君子是人间真正的楷模。

然而君子并不是只顾两眼望地的低头行路者，他的心里有一片天空，他又是能从这大地之上超拔而出的觉者，他所向往的不是一个有形的目标，而是一种境界，是象天法地的大境界。《成之闻之》曰：

> 天降大常，以理人伦。制为君臣之义，著为父子之新（亲），分为夫妇之
> 辨。是故小人乱天常以逆大道，君子治人伦以顺天德。《大禹》曰'余才宅天
> 心'曷？此言也，言余之此而宅于天心也。是故君子衽席之上，让而爱幼；朝
> 廷之位，让而处贱。所宅不远矣。小人不逞人于恩，君子不逞人于礼。津梁争
> 舟，其先也不若其后也。言语哗之，其胜也不若其已也。君子曰：从允释过，
> 则先者除，来者信。

子思学派从人性与天道的关系立论，君子与小人的区别就在于"小人乱天常以逆大
道，君子治人伦以顺天德"，君子行人道而宅于天心，"唯君子，道可近求，而（不）
可远借也。昔者君子有言曰'圣人天德'何？言慎求之于己，而可以至顺天常矣"
（《成之闻之》）。子思学派认为人性与天性是可以相通的，天不仅是宇宙的主宰，而
且是万物之道的渊源。"知天所为，知人所为，然后知道，知道然后知命"（《语丛
一》）。天道无所不在，形诸地即为地道，形诸水即为水道，形诸人即为人道。人性
既是得自天命，因此人性就是天性，君子尽人性而慎求于己就会自成天理，圣人与
天同德与日月同光。

子思学派的《五行》篇则以德与善的类比来说明天道与人道的关系，仁义礼智
谓之善，仁义礼智圣谓之德，能行善为人道，能成德则为天道。"德之行五，和谓
之德，四行和谓之善。善，人道也。德，天道也。君子无中心之忧则无中心之智，
无中心之智则无中心之悦，无中心之悦则不安，不安则不乐，不乐则无德。"善是
人道，君子为善有始有终；德乃天道，君子为德有始无终。仁义礼智圣而达天德
者，人格和谐完满的发展即如音乐高下抑扬韵律天成般金声玉振：

> 金声而玉振之，有德者也。金声，善也；玉音，圣也。善，人道也；德，
> 天道也。唯有德者，然后能金声而玉振之。

《五行》中的这段文字几乎可以说是对有德者人格完美境界的最美最传神的表述。
当你真正面对着这样的圣贤君子，他的人格散发出来的无言的而又无处不在的美
丽，会像音乐一样给我们的心灵带来奇妙的影响。正如一曲天堂般的云南纳西古乐

那样壮丽宏大而又精美细致地展开在我们面前，当这样一种无限美妙又庄严的声音萦绕在我们耳边时，心灵中会陡然升起无言的震撼与感动——君子就是如这金声玉振一样美妙的乐曲。《孟子·万章下》曾经就此阐发曰："孔子之谓集大成。集大成者，金声而玉振之也。金声也者，始条理也；玉振之也者，终条理也。始条理者，智之事也；终条理者，圣之事也。"孟子以"金声玉振"来形容万民之望的君子——孔子，是孟子对孔子高尚人格境界的嘉赏，也是对子思学派君子思想的一个恰当的体悟与发扬。

总之，子思学派从性情出发，明确提出"道始于情，情生于性"，"性自命出，命自天降"的思想。"道"之所起皆息息相关于人之"情"而生，与"道"相联系的"教""礼"等也都缘情而生，君子"美情贵义"，君子之德由情而来，依据发自内心的情感行仁行义做人处事才是真正的"仁"，但君子亦非唯情是尊，近情近义、以礼节情才是儒家君子之所本。子思学派一方面沿着情感一路，表现出鲜明的"君子美情贵义"的思想，另一方面也沿着孔子开出的"仁者爱人"的思想继续发展，以鲜明的君子尊贤爱民的思想倾向，表现出强烈的社会责任感与天下情怀。子思学派还从人性与天道的关系立论，君子尽人性就会暗合天性，性与天道的打通为人性之说找到了形而上的依据，"下贯人道上达天道"的君子之道，从此有了重要的哲学基础，也由此为通向孟子与荀子的君子之道提供了一个很好的接引。

最后还需要说明的是，子思学派的人性论除在《性自命出》中凸显情与道的关系外，还有另一条发展线索，就是以曾子、子思为代表的《大学》《中庸》一系。《五行》以德与善来说明君子品格及天道与人道的关系，《大学》《中庸》则扣住"修身"与"诚"来说"道"，自天道而人道——"天命之谓性，率性之谓道，修道之谓教"；又自人道而天道——至诚尽性，德配天地，以两条路径指明了君子德性的内在超越的品格。《大学》认为君子实现"道"是一个系统的过程，格物、致知、诚意、正心、修身、齐家、治国、平天下，君子的"修身"是其道德境界与审美境界升华的起点也是根本，"自天子以至于庶人，壹是皆以修身为本。其本乱而末治者，否矣"。《中庸》则以"中和"为起点，以君子"至诚"为枢机，大谈君子之道。儒家之学是为己之学，为己之学要求将修身作为齐家、治国、平天下的前提，以至诚作为上达天道下贯人道的法门。《中庸》推崇一种圆满而完美的君子人格，生命因为道德之完美而光辉四溢，与整个宇宙的至善品质相回应。《中庸》的君子人格将由《尚书》《诗经》《易经》《论语》而来的君子精神发扬光大而又有所创新。君子慎独自警，遵道而行，依乎中庸，和而不流，安于其位，不怨天不尤人，正己而不求于人，无往而不自得。君子之道深深地植根于天赋人性，又普遍地体现于人间日常事务中，而不是离群索居、与世隔绝，游离于社会人群之外无所依傍的一种自足。君子充分地面临而且协调着各种人际关系，真诚地忠于自己也真诚地感动他人，努力在日常存在中体现生命的终极意义。因为至诚，因为仁心的丰满，因而可以与天地参，天地人三才同德，共存于宇宙大化之中。这样的人格境界是欣欣向荣、充满生意的天地境界，亦是快乐自由的审美境界。所以成为"动而世为天下道，行而世为天下法，言而世为天下则"的君子，进而成为圣者，对念兹在兹以修身为己任，从而达成治国平天下之功业的儒者就有了巨大的吸引力，这也是《中庸》所推崇的君子理想人格的全部魅力之所在。《中庸》与《五行》相互作用，为儒家心性论建立起形而上的哲学基础，并成为孟学与荀学的源头。

守义与知命

——《论语》中君子人格的两个基本规定及其意义

郭美华[*]

摘要：孔子所肇始的儒学，一个重要之处就在于突出了基于主体能动性的道德生存，以之为人类自身存在的本质之处。从人自身的能动性道德生存而言，这是操之在我的"守义"。但是，守义的道德生存，并不穷尽人的生命的全部，更不穷尽世界自身的全部。因此，在守义的道德生存展开过程中，如何经由领悟天命而持守界限，以释放人自身乃至天地世界自身的"无穷未知性"，就成为"知命"的本质内容。在此意义上，君子的守义标志着人之存在的有限积极性一面，而君子之知命，则标志着君子存在的无限消极性一面。就道德生存论而言，前者就是道德生存的界域，后者则是自然（或天地世界）的界域。守义是君子的重要道德规定性，知命则是更高的道德规定性，即知命使守义得以可能，并使超越守义得以可能的规定性。守义可以说是经由人的道德活动而成就自身、成就世界；知命则是超越人的道德生存而敞开自身、敞开世界。进而言之，义的持守，命的领悟，以及守义与知命两者之间的界限持守，就是君子人格的基本规定性。如此规定性，其根本的意义在于昭示出，一方面守义是对人自身的道德挺立，凸显人的道德价值与存在尊严；另一方面，知命是对人自身生命存在之幽深的敞开，凸显人之现实存在的卑微与谦卑，展露世界的无穷广袤与他者的无限差异性。

关键词：君子；守义；知命；界限

---

* 郭美华，上海财经大学教授，主要研究方向为中国哲学史。

学界大多认为，在孔子那里，"君子"的概念有一个从位向德的转变。从德的角度来理解君子，无疑是一个基本的进路。不过，纯粹从德来理解，蕴含着一些导向错谬的可能，即将生命引向逼仄，将世界引向局促。实质上，作为仁、礼（或仁义）之德与政所规定的人，只是人自身丰富而多样生命存在的局部，而非全部，甚至根本不是人的最为本质之处。超越于狭隘之"德"，从人自身的存在来看，君子作为人格存在，并非要指向一种跨越时间限制与空间限制的"唯一之人"，似乎宇宙与人类只是为着一个"生民以来未有之人"，而是要指向所有人与每个人，是开启当下与未来每一个降生临世之人走向其自身的可能通道。简言之，君子就是一个"中介"，君子的中介意义，即在命与义之间敞开对于一切人之存在样式的容纳可能性。

因此，在孔子哲学中，君子人格的生存论意义，其最为基本的规定性就是守义和知命。知命是"知其不可奈何"，守义是"为之"。[1] 用孟子的话来说，亦即知命是"无为其所不为"（《孟子·尽心上》），相应地，守义是"为其所为"。按照孟子的界定，所谓命，就是"莫之致而至者命也"（《孟子·万章上》）。[2] 无论是类还是个体，人类自身的整体存在中，无疑有着隐、显或明、暗两个不同的侧面。人自身的整体性存在中，有无数的构成性因素，但并非每一种因素或所有因素都是人之存在的本质性因素。孔子所肇始的儒学，一个重要之处就在于突出了基于主体能动性的道德生存，以之为人类自身存在的本质之处。从人自身的能动性道德生存而言，这是操之在我的"守义"。但是，守义的道德生存，并不穷尽人的生命的全部，更

---

① 晨门讥笑子路而认为孔子是"知其不可而为之者"（《论语·宪问》），其意是显露孔子之智与仁之间的矛盾。隐者之意在于指出：现实不可为而孔子力图有所作为，不知不可为，是无智；知不可为而为，是不仁。换个视角，孔子所彰显的价值具有某种中介性质，以至于在隐者的批评之外，世俗之人也对孔子有所批评。比如《阳货》第一章阳货就是诘问孔子在仁与智之间进退失据，自以为怀有治国之能，却让其国与民迷失，是不仁；有出仕的机会却不能抓住，是不智："（阳货）谓孔子曰：'来！予与尔言。'曰：'怀其宝而迷其邦，可谓仁乎？'曰：'不可。''好从事而亟失时，可谓知乎？'曰：'不可。''日月逝矣，岁不我与。'孔子曰：'诺。吾将仕矣。'"隐者和阳货的批评，恰好彰显了孔子之教的困厄，这在一定意义上，也是君子生存的困厄。

② 孟子是将天与命连在一起言说的，他认为天是"莫之为而为者天也"，命是"莫之致而至者"。通常人们认为二者的意义是一致的，比如朱熹说："盖以理言之谓之天，自人言之谓之命，其实则一而已。"（《四书章句集注》，中华书局，2001，第309页）朱熹的这个理解，当然与孟子本意不一致。在孟子，天命的含义，是政治哲学的含义，即在政治领域，本应该是人自身的自觉行为所造成，但却有着不以人的意志为转移的偶然或必然之势。朱熹将天和命在本体论上统一起来，一方面忽略了天命本身的偶然性与无常性，一方面将天的实体义与命的过程义混淆了。从而，朱熹也就模糊人为与力行之间的界限。尽管孔子在天命与人能之间，也有一些界限模糊之处，"将人的理性或主观能动性绝对化为天命"（参见冯契：《中国古代哲学的逻辑发展》上册，上海人民出版社，1993，第95—96页），但在主要倾向上，孔子还是将天命视为人（尤其君子）之行的界限或边界概念。

不穷尽世界自身的全部。因此，在守义的道德生存展开过程中，如何经由领悟天命而持守界限，以释放人自身乃至天地世界自身的"无穷未知性"，就成为"知命"的本质内容。在此意义上，君子的守义标志着人之存在的有限积极性一面，而君子之知命，则标志着君子存在的无限消极性一面。就道德生存论而言，前者就是道德生存的界域，后者则是自然（或天地世界）的界域。守义是君子的重要道德规定性，知命则是更高的道德规定性，即知命是使守义得以可能，并使超越守义得以可能的规定性。守义可以说是经由人的道德活动而成就自身、成就世界；知命则是超越人的道德生存而敞开自身、敞开世界。进而言之，义的持守，命的领悟，以及守义与知命两者之间的界限持守，就是君子人格的基本规定性。① 如此规定性，其根本的意义在于昭示出，一方面守义是对人自身的道德挺立，凸显人的道德价值与存在尊严；另一方面知命是对人自身生命存在之幽深的敞开，凸显人之现实存在的卑微与谦卑，展露世界的无穷广袤与他者的无限差异性。

因此，对于君子人格的理解，必须警惕经由道德性内圣，再以神秘而自雄的方式，将天命自为化与自觉化，以狭隘的自我弥漫整个世界，吞噬他者在其自身的可能性与差异存在的界域。捍卫天命的自在性，让渡他者的差异性，是真正的君子人格中更为深邃的责任，而这往往被许多君子人格的诠释者所忽视了。

一、《论语》中君子守义的多层内蕴

属人的存在有着自身自明的起点，就是"学而时习"，即觉悟与生命存在活动的源初浑融一体之绽现。② 觉悟是人自身生命存在的本质。存在的自我启明或自我启明的生存，觉悟之明有程度的大小深浅之不同。达到特定程度觉悟知命的人，就是君子。对《论语》或《论语》中的孔子而言，君子具有核心的意义，因为它既以"君子"开篇，也以"君子"终篇。

《论语》开篇《学而》第一章：

> 子曰："学而时习之，不亦说乎？有朋自远方来，不亦乐乎？人不知而不

---

① 关于道德生存展开的过程性与天命呈现的划界意义，参看郭美华：《古典儒学的生存论阐释》第三章，广西师范大学出版社，2014，第45～67页。

② 参见郭美华：《论"学而时习"对孔子哲学的奠基意义》，《现代哲学》2009年第6期。

愠，不亦君子乎？"

"君子"，刘宝楠引《白虎通》《礼记》说："称君子者，道德之称也"，"君子也者，人之成名也"。[①]君子有某种"道德"。有道德的君子，有三点醒目之处：一是其道德基于自明而有之学；二是相与讲学讨论是进德的阶梯；三是这种道德觉悟是内在之明，区别于外在认知。此所谓君子，不单单是"不知而不愠"，而是与"学而时习"之"悦"及"朋自远来"之"乐"统为一体的。将自身觉悟与外在认知区别开来，并将君子之生命存在内容排除在外在认知范围之外，这是君子人格的一个基础性方面。[②]

认知眼光与功利目的具有内在的一致性。不以外在之知为存在的目的，也就意味着君子人格拒斥被工具化。因此，孔子说："君子不器。"（《论语·为政》）君子是什么呢？有教养和德性的人。器是什么呢？器就是因其对于自身之外的需求而有用处的存在物，是一种工具或手段之物。因此，简而言之，君子经由学思而成就其德，不能以自身之外的他物为目的，而是自为目的。君子成德，不同于物之成器。器总是有特定作用之物，其用体现为人的需要。因此，器之用以人之需要为体，其体用是分离的。君子学以成德，就是要在自身成就内在德性以为体，而有其体必有其用——有德以为体，则有德以为用，也就是说德之体性，德之用为行——德性与德行是统一的，而与一般器具之体用、性行相分不同（实质上，一切器物都有用无体、有行无性）。器具之物总是适用于某种用途，有所偏；但成德之君子，其目标是"成人"，是智仁勇礼乐等等全方面、丰富性地造就自身。物有偏，君子成德则无所偏。器有其形，有形有名。一个器物的价值，往往"声名在外"，任何一个器具之物，往往就是这样一个"普遍之名"的例示而已。君子学以成德，孔子谆谆教导不可以名或为人所知为目的，德是默识心通、敏行讷言。学思修德，重在觉悟默识，重在践履，重在成就自身为一内外充盈的完满者，不是一个"普遍概念"的例子。

不陷于工具化的君子，其自为目的而存在，就是内在德性的成就。如此内在德

---

① （清）刘宝楠：《论语正义》卷一，高流水点校，中华书局，1990，第4页。

② 将君子或人的真实存在排斥在认知界限之外，这是《论语》中孔子关于人之道德存在的一个基本倾向，比如：子曰："不患人之不己知，患不知人也"（《学而》）；子曰："由！诲女知之乎？知之为知之，不知为不知，是知也。"（《为政》）子曰："不患莫己知，求为可知也。"（《里仁》）子曰："君子病无能焉，不病人之不己知也。"（《卫灵公》）生命的真实而具体之在，都是不可以外在而普遍之知来加以把握的，在此意义上，《宪问》中孔子感叹"莫我知也夫"的真实意义，就不单单是感叹没有人"理解他"，而是感叹没有人理解"真实存在逸出认知之域"的道理及其自身切己的生命存在之实。

性的生成，固然有自然情感、文化教育等方面的影响，但最为核心的东西，则是君子之存在于天下，只以"义"自身的生存内容或生命原则：

> 子曰："君子之于天下也，无适也，无莫也，义之与比。"（《论语·里仁》）

适、莫，有两个不同解释，一个说适是同"敌"，即相抵牾、相对峙而排斥之意；莫同慕，贪慕、亲近之意。一说是适、莫是"厚""薄"之意。① 比，也是亲近之意，但与适、莫相对举，说一个"与比"，用以突出"有原则的自觉选择"之意。所谓"天下"，可以指人，也可以指事。我们可以结合起来看，所谓天下，其根底不过就是人之行事与行事之人。君子作为读书明理之人，他自身行事和与人交接，既不以特定之人或物为敌对排斥的对象，也不以特定之人或物为贪慕亲近的对象；既不厚此而亲，也不薄彼而疏。而是以义与非义为衡断的基准，义则行之、交接之，厚之；不义则不行之、疏远之，薄之。而对于"何以为义"或"义何在"，可以有不同的理解。义作为行事之"宜"或行事的应当，或内在于人心，或内在事情，或为某种超越的普遍规范。这在后世心学与理学的分歧中，得到一个折射。理学突出义是超越的理，所以强调行事符合理-义；心学突出内在之理，所以强调外在之事或物，相对心而言，无可无不可，只要心依自身之理即可。不过，从君子重在学思修行而言，超越之理，与内在之心，应该统一到切己行事之中。而所谓切己行事，就是教学相长、友朋切磋、思修成德的具体行事中有一个"规则之义"统摄在其中。

义作为君子人格的生命内容，本质上基于自觉的选择和自主的行动，并且，君子自觉地以此作为行动原则或规则的义作为自身的本质规定性：

> 子曰："君子义以为质，礼以行之，孙以出之，信以成之。君子哉！"（《论语·卫灵公》）

君子以义为自身之本质，这里蕴含着义作为君子生命存在的更为深刻的理解，即义是自身觉悟之君子自觉选择的必然，即自由存在的君子，一旦自觉而自由地选择，

---

① （清）刘宝楠：《论语正义》卷五，高流水点校，中华书局，1990，第147页。

就必然选择"义"自身的行动原则。① 原则、体验与行动的浑融统一，就是一种作为本质性生命内容的义，即"喻于义"；"喻于义"以"作为规则或原则的义"为生命自身的本质内容，使得君子显著地与小人区别开来："君子喻于义，小人喻于利。"（《论语·里仁》）② 通过让自身与他者有所区别地实现出来，由此区别关乎相互区别双方的本质，则区别的内在含义，就与区别开的双方，尤其自觉而能动的区别者（即君子）的本质相一致。在此意义上，当君子将自身与小人相区别的方式而彰显义作为自身之本质时，其中蕴含着一个更为深刻的道德生存论理解，即自觉地使自身与共在的他者相区别，是君子人格的根本之处——他既不以所有人的共性为自身的追求目的，也不以自身之求作为普遍共性强加给他者为其生存的目的。③

义作为君子的生命存在之本质，一方面以求别成异为本质指向，意味着真正的个体性之生成；但另一方面，它作为普遍的原则，又是使得个体性得以可能的前提。在孔子看来，当君子（无论有位无位）与他者相互关联而共在之际，必须以合于义的方式来展开。比如孔子评价子产："有君子之道四焉：其行己也恭，其事上

---

① 这可以有两方面的进一步说明：一是孔子自述"其为人也，发愤忘食，乐以忘忧，不知老之将至云尔"（《论语·述而》），一是颜渊问仁，孔子回答"克己复礼为仁。一日克己复礼，天下归仁焉。为仁由己，而由人乎哉？"（《论语·颜渊》）。前者是个体性体验性内容，后者个体性理性抉择而成普遍原则。尤其后者，显然可以在康德普遍立法原理上来理解，具有极为深刻的意蕴。

② 传统上认为君子、小人在这里是指"位"而言，参看（清）刘宝楠：《论语正义》卷五，高流水点校，中华书局，1990，第154页。孔子这句话的主要意思是让处于治国者位置的君子明白一个简单的道理，即治国，应当因民之所利而利之。一方面，民众作为无位之小人，本身就是求利谋生，治国者之治国，必须使得民能得其利而遂其生，不能反过来让民众放弃求利，而追求某种缥缈的"理念"或"原则"；另一方面，治国者作为君子，必须守义，严格限制自身，不能与民争利。孔子主张教化，其基础是富之而教以趋善；孟子所谓仁政，也是先实现养生丧死无憾而再行教化。政治治理的最为腐败的病症，就是让民众去守义，而掌权者却中饱私囊、贱民自肥。

③ 从生存论上的自觉区别意识出来理解《论语》中君子与小人的对举，较之从价值上的是非、对错、好坏、高低角度来理解，是一个更为合于君子之为君子的本质的理解方式。《论语》中其他君子与小人对比的陈述，比如"君子周而不比，小人比而不周"（《为政》），"君子怀德，小人怀土；君子怀刑，小人怀惠"（《里仁》），"女为君子儒，无为小人儒"（《雍也》），"君子坦荡荡，小人长戚戚"（《述而》），"君子成人之美，不成人之恶。小人反是"（《颜渊》），"君子之德风，小人之德草"（《颜渊》），"君子和而不同，小人同而不和"（《子路》），"君子易事而难说也：说之不以道，不说也；及其使人也，器之。小人难事而易说也：说之虽不以道，说也；及其使人也，求备焉"（《子路》），"君子泰而不骄，小人骄而不泰"（《子路》），"君子而不仁者有矣夫，未有小人而仁者也"（《宪问》），"君子上达，小人下达"（《宪问》），"君子固穷，小人穷斯滥矣"（《卫灵公》），"君子求诸己，小人求诸人"（《卫灵公》），"君子不可小知，而可大受也；小人不可大受，而可小知也"（《卫灵公》），"君子学道则爱人，小人学道则易使也"（《阳货》），"君子有三畏：畏天命，畏大人，畏圣人之言。小人不知天命而不畏也，狎大人，侮圣人之言"（《季氏》）等，尽管蕴涵着很强的价值区别之意，但是，这仅仅是一种"概念上的区别"，而非"生存论上的区别"。孔子对于行的强调以及对于多言的否定表明，概念上的区别低于生存论上的区别，孔子对"行先言后""敏于行讷于言""耻于言过其行"等等的强调就表明了这一点。

也敬，其养民也惠，其使民也义。"（《论语·公冶长》）"使民以义"，既是以义为普遍原则来范导行动，也是以民之自成其自身为普遍原则指向的目标。

就君子个体而言，义作为自身明觉而行动的原则，与思具有密切的关系，相应地，义就成为思的根本内容之一："君子有九思：视思明，听思聪，色思温，貌思恭，言思忠，事思敬，疑思问，忿思难，见得思义。"（《论语·季氏》）在以勇而显的子路这里，子路以为君子重要的是"勇于行"，但孔子明确强调，君子之勇，在于勇于行义，勇于行义的更为本质的说法，实质上就是以义行勇而义在勇上：

> 子路曰："君子尚勇乎？"子曰："君子义以为上。君子有勇而无义为乱，小人有勇而无义为盗。"（《论语·阳货》）

孔子对于君子与义之间的如此规定，在存在的普遍性与个体性、同与异之间，给出了一个基本的方向，即君子在于经由普遍性的自我立法而走向独特的自我生成，即"君子求诸己，小人求诸人"（《论语·宪问》），这是君子人格的基本内涵，也是"君子守义"的基本内涵。

二、《论语》中君子知命的界限意义

《论语》中"命"的含义，具有复杂性和多样性。就其与君子人格相联系而言，知命意味着相互关联却又内在辩证的理解，即知命意味着两个层次的要义：一是自身认知有限性的确认，一是对于命不可知的领悟。天命自身的显现，基于人自身作为有限性存在而展开为过程。孔子自述自身的生命存在之展开历程说："吾十有五而志于学，三十而立，四十而不惑，五十而知天命，六十而耳顺，七十而从心所欲，不踰矩。"（《论语·为政》）在此过程中，引人注目的是：天命之为天命的出现。《朱子语类》有一条有趣的记载：

> 辛问："'五十而知天命'，何谓天命？"先生不答。又问。先生厉辞曰："某未到知天命处，如何知得天命！"[1]

---

① （宋）黎靖德编：《朱子语类》卷二十三，王星贤点校，中华书局，1994，第553页。

朱子此话真意难揣，但其自认"未至知天命处"而不敢说"知得天命"，大端不外乎意识到"天命之为天命"不可骤语。朱熹与学生这个问答，其实触及了《论语》中天命的复杂性——知命之知的辩证性内蕴，即以不可知为知的知命。

简单说，天命在《论语》中基本指向一种虽然渗透、穿越人之存在、却不为人之主体性所支配的力量（以偶然和必然为表现的力量）。如此力量，与主体性力量相区别，可以理解为"外在性或异在性限制力量"。但是，如此异在性限制力量，却可能体现为两个表面上完全相反的理解。一方面，就个体生命的偶然降生而言，似乎"命定为人"具有某种形而上学的"内在必然性"。比如孔子自述"文在兹"与"德在予"说：

> 子畏于匡。"文王既没，文不在兹乎？天之将丧斯文也，后起者不得与于斯文也；天之未丧斯文也，匡人其如予何？"（《论语·子罕》）
> 子曰："天生德于予，桓魋其如予何？"（《论语·述而》）

文教与德性，这本来是主体性的方面，但如果形上地追问人何以有文教和德性，只有诉诸一个不能无穷后退的最后实体或力量。一般的理解，就是将天从异在性限制力量，转化为内在主体性的本体论依据。这个理解其实是不妥实的。正如孟子所谓良知良能之"良"就是不能再作理智的进一步追问一样，在生存论上，文教与德性的根源，就是人类的现实生存本身，而不能脱离历史与现实去虚构其超越性根据。"天生"的意思，就是认知或理智运用的界限，不能再作穿凿之论，从而停止对于人生的妄思而切己地践行。

在此意义上，天命的另一方面意义，就完全体现为异在性限制力量。如此力量，既是理智思考的界限，也是生存自身的界限，主体只能发出悲叹：

> 子曰："获罪于天，无所祷也。"（《论语·八佾》）
> 颜渊死。子曰："噫！天丧予，天丧予！"（《论语·先进》）
> 伯牛有疾，子问之，自牖执其手，曰："亡之命也乎！斯人也而有斯疾也！斯人也而有斯疾也！"（《论语·雍也》）
> 子曰："道之将行也与？命也；道之将废也与？命也。"（《论语·宪问》）
> 孔子曰："君子有三畏：畏天命，畏大人，畏圣人之言。"（《论语·季氏》）

悲叹之所针对，表面上体现为德性生存与天命之间的背离。人的主体性生存不可避免地遭遇异在性限制力量，这种力量不但给予我们生命，而且戕害我们的生命，乃至于剥夺我们的生命。尽管随着近代以来的主体性力量之拓展，这种异在性限制力量似乎也缩小着其领域，但从哲学上看，异在性限制力量随着主体性力量的拓展，依然显现自身为无边无际的幽暗深渊。因此，君子作为主体性生存，只有"畏"的情态来因应作为幽暗深渊的"天命"。"畏"意味着敬而远之，意味着人打开自身领悟了的内在精神情态，向着未知之物开放自身。"畏天命"之所以是君子，与君子的自觉区别性意识相关，正如不语怪力乱神一样，孔子也反对占卜、算命："不占而已矣。"（《论语·子路》）占卜算命很显然地意味着一种生存的懦弱与矛盾，它力图认知不可认知之物及其力量，并以之来规定自身可自知自觉的生命展开。"畏"是一种直面异在性限制力量，却将之与主体性生存相分界的生存情态，如此，"畏"的情态，一方面持守着自身之义，一方面又不以义捆缚自身，而使自身向幽暗渊深开放自身。

因此，作为君子的畏之生存情态意义下的知天命，此知就不是消解天命的幽暗渊深，不是消解天命的广袤无垠，而是将天命的深邃与广袤接纳进我们的生命深处，并揭明我们每个人自身内在的幽深与广袤。当孔子说"不知命无以为君子"（《论语·尧曰》）之际，不单单是一种认知上的诚实之德，即"君子于其所不知，盖阙如也"（《论语·子路》）和"知之为知之，不知为不知，是知也"（《论语·为政》），对于自身无知的领会与承认，是一种认识论上的诚实德性；而且更进一步意味着一种生存论上的德性，即"己所不欲，勿施于人"（《论语·颜渊》《论语·卫灵公》）、"爱之，能勿劳乎？忠焉，能勿诲乎？"（《论语·宪问》）和"毋意，毋必，毋固，毋我"（《论语·子罕》），不让自己有限的认知和自觉领悟，弥漫、遮蔽无边无际的世界，这是生存论上的德性。认知的德性与生存的德性之统一，在颜回身上得到充分的体现，他"为仁由己"而"克己复礼"（《论语·颜渊》），且"不迁怒，不贰过"而"三月不违仁"（《论语·雍也》）。颜回的人生，是显现了高超智慧与高超德性而"严谨自我限制而不世俗之为"的存在状态，孔子多次赞其"贤"。孔子在将子贡与颜回比较时说："回也其庶乎，屡空。赐不受命，而货殖焉，亿则屡中。"（《论语·先进》）在将颜回与自己相比较时说："用之则行，舍之则藏，唯我与尔有是夫！"（《论语·述而》）如此言说，昭示了一种生存的进境，对于世界的拓展，将政治的世界与仁礼的世界相分离，并拓展至与隐者世界的关联，以及由隐逸世界而牵引出无边广袤无限深渊之境。

在此意义上，君子之知命，就是一种在人的共存之中，对于他者和世界自在性的让与。如此让与，世界不是进入逼仄，而是进入宽阔。这就是"君子坦荡荡，小人长戚戚"（《论语·述而》）。所谓"坦荡荡"与"长戚戚"的涵义，似乎有些隐晦。传统注疏中，有的认为"坦荡荡"是无忧无惧，"长戚戚"是忧患、忧惧之意。君子志于仁而博学守义，内心一依于理，故坦荡无碍；小人无仁无义一心逐利，得失之间忧患怕惧不安。这个理解恐怕太过局限于字面了。有解释认为，坦荡荡是一种"宽广"之貌，长戚戚则是一种"局促缩迫"之状。这个解释可以更深入一点来理解。

《孟子》中有几个说法，可以深化这一章的理解：

> 居天下之广居，立天下之正位，行天下之大道。（《滕文公下》）
>
> 仁，人之安宅也；义，人之正路也。旷安宅而弗居，舍正路而不由，哀哉！（《离娄上》）
>
> 夫仁，天之尊爵也，人之安宅也。（《公孙丑上》）
>
> 王子垫问曰："士何事？"孟子曰："尚志。"曰："何谓尚志？"曰："仁义而已矣。杀一无罪，非仁也。非其有而取之，非义也。居恶在，仁是也。路恶在，义是也。居仁由义，大人之事备矣。"（《尽心上》）

由此而言，仁作为人之所居，义作为人行走之所由，就是"君子坦荡荡"的要义。它并不是一个心灵境界的问题，而是一个人自身所处的生存论境遇。按照孟子的说法，仁义礼智等，并非某种抽象的概念规定性，而是活生生的生存论状态："仁之实，事亲是也；义之实，从兄是也；智之实，知斯二者，弗去是也；礼之实，节文斯二者是也；乐之实，乐斯二者。乐则生矣，生则恶可已也。恶可已，则不知足之蹈之，手之舞之。"（《孟子·离娄上》）仁是事亲之活动，义是从兄之活动，智则是仁义之活动中的觉悟；礼是仁义之生存活动的节文；乐就是仁义礼智融为一体的生存论情态。这种生存之乐，其基本的规定性，也就是孔子的"仁智统一"之行。当孟子突出强恕而行、反身而诚，从而"万物皆备于我"之时，他所说的，不仅仅是一种知识论意义的抽象把握万物之理（如理学所说），而是一种"取之左右逢源"

的相融共生之生存论"广阔之境"。在具体的道德生存活动中，我、他人、万物一体共在，整体中的每一个具体个体，都充盈着情感相融、秩序明觉与意志自主自得。这是君子成就自身的必然指向。因此，君子就生活在自身宽阔胸襟之境与广阔世界之境的双重"广阔博大"之中。

小人与此相反：将自己从与他人、万物的一体中孤立出来，只有自己，罔顾他人他物；只顾一己私欲，毫不尊重秩序；他为个人的利欲而驱动自身与他人和万物对峙，最后自己也成为自身欲望的奴隶——他没有一个让自身融身其间的世界，他甚至没有自己，如此他活得"缩迫局碍"。

概而言之，君子知命的生存论德性，就是君子让世界保持其幽深与广袤、让他者、让自己能自行跃入无边无际的生存深渊。

三、孔子圣化与君子世界的窄化

理解命和义以及二者的相互关系，这是人类生存很重要的方面："天下有大戒二：其一，命也；其一，义也。"（《庄子·人间世》）命和义二者交织，划定出界限，由此界限，给出了自由生存的可能。对于君子在守义与知命二者之间的界限及其对于自由生存可能的开启，孔子有一个感叹，表明他的学生们根本没有领会这个界限：

> 子曰："予欲无言。"子贡曰："子如不言，则小子何述焉？"子曰："天何言哉？四时行焉，百物生焉，天何言哉？"（《论语·阳货》）

孔子承认自己并非圣人甚至亦非仁人："若圣与仁，则吾岂敢？"（《论语·述而》）同时，孔子也说不得见圣人，而见到君子已足够了："圣人，吾不得而见之矣；得见君子者，斯可矣。"（《述而》）因此，一定意义上，"天何言哉"之语，就是作为君子的孔子自见之语。作为君子，其存在展开的界域，就是在"天无言而四时行百物生"的间隙与裂缝中，自明而自行。天行与人能之间，并没有一个本质一贯的无缝贯穿。换言之，守义的道德生存，并不僭越自身为天之言。从而，天自身的无常与自在，就使得作为他者的学生，可以自行在天行与人能交织而豁显的裂缝里自得其走向自身的可能性通道。子贡作为学生，没有自寻自身存在的通道，没有置身天人之间的"界域",而是以孔子作为自己的高墙之围:"譬之宫墙,赐之墙也及肩,窥见室家之好。夫子之墙数仞,不得其门而入,不见宗庙之美,百官之富。得其门者或寡矣。"(《论语·子张》)乃至于将孔子视为不可企及的日月:"无以为也,仲尼不可毁也。他人之贤者,丘陵也,犹可踰也;仲尼,日月也,无得而踰焉。人虽欲自绝,其何伤于日月乎?"(《论语·子张》)最后直接将孔子视为"天":"夫子之不可及也,犹天之不可阶而升也。"(《论语·子张》)子贡对于孔子的神化与圣化,为后世所继承,造成了一个极大的恶果,即虚构孔子,从而遮蔽了孔子作为君子在守义与知命之间的中介与开放,进而遮蔽了广袤的世界与无穷的他者。

在子路对隐者的批评中,如此遮蔽更为深刻地体现出来:

> 子路从而后,遇丈人,以杖荷蓧。子路问曰:"子见夫子乎?"丈人曰:"四体不勤,五谷不分。孰为夫子?"植其杖而芸。子路拱而立。止子路宿,杀鸡为黍而食之,见其二子焉。明日,子路行以告。子曰:"隐者也。"使子路反见之。至则行矣。子路曰:"不仕无义。长幼之节,不可废也;君臣之义,如之何其废之?欲洁其身,而乱大伦。君子之仕也,行其义也。道之不行,已知之矣。"(《论语·微子》)

以"义"批评隐者,这是鲁莽灭裂的子路才能做的事。在《论语》中,孔子对于隐者的赞许与敬佩,显露得极为自然真切。在《论语》中,隐者也有夫妻、夫子、朋友等伦常关系,他们在现实生存中也面对"君臣父子"关系:"子之爱亲,命也,不可解于心;臣之事君,义也,无适而非君也,无所逃于天地之间。"(《庄子·人间世》)庄子这里将父子关系视为"命",具有不同的意蕴。但究其基本的倾向而言,他将君臣之义与父子之命视为生命存在的不可或缺的内容,但是,他并不以之为生命存在的全部内容,甚至并不以之为本质的内容。逍遥与养生,作为生命自由存在的本质,在某种意义上,只是一个不断的自我解放,一个不断祛除束缚的追求历程。子路无视隐者对于现实伦常的非政治实现样式,直接以政治支配下的人伦关系为唯一的人伦关系,不但阻碍人伦以及基于人伦的修德与教化的独立性可能,更阻碍了超越政治之域而走向隐逸生存的可能通道。

简言之,在子贡与子路的理解里,孔子的思想世界趋于狭隘,而且经由后学所虚构与圣化的孔子,古典时代的思想与生活世界也变得局促与狭窄,一个充盈差异性与丰富性的世界、一个清澈透明与幽深隐秘交织的世界、一个自我成就与让渡他者的世界，演化为了只有圣人主宰的单面世界。由此，君子人格，徒具其名而未得其实。在当今之世，如果君子人格依然被引向对于狭隘政治之域及其准则的顺服，君子人格依然导向对幽深而广袤世界的肤浅与逼仄的唯一显现之途，那就意味着孔子再次被虚构与扭曲地"利用"了。

工夫与境界：君子是如何炼成的

——以《论语》为中心的考察

崔海东[*]

摘要：《论语》提供了儒家君子修证工夫的一般模式。其可强分为三个环节：首先是上达道体，即下学而上达，包括醒觉心体、反躬性体、对越道体三个步骤；其次是存养天机，即上达而存养，上达之后，三分的道体、性体、心体即合而为一，曰本体，此时即须存而养之，包括静、动、中三个步骤；最后是践履发用，即存养而践履，包括过、不及、和三种结果，正则扩充，邪则反格，重作下一轮的上达存养，如此螺旋上升。由此工夫三阶，又有相应的本体三境，即欲仁斯至境、民胞物与境、天命流行境。合此工夫与境界，是为儒门君子修炼的有效途径。

关键词：君子；工夫；境界；《论语》

《论语》中"君子"凡 108 见，孔门师弟从德、位、才等诸多角度对君子进行了深入的讨论，本文拟自工夫与境界二者出发，探讨狭义的君子修身之道，认为孔门君子之修炼，可以总结为工夫三阶与本体三境①。朱子云："《论语》一部自'学而时习之'至'尧曰'，都是做工夫处。"②工夫即是针对心性情欲作自我调节、控制与优化的理性的道德实践，即《易传》所云之"闲邪存诚"。其本是一体之事，不可断分，然为说理清晰，本文将其强分为三：上达、存养和践履。梨洲云："心无

---

　*　崔海东，江苏科技大学副教授，主要研究方向为中国哲学史。

　①　广义的、完整的修身工夫包括修身、齐家、化乡、治国、平天下、参赞化育等层面，本文仅从狭义的修身之道来考察孔门之工夫。

　②　（宋）黎靖德辑：《朱子语类》卷一百一十七，见（宋）朱熹撰，朱杰人、严佐之、刘永翔主编：《朱子全书》第 18 册，上海古籍出版社、安徽教育出版社，2002，第 3691 页。

本体，工夫所至，即其本体。"① 本体是工夫所抵达的、对儒家道体、性体、心体此三层实体本来体状的体证，这种体证，实为境界。所谓境界，它并不指向人产生之前的宇宙，而是人心所理解也即生成的宇宙，是人以智的直觉与世界相互交融的体证结果。依其发展，我们也将其分为三层，即欲仁斯至境、民胞物与境、天命流行境。

一、上达道体

《论语》中孔子频言"上达"，如云"君子上达"（《宪问》）；又云："不怨天，不尤人，下学而上达。知我者其天乎！"（《宪问》）上达乃是向上杀出一条血路以超然拔出，溯逆发见本体之澄明清宁。其目的是为了疏通天地之性，对治当下的气质之病痛、戕贼、纠缠与淹留。其内容即孟子所说的"尽心、知性、知天"（《孟子·尽心上》），我们可将其分为以下三个阶段。

其一，醒觉心体。上达的第一环节，即是或因己悟，或由外缘，唤醒吾心使神明全具，理解人之所以异于禽兽者几希者。我们以《论语·阳货》"三年之丧"章为例。宰我认为三年不为礼乐，则礼乐必坏崩，故丧期当改为一年。孔子发现宰我貌似讨论丧期长短之形式，实则是未知礼本，故转问曰"君子之居丧，食旨不甘，闻乐不乐，居处不安"，若"食夫稻，衣夫锦，于汝安乎"？这是一个极端的假设，居丧期间若奢侈地追逐外在的身体享受，于汝安否？此问直指人心。若答不安，则必引出何以不安。子女从父母处获得生命与养育，父母即天。父母新亡，子女当处于巨大的悲痛之中，这种情感之发，是通天通地的良心正性之苗裔端倪在日用处的泪泪流动，故若食稻衣锦，必于心戚戚。若答安，则是心死，即那天生地养之大心仁体被完全遮蔽，只余一颗小心、肉心、自私心在驰骛。并且若只以私利计，则必然推出守丧时间越短越好，则一年也是多余，最后就有可能得出干脆不守丧了，然则人与禽兽又有何别？故孔子此问，即是在唤醒宰我，难道你的心里没有一种自责、愧疚的声音吗？你先把此心盘活回来，我们再讨论守丧时间的长短问题。

与醒觉心体相匹配的境界是欲仁斯至境。孔子云："仁远乎哉！我欲仁，斯仁至矣。"（《论语·述而》）这是人看见世界后所抵达的第一层本体境界。它对应的是心体。它使人获得了真正的自由状态。凡庸驭于气质之性，大率终生为奴而不

---

① （明）黄宗羲：《自序》，《明儒学案》，中华书局，1985，第9页。

自知。"死生有命，富贵在天"（《论语·颜渊》），人面对气质之性，是永不自由的。故孔子云"富而可求也，虽执鞭之士，吾亦为之，如不可求，从吾所好"（《论语·述而》）。人间的英雄豪杰仿佛天下无敌，所向披靡，其欲望的冲撞力愈大，仿佛外部世界愈在避让着自己，其实这种踏刃皆虚只是小体心所生成的妄相，真实的世界并未与自己发生联系，而得此妄相，鲜不遽亡，正如"羿善射，奡荡舟，俱不得其死然"（《论语·宪问》）。若有朝一日，那大体心苏醒，久被遮蔽的天地之性当下决堤而来，统率那气质，则生命方进入自由的主人翁状态。此天地之性，正是仁。此仁，当下即在，完具自足，可超迈生死、凌驾气质，"杀身以成仁"（《论语·卫灵公》），正可证明其自由状态。

其二，反躬性体。"反躬"即返回义，取诸《礼记·乐记》"不能反躬，天理灭焉"。道心既醒，向上逆觉，由人性阶及天理，抵达那洁净宽阔宁静处，体认到包括人在内的万物，各自具有存在的尊严、价值，皆应享受元亨利贞的自我完成之过程与结果，各得其止。横渠的"民胞物与"[1]非常恰当地表达出这种境界，我们可以将之分为两层来看。

首先是民胞境。个体与个体之间、族群与族群之间展开竞争，此是作为人自身的物种正义，无可厚非。但是孔子认为，百物皆有生的权利，何况乎人，故此竞争当是有序竞争，其目标当是："人不独亲其亲，不独子其子；使老有所终，壮有所用，幼有所长，矜寡、孤独、废疾者皆有所养；男有分，女有归。"（《礼记·礼运》）故要遵守以下原则。一是要寻求最佳的为政途径，以臻善治，使所有人的德行、才能、尊严、价值得到最佳的成长、发挥与体现。在《论语》中，此种境界典型地体现为孔子自述其志："老者安之，朋友信之，少者怀之。"（《论语·公冶长》）此将人分为老人、青壮年（朋友）和少儿三者。老者已完成自己，是其所是，为五十、六十、七十之境界，故安矣。青壮年正是人生展开之过程，当三十、四十之境界，"人而无信，不知其可也"（《论语·为政》），"自古皆有死，民无信不立"（《论语·颜渊》），故当以诚信经纬人我，而立于斯世。少者则为"成人"之始，正当十五之境，故当怀之，即予以良好的抚养与教育。二是必须照顾到弱势群体，对其予以尽可能多的扶助关爱。后来《孟子》云"老而无妻曰鳏，老而无夫曰寡，老而无子曰独，幼而无父曰孤。此四者，天下之穷民而无告者；文王发政施仁，必先斯四

---

① （宋）张载：《正蒙·乾称》，《张载集》，中华书局，1978，第62页。

者"；《礼记·王制》云"少而无父者谓之孤，老而无子者谓之独，老而无妻者谓之矜，老而无夫者谓之寡。此四者，天民之穷而无告者也，皆有常饩。瘖、聋、跛、躃、断者、侏儒、百工，各以其器食之"等，便详发此义。

其次是物与境。仁难矣。大自然中食物链上的每一物种，其生存全靠掠夺、占有其他物种生命以维系，人本身也不例外。但人超越他物的地方在于，可以自觉地在取得其他物种以生存的同时保持之不使灭绝，即仁道地取食之。故孔子"钓而不纲，弋不射宿"（《论语·述而》）。此要求仁及草木禽兽，后来成为孔门之共识。如孟子云："数罟不入池，鱼不可胜食也；斧斤以时入山林，材木不可胜用也。"（《孟子·梁惠王上》）《礼记》更是频繁及此，如云："国君春田不围泽，大夫不掩群，士不取麛卵。"（《曲礼》）又云："天子、诸侯无事，则岁三田，……田不以礼，曰暴天物。天子不合围，诸侯不掩群。……獭祭鱼，然后虞人入泽梁。豺祭兽，然后田猎。鸠化为鹰，然后设罻罗。草木零落，然后入山林。昆虫未蛰，不以火田。不麛，不卵，不杀胎，不殀夭，不覆巢。……五谷不时，果实未孰，不鬻于市。木不中伐，不鬻于市。禽兽鱼鳖不中，不鬻于市。……禁止伐木；毋覆巢，毋杀孩虫、胎夭、飞鸟，毋麛毋卵。"（《王制》）故《中庸》总结之云："能尽人之性，则能尽物之性，能尽物之性，则可以赞天地之化育。"又云："天之所覆，地之所载；日月所照，霜露所队，凡有血气者，莫不尊亲，故曰配天。"此是人的最终完成，凡有血气者，莫不尊亲，即是民胞物与境，已是超越人此一物种，而达万物，故曰配天。

其三，对越道体。"对越"即上达义，取诸《诗经·清庙》"秉文之德，对越在天"。此是逆觉工夫的末节，在抵达性体后更清扬向上，阶及道体。我们以《论语·述而》篇"天生德于予"章为例。鲁哀公二年（前493）孔子困于宋，司马桓魋欲杀之，孔子脱险后乃发长叹"天生德于予，桓魋其如予何"。"德"本有天命义。[①]孔子素重天命，如云"五十知天命"（《论语·为政》），"畏天命"（《论语·季氏》），"不知命，无以为君子"（《论语·尧曰》）等。然孔子之天命，又非先民所理解的神谕，而是指上达天命流行境所领受担当之责任。孔子深知人能在凭工夫返回仁性本体之后，更澄汰之、纯化之、扩充之，而提撕上扬，阶及天命流行境，证取天地境界之完全自由，从而发其德命，率其禄命，故虽畏之然"不怨"（《论语·宪问》）。此境界即前述之"四时行焉，百物生焉"。一则孔子体证到人的存在的本来

---

① 参见晁福林：《先秦时期"德"观念的起源及其发展》，《中国社会科学》2005年第4期。

面目，不论个体还是群体，皆由天赋性命，均应如此"行""生"之天境，拥有其天然的不可剥夺的生存发展权利，以完成其元、享、利、贞的生命过程，故诠"仁"为"爱人"（《论语·颜渊》）。二则孔子由此天境之并行不悖，体证到人间亦应有此和谐之秩序，然对照现实世界却是礼崩乐坏、生灵涂炭，故生出对天下苍生之莫大责任与休戚与共，而欲将此大责任心向下发用、向外开出，客观化为一秩序，因革损益，以创建制度，以易滔滔天下为有道人间（《论语·微子》）。故孔子之"造次""颠沛必于是"（《论语·里仁》），曾子之"任重道远"（《论语·泰伯》），皆在此下语。观人类诸教主圣擘，其立教传道，莫不如此。

孔子云"四时行焉，百物生焉"，体证"民胞物与境"后再向上溯，则抵达第三层本体境界，是为天命流行境。此既是实体，又是本体。实体下贯，本体上达，起点回到终点，完成一个循环圈。然此既是既济，更是未济。它对应的是道体。《论语》述此境者如"吾与点也"，所谓"莫春者，春服既成，冠者五六人，童子六七人，浴乎沂，风乎舞雩，咏而归"（《先进》）。此处截取理想人生的一个珍贵片段，吾人之生命未受到内在欲望之舛贼、外在公权之压迫而异化，所发皆中节，极高明而道中庸，与世界进行最充分的交流，从而参与到宇宙的大化流行中来，这正是《中庸》"天地位焉、万物育焉"的一个缩影，也即《易传》所云的"乾道变化，各正性命"。

上述本体三境界，"欲仁斯至境"如火始燃，其是黑暗中的一点光明之迸击，是一团大心之活火，由此燃开整个生命。"民胞物与境"是方而智，此是仁心平面的铺开，以忠恕去成就人民万物，以共达天境。"天命流行境"则圆而神，此是仁心立体地撑出，从而参赞天地之化育。

二、存养天机

上达之后，三分的道体、性体、心体即合而为一，曰本体，此时即须存而养之。存养在工夫格局中，位于上达、践履之间，十分重要，我们可借荀子"涂秽则塞，危塞则亡"（《荀子·王霸》）来表达之。存养的内容即孟子所说的"存心、养性、事天"（《孟子·尽心上》），此存、养、事三者一体，心即性即天。"存心"即是不使道心走失；"养性"即《中庸》"喜怒哀乐之未发，谓之中"，保持心性本体的中正状态，以备践履发用；"事天"即涵泳于此天机之中。孔子云"回也，其心三月不违仁"（《论语·雍也》），《中庸》亦云颜子"择乎中庸，得一善，则拳拳服膺，而弗失之"，这两章描述颜回逆觉仁体，则守护之，使不违离，此正是典型的存养工夫。存养依据操作的形式及难易程度，可以分为静、动、中三个级别，我们依次来看。

其一，静之存养。静是初级的存养形式，指采取暂时隔离生活的相对安静的形式来集中体认并存养心性。如《论语·述而》云"子之燕居，申申如也，夭夭如也"，此是揭示孔子居家一段静的存养工夫。首先来看"申申如也"。《说文》解"申"云："七月，阴气成，体自申束。从臼，自持也。"[1] 此是言仲夏阴盛，天地阖辟，当自作敬畏整肃。与此解最匹配的就是《论语·乡党》所言"迅雷风烈，必变"，《礼记·玉藻》详释云："若有疾风、迅雷、甚雨，则必变，虽夜必兴，衣服冠而坐。"此精准地描绘了孔子的敬畏自持。故"申申如也"正言孔子随时上达，对越道体，接通心性之源而自作警策修持。其次来看"夭夭如也"。《说文》解"夭"云："屈也。从大，象形。"[2] 段玉裁注曰："象首夭屈之形也。《隰有苌楚》传曰：'夭，少也。'《桃夭》传曰：'夭夭，桃之少壮也。'……此皆谓物初长可观也。"[3] 按《诗·桧风·隰有苌楚》云"夭之沃沃，乐子之无知"，《诗·周南·桃夭》云"桃之夭夭，灼灼其华"，故可知"夭"象形初生苗蘖的顶端，喻其虽尚柔曲，但欣欣向荣充满生机。故"夭夭如也"正比喻孔子由存养工夫而获得的崭新生命之貌。

其二，动之存养。生活本身是变迁不居的，故静之外，尚须展开动之存养。《论语》言动之存养极众，略撮《乡党》篇几例，如："食不语，寝不言"；"席不正，不坐"；"寝不尸，居不容"；"乡人饮酒，杖者出，斯出矣"；"升车，必正立执绥。车中，不内顾，不疾言，不亲指"。以上均在平日的扫洒应对、瞬间万变的生活中注意收拢调和心性不使走作。此动的存养与普通的生活在圣贤而言是无区别的，然对处在工夫过程的凡庸来说，是有区别的，存养之动非普通的动，普通的生活无工夫之自觉，而存养则是自觉的。但是存养之动又没有明确的向外之目的，它不是一次精神力量的对象化，不以做成某项外在的功业为目的，它只是通过日常生活的细节，来锤炼心性，使渣滓化尽，廓然无物。

其三，中之存养。中指时中，它是存养的高级形式，超越动静，无时不存养，

---

① （汉）许慎：《说文解字》，中华书局，1963，第311页。
② （汉）许慎：《说文解字》，中华书局，1963，第214页。
③ （清）段玉裁注：《说文解字注》，凤凰出版社，2007，第863页。

无养不持中。《论语》中说"时中"工夫者，如著名的"孔颜之乐"①。首先，孔颜之乐是存养之乐。伊川师弟相关讨论可佐证之。鲜于侁问伊川："颜子何以能不改其乐？"伊川反问："颜子所乐者何事？"侁对曰："乐道而已。"伊川曰："使颜子而乐道，不为颜子矣。"②伊川引而未发者，即是存养工夫。存养并不以外在的对象为目标，故孔颜并非乐道，即未欲将道作为一个明确的对象来把握，而只是在接通道体后涵泳其中，全体大乐。其次，孔颜之乐是时中之乐。孔子云"贫而无怨难，富而无骄易"（《论语·宪问》），孔颜之乐并非推崇饭疏食、饮水、居陋巷之类的苦行，更非提倡精神胜利法，只是特别用极端贫困的物质条件来作反衬，其实就是表明，存养超乎外在的环境，随时随处调护心性本体的中正庄严。后来横渠有言："言有教，动有法，昼有为，宵有得，息有养，瞬有存。"③此说最好。

既已接通道体源头，则可以左右逢源，不停获得新生命的滋养，愈养愈厚，没有局促逼仄，无一丝犹豫，无一丝困惑，随时可以对外开出发用。

三、践履发用

吾人存养本体，再进入生活，即是第二次下学，此乃是自觉的下学，故以践履别之。二者在工夫格局中实际上处于同一位置。然与自发的生活不同，践履是一个"极高明而道中庸"者。"极高明"言其目标是为上达，以此来区别普通的生活；"道中庸"则表明它采取的还是普遍的人伦日用的方式，而非任何逃尘出世的非人间化的做法。存养是持守心性未发之中，而此践履是在再度发用中求已发之和。然凡庸最容易过或不及，则须作省察，即在人伦日用中辨别苗裔动机之善恶而后加以对治，正则扩充，邪则反格，重作下一轮的上达存养。践履依其结果，可分三种，不及、过、和。

其一，践履之不及。此指践履中心性的发用太弱，未能中节。《论语》中讨论践履不及者甚众。如孔子云："刚毅木讷，近仁。"（《子路》）本来仁体廓然，物来

---

① 子曰："贤哉回也！一箪食，一瓢饮，在陋巷，人不堪其忧，回也不改其乐。贤哉回也！"（《论语·雍也》）子曰："饭疏食，饮水，曲肱而枕之，乐亦在其中矣。不义而富且贵，于我如浮云。"（《论语·述而》）

② （宋）程颢、程颐：《河南程氏外书》卷第七，《二程集》，王孝鱼点校，中华书局，1981，第395页。

③ （宋）张载：《正蒙·有德》，《张载集》，中华书局，1978，第44页。

顺应，然刚强坚毅则是对世界先有个对待心、分别心、攻取心而做出的剑拔弩张；本来"有德者必有言"（《宪问》），而木讷却是言语艰难笨拙，是明显的心性本体发用壅塞者。又如孔子云"见义不为，无勇也"（《为政》）；又云"仁者必有勇"（《宪问》），故当为而不为，显然是仁体之发用未畅如也。

其二，践履之过。此指践履中心性的发用太强。如孔子云"巧言令色，鲜矣仁"（《论语·公冶长》），此与上节"刚毅木讷"正好相反，本来"辞达而已"（《论语·卫灵公》），若播巧弄舌，则是蛇足。孔子又云"怅也欲，焉得刚"（《论语·公冶长》），此是认为申怅心性所发太盛，即成滔滔之欲，焉得清刚正大。再如子云"孰谓微生高直？或乞醯焉，乞诸其邻而与之"（《论语·公冶长》），此是认为人心之发，当取其直，以符物理，有人借酱，如有就借，如无就明告之，然微生高明明没有却冒充有，又向邻居借来再转借。孔子认为，此纾人之难、与人为善之心是对的，但发之太过，即成罔曲。此理孔门皆知，如"颜渊死，子哭之恸。从者曰：'子恸矣。'"门人认为夫子发之太过，孔子答曰："有恸乎？非夫人之为恸而谁为？"（《论语·先进》）即表达此是特殊情况，若不如此反不合中心所发。

其三，践履之和。和即是"发而皆中节"。如孔子云"知者不惑，仁者不忧，勇者不惧"（《论语·子罕》），又云"知者乐水，仁者乐山；知者动，仁者静；知者乐，仁者寿"（《论语·雍也》）此"三不""两乐"，正是安详和乐之貌。另《乡党》篇有大量这样的描写，此处只举一章："执圭，鞠躬如也，如不胜。上如揖，下如授，勃如战色，足缩缩，如有循。享礼，有容色。私觌，愉愉如也。"本章写了三个层次：一是在自己国君面前领圭，上堂接圭时双手高如作揖般，下堂时依如授玉时一样，面容勃如战色，恐辱君命，两脚小碎步走直线；二是向他国国君献礼，则颜色舒解，如沐春风；三是私下觌见他国国君，则轻松愉快。于此我们可以鲜活地感受到孔子发而皆中节之和。

上述义理可综为图 1：

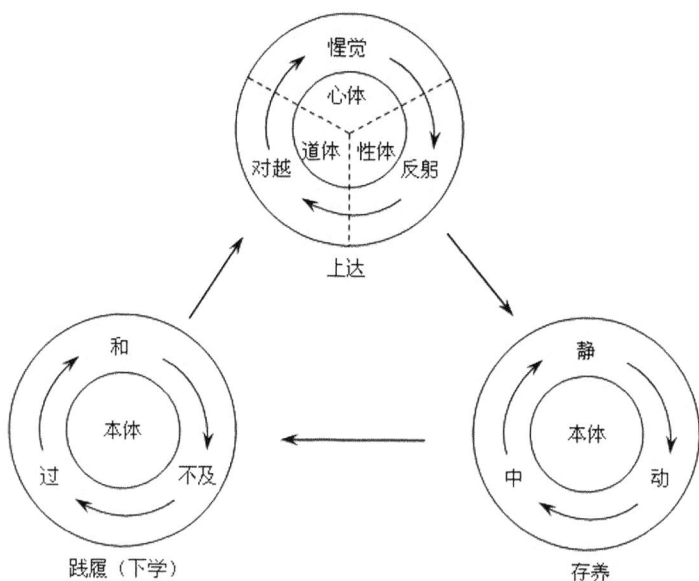

图 1　君子修证工夫义理图

　　通过以上的工夫三阶与本体三境，我们认为，可以在修身层面初步养成君子人格。然而君子此一理想人格的最终完成，还需要投入到更为广阔的发用——即齐家、化乡、治国、平天下、参赞化育中去。此是后话，不赘。

《中庸》君子之道论

韩　星[*]

摘要:《中庸》对儒家君子之道有多重阐发,本文依据文本和历代重要注释,以经证经,梳理解读,发挥其微言大义,以便于人们研读修习。《中庸》以中庸为主线,以修身为主体,由慎独、时中、和而不流、费而隐、忠恕之道、素位而行几个方面共同构建起了君子之道的思想结构,为修养君子人格提供了基本理论和实践途径,对当下弘扬君子文化,提升国民素养,有重要的意义和价值。

关键词:《中庸》;君子;君子之道;修身;现代意义

"君子"一词常见于儒家《诗经》《论语》等原典,最初专指社会上居高位的人,后来才逐渐转化为有道德之士的名称;最初是少数王侯贵族的专号,后来才慢慢变成上下人等都可用的"通称"。《白虎通·号篇》给"君子"定义称:"或称君子者何?道德之称也。君子为言,群也;子者,丈夫之通称也。"近代以来,有学者把"君子"一词翻译成英文的"nobility"或"gentleman"倒是十分妥当的。孔子对君子人格有许多规定,主要是指有道德自觉和道德修养的人,通常也称为仁人、志士、贤士等。几千年来,做君子是绝大多数中国人的人生追求。由对君子精神的企慕和对君子人格的追求形成了君子文化,其思想源泉是儒家经典,系统梳理和挖掘经典之中的君子思想,是当今弘扬君子文化的基础性工作。《中庸》对儒家君子之道有多重阐发,本文依据文本和历代重要注释,以经证经,梳理解读,发挥其微言大义,以便于人们研读修习。

＊　韩星,中国人民大学教授,主要研究方向为中国哲学史。

一、君子之慎独

《中庸》第一章云："道也者，不可须臾离也，可离非道也。是故君子戒慎乎其所不睹，恐惧乎其所不闻。莫见乎隐，莫显乎微，故君子慎其独也。"郑玄注："慎独者，慎其闲居之所。小人于隐者，动作言语，自以不见睹，不见闻，则必肆尽其情也。若有占听之者，是显见，甚于众人之中之。"孔颖达疏："'故君子慎其独也'者，以其隐微之处，恐其罪恶彰显，故君子之人恒慎其独居。言言虽曰独居，能谨慎守道也。"这都是把"慎独"理解为独居时谨守道德。而与君子相反，小人在有人处会收敛自己，一旦独处无人时就会放纵自己，做出违背道德礼法之事。然而，从他见到君子后试图掩盖自己恶行来看，他并非不知道应该为善去恶，只是一到一人独处，无人监督时，便故态萌发，做不到这一点，从而背离大道。所以，"慎独"后来就泛指人们在与别人相处时自觉地严于律己，在个人独自居处的时候也能这样，谨慎地对待自己的所思所行，防止有违道德的欲念和行为发生。这个注解是最正统的解释，也是广为人们接受的一种解释。

从文字学渊源看，这种解释也没有错。"慎"字从"心"从"真"。《尔雅·释诂》："慎，诚也。"《说文》："慎，谨也。"刘宝楠《论语正义》曰："诚'、'谨'义同"。可见，"慎"是谨慎、真诚的意思。"独"字从"犬"。《说文解字》："独，犬相得而斗也。羊为群，犬为独也。"羊是群居的动物，犬则是习惯独居的动物。段玉裁注云："犬好斗，好斗则独而不群。"可以看出，"独"字从字面上理解，是指空间上的独处。"独"用于人事，如《庄子·养生主》："天之生是使独也。"《礼记·儒行》："儒有特立而独行。"指人独立、独行的行为方式。

到了朱熹就进了一步。《中庸集注》说："隐，暗处也。微，细事也。独者，人所不知而己所独知之地也。言幽暗之中，细微之事，迹虽未形而几则已动，人虽不知而己独知之，则是天下之事无有着见明显而过于此者。是以君子既常戒惧，而于此尤加谨焉，所以遏人欲于将萌，而不使其滋长于隐微之中，以至离道之远也。"朱熹把"独"解释为"独知"，人欲之私即使在隐微中，己所独知，他人不知的情况下要戒惧谨慎，不要背离大道，这一点与孔颖达的"谨慎守道"意思一样。

王阳明《传习录》载："正之问曰：'戒惧是己所不知时之工夫，慎独是己所独知时之工夫，此说如何？'先生曰：'只是一个工夫，无事时固是独知，有事时亦是独知。人若不知于此独知之地用力，只在人所共知处用功，便是作伪，便是"见君子而后厌然"。此独知处便是诚的萌芽。此处不论善念恶念，更无虚假，一是百是，一错而错。正是王霸、义利、诚伪、善恶界头。于此一立立定，便是端木澄源，便是立诚。古人许多诚身的工夫，精神命脉，全体只在此处，真是莫见莫显，无时无处，无终无始，只是此个工夫。'"王阳明在朱熹"独知"的基础上指出"独知处便是诚的萌芽"，是王霸、义利、诚伪、善恶分界源头，强调立诚为本源的诚身工夫。这实际上是综合了《大学》的意思。《大学》云："所谓诚其意者，毋自欺也，如恶恶臭，如好好色，此之谓自谦。故君子必慎其独也。……人之视己，如见其肺肝然，……此谓诚于中，形于外，故君子必慎其独也。"这一段是解释"诚意"，强调"诚其意"就是不要自欺欺人。不自欺欺人就像厌恶污秽的气味，要像喜爱美丽的女人，喜欢就是喜欢，厌恶就是厌恶，不要有双重标准，不要欺骗自己，这就是要君子坦荡荡，是非分明，表里如一，追求自我的快意满足。怎么达到诚意？基本途径就是慎独。这里解释诚意，落脚在君子慎独上，是说诚意就是不自欺欺人，内外一致，所以慎独就是君子由发自内心的诚使生命达到一种内外浑然一体的本真状态。

《大学》与《中庸》都讲"慎独"，二者是什么关系？许谦《读中庸丛说》："《中庸》慎独兼《大学》两慎独意，《大学》慎独是诚意地头，故先专主于心，而后乃兼于身；《中庸》前既言戒惧工夫，故慎独兼外说。《章句》谓隐是暗处，又曰幽暗之中，此兼内外言之。细事非是小事，是事之未著者，二者皆是人所未见闻者，亦即是毋自欺之意。"即《大学》由诚意讲起，由心而兼于身，身心一如；《中庸》由恐惧讲起，由内而达于外，内外一体。

刘宗周特别重视"慎独"，什么是"独"？刘宗周的学生陈确解释说："独者，本心之谓，良知是也。慎独者，兢兢无失其本心之谓，致良知是也。"（陈确《辑祝子遗书序》）"独"即是本心，即是良知，"慎独"就是"致良知"。刘宗周受王阳明影响，以"良知"解释"独"，把"独"提升到本体论高度，而把"慎独"说成是君子最重要的修养方法。"独之外别无本体，慎独之外别无功夫，此所以中庸之道也。"（刘宗周《中庸首章说》）他把中庸之道归结为"慎独"。他以"慎独"为其学说的宗旨，强调"慎独是学问的第一义。言慎独而身、心、意、知、家、国、天下一齐俱到。故在《大学》为格物下手处，在《中庸》为上达天德统宗、彻上彻下之道也。""《大学》言慎独，《中庸》亦言慎独。慎独之外，别无学也。"既然

"独"相当于王阳明所说的"良知","慎独"的功夫相当于"致良知",那么为何刘宗周还要自立其说呢?他解释道:"千古相传只慎独二字要诀,先生(指王阳明)言致良知,正指此。但此独字换良字,觉于学者好易下手手耳。"就是说"良知"说不如"慎独"说简易明白,易于学者下手。刘宗周《中庸首章说》云:"君子由慎独以致吾中和,而天地万物无所不贯、无所不达矣。达于天地,天地有不位乎?达于万物,万物有不育乎?天地此中和,万物此中和,吾心此中和,致则俱致,一体无间。"他还将"慎独"与"中和"联系起来,因为《中庸》首章接着就是"喜怒哀乐之未发谓之中,发而皆中节谓之和。中也者,天下之大本也;和也者,天下之达道也。致中和,天地位焉,万物育焉"(刘宗周《中庸首章说》)。即由此慎独功夫,就可以达到"中和位育"的最高境界。

二、君子而时中

《中庸》第二章引仲尼语曰:"君子中庸,小人反中庸。君子之中庸也,君子而时中。小人之反中庸也,小人而无忌惮也。"引用孔子的话说明君子和小人在中庸修养方面的本质性差异及其原因,强调君子品行中最关键的是修养中庸之德。《说文·丨部》:"中,内也;从口、丨,上下通。"其中"口、丨"最早是指礼器一类。中作为一种礼器,天子用之以号四方,后来成为一种准则。据《尔雅·释诂上》:"庸,常也。"郑玄《三礼目录》释题曰:"名曰中庸者,以其记中和之为用也。庸,用也。"《礼记·中庸》郑注:"庸,常也。用中为常道也。"在《河南程氏遗书·第七》中,宋儒程颐说:"不偏之谓中,不易之谓庸。中者,天下之正道,庸者,天下之定理。"朱熹在《四书章句集注·中庸章句》中说:"中者,不偏不倚,无过不及之名。庸,平常也。"概括诸历代经学家注疏及时贤诠释,"中",指合宜、适度、合理、正确、恰如其分、不偏不倚、无过无不及;对"庸"的理解稍显复杂一些,但多训为"常""用",指日用常行。"中"与"庸"合称"中庸",始于《论语·雍也》:"子曰:'中庸之为德也,其至矣乎!民鲜久矣。'"《中庸》也引曰:"中庸其至矣乎!民鲜能久矣。"文字略有差异,而意思是"中庸"是一种最高的德行,可惜人们很少能行中庸之道。《中庸》第十一章言"君子依乎中庸",明言君子要按照中庸之道来行事。

"时中"是儒家中庸之道的一个重要观念,需要解释清楚。郑玄注云:"'君子而时中'者，其容貌君子，而又时节其中也。"孔颖达《礼记正义》说："'君子之中庸也，君子而时中'者，此覆说君子中庸之事，言君子之为中庸，容貌为君子，心行而时节其中，谓喜怒不过节也，故云君子而时中。"依他们的解释，"时中"是君子能够做到时时节制自己，使自己的言行喜怒，既不过分，也无不及，从而符合中庸之道。朱熹《中庸章句》解释说："君子之所以为中庸者，以其有君子之德，而又能随时以处中也。小人之所以反中庸者，以其有小人之心，而又无所忌惮也。盖中无定体，随时而在，是乃平常之理也。君子知其在我，故能戒谨不睹、恐惧不闻，而无时不中。"这里提出了"中无定体，随时而在"，即中道没有确定点，要在时间维度上动态地随时把握中道。《朱子语类》卷五八也载："问：'孔子时中，所谓随时而中否？'曰：'然。'""随时而中"也即"随时而在"。另外，"时中"是与"无忌惮"相对的。孔颖达说："形貌小人，而心行无所忌惮。"小人心与行皆无所顾忌，肆意妄为。朱熹说："小人不知有此（中），则肆欲妄行，而无所忌惮矣。"小人不知道"中"，所以肆欲妄行而无所忌惮。这里的君子"时中"、小人"无忌惮"与孔子讲的君子"三畏"、小人"不知天命而不畏"意思相近。《论语·季氏》载孔子曰："君子有三畏：畏天命，畏大人，畏圣人之言。小人不知天命而不畏也，狎大人，侮圣人之言。"孔子所说的小人"不知天命而不畏，狎大人，侮圣人之言"与"小人而无忌惮"意思接近，小人不知敬畏天命，狎弄德行高尚的人，轻慢圣人的教诲。所以，《中庸》"时中说"有敬畏天命、尊重圣贤的含义，这一点特别重要，也特别具有现实意义。当今国人很容易言语偏激，行为偏颇，浅层看是不懂得中庸之道，深层看是对天道没有敬畏，对圣贤无敬意，于是无法无天，无所顾忌，肆意妄行，伤天害理，害人害己。

这里"时中"的概念与《中庸》第二十五章"时措之宜也"相互发明。郑玄注："时措，言得其时而用也。"孔颖达疏："措犹用也。言至诚者成万物之性，合天地之道，故得时而用之，则无往而不宜。"后以"时措"谓因时制宜。有"时中"才能"时措"。

三、君子和而不流

第十章云："子路问强。子曰：'南方之强与？北方之强与？抑而强与？宽柔以教，不报无道，南方之强也，君子居之。衽金革，死而不厌，北方之强也，而强者居之。故君子和而不流，强哉矫！中立而不倚，强哉矫！国有道，不变塞焉，强哉矫！国无道，至死不变，强哉矫！'"郑玄注："南方以舒缓强。北方以刚猛强。"孔颖达疏："南方，谓荆阳之南，其地多阳。阳气舒散，人情宽缓和柔，假令人有无道加己，己亦不报，和柔君子之道。""北方沙漠之地，其地多阴。阴气坚急，故人生刚猛，恒好斗争，故以甲铠席，寝宿于中，至死不厌，非君子所处，而强梁者居之。"南方人与北方人因为地理环境的原因，形成了不同的个性气质，南方偏舒缓和柔，北方偏坚急刚猛。

在孔门七十二贤中，子路性情鲁莽，勇武好斗，平时崇拜强者，他曾向孔子请教"强"的问题，于是有孔子关于"强"的这段议论。强的本意是壮健、强盛，但实际上是很大的概念，包含了强壮、强健、强悍、强大等等。就子路的个性气质和思想倾向而言，他所说的"强"可能是一种外在的体质的强壮、强悍，孔子心中很清楚，所以他以反问的方式启发子路，提出自己关于"强"的两种理解和四种境界。

为什么孔子要在这个问题上区分南方和北方？春秋时期的南方和北方又指哪里？为什么南方和北方有这样的差异？孔子所在鲁国位于中原，他所谓的南方应该是指吴越荆楚之地，北方应该指燕赵或长城以北的少数民族活动区域。由于地理环境不同，生存空间和生存压力不同，生活于其中的人对"强"的理解也自然不同。按照孔子的概括，南方之强是宽柔以教，不报无道。宽是宽容、宽怀，用现在的话讲就是雍容大度；柔是柔和、柔顺，用现在的话讲就是温良和善。南方人具有雍容大度的气度，温良和善的修养，这样，对于无道的人或事，不采取报复行为，这是君子应该具有的"强"。而北方之强以兵器、甲胄为卧席，枕戈待旦，随时准备与敌人拼杀，就是死了也不后悔，这是一般英勇顽强的人具有的"强"。这两种"强"孔子都没有否认，但孔子似乎有南方之强"不及"，北方之强"过之"的意思。需要注意的是，这里南方之强和北方之强是从具体的地理空间和人物形象中抽象概括出来的，不能以此作为对任何一个南方人或北方人的直接判断，也不能将这种抽象出来的判断仅限于南方或北方。

然后，孔子提出了不南不北的中原人应有的"强"的四种境界。[①] 他认为君子应该做到以下四个方面，才能称得上真正意义的强。

一是和而不流。孔颖达说"君子和而不流，强哉矫"，指"不南北之强，故性

---

① 孔颖达说"故君子和而不流，强哉矫"以下"皆述中国之强也"，"中国"在先秦多指中原。

行和合而不流移，心行强哉，形貌矫然"。君子"和而不流"是讲作为不南不北的中原人应有的"强"，即要按照"和"的原则做事，善于协调自己与他人的关系，既不与别人搞对立，也不要被别人同化，更不能无原则地随声附和，同流合污，随波逐流，而是要自主独立，和而不同，求同存异，相互尊重。这是一种鲜明的人生态度，也是难得的处世智慧，更是中庸之道的最高境界。与"和而不流"相反的就是孔孟非常反感的"乡愿"。《论语·阳货》："子曰：'乡愿，德之贼也。'"《孟子·尽心下》作了具体描述："言不顾行，行不顾言，……阉然媚于世也者，是乡愿也。""非之无举也，刺之无刺也；同乎流俗，合乎污世；居之似忠信，行之似廉洁；众皆悦之，自以为是，而不可与入尧舜之道，故曰德之贼也。"显然，"乡愿"是一种自以为是，没有原则，同流合污的人，是道德之贼。

二是中立而不倚。孔颖达说"中正独立而不偏倚，志意强哉，形貌矫然"，是指为人恪守中道，在复杂的人际关系中"行必中正"（《礼记·儒行》），才能不偏，不走极端，才能不倚，不倚仗某种势力，保持自己相对的独立性。这样的人有时似乎并不强大，甚至有点孤立，但因为他心里有"中"，就不会偏激偏颇，就有定海神针，生命就有定力，有定力就能在多种力量的纠缠、冲突中安然处之，不去主动攀援、依附别人，这其实是很难做到的，所以孔子认为这样的人才是"强"。"中立不倚"与《礼记·儒行》所讲的"特立独行"的儒者接近："儒有澡身而浴德，陈言而伏，静而正之，上弗知也；粗而翘之，又不急为也；不临深而为高，不加少而为多；世治不轻，世乱不沮；同弗与，异弗非也。其特立独行有如此者。"值得注意的是"中立不倚"很容易被人们理解成"素隐行怪"，所以《中庸》下面马上又说"素隐行怪，后世有述焉，吾弗之矣"，意即钻牛角尖也好，行为怪诞也好，走极端、出风头也好，不过是借以欺世盗名，当然是不合中庸之道的"过"，不是"中立不倚"。现在人们很容易把"特立独行"理解为"我行我素"，它其实是"素隐行怪"的现代版。

三、四两个方面可以放在一起讨论，是指君子面对国家有道无道，即政治清明或黑暗两种不同情况时应该怎么做。如果国家有道，政治清明，君子人生通达，有机会出仕，干一番事业，这个时候不要得意忘形，要利用这难得的机会实现自己困窘时的理想、抱负，抵制各种诱惑，守住道德底线，不要借机以权谋私，贪污腐化；如果国家无道，政治黑暗，社会动荡，君子有能力有机会就会临危受命，努力改变危局，无能力无机会也会洁身自好，独善其身，坚守道德操守，在危难之时会挺身而出，杀身成仁，舍生取义。这才是"强"啊！这其实是以中庸之道应对不同的国家政治现实，与儒家的出处之道紧密相关。

这四重境界的"强"与南方之强的"不及"和北方之强的"过"比较来看，显然是一种符合中庸之道，刚柔相济，内外兼修的"强"，是孔子推崇的真正的"强"。

第十一章云："子曰：'素隐行怪，后世有述焉，吾弗为之矣。君子遵道而行，半途而废，吾弗能已矣。君子依乎中庸，遁世不见知而不悔，唯圣者能之。'"孔子评述了三种人的所作所为。第一种人是素隐行怪，爱钻牛角尖，行为怪诞，试图以走极端来出风头，欺世盗名，这当然是不合中庸之道的"过"——智过了头而不择乎善，行过了头而不择乎中。第二种人是找到中庸之道的正确道路，可是走到一半又停止了下来，这显然是不合中庸之道的"不及"，这也是不为孔子所欣赏的。《论语·雍也》载："冉求曰：'非不说子之道，力不足也。'子曰：'力不足者，中道而废。今女画。'"从本章孔子与冉求师生二人的对话来看，冉求并非不好学，还颇有才艺，但因偏重于艺，缺乏求道之心，所以孔子勉励他积极向道，而冉求以能力不够为借口，于是孔子对他提出批评，认为冉求并非能力的问题，而是他思想上的畏难情绪作怪，所以中途而废。这里的"力"不仅是指外在的力气，更是指心力，即意志力。孔子认为冉求不是能力不够，而是意志力不够，自我划界，半途而废。第三种人则能够按照中庸之道为人处世，即使隐姓埋名、默默无闻也不后悔，这只有圣人才能做得到。这里就涉及儒家的出处之道了。《论语·泰伯》载孔子言："笃信好学，守死善道。危邦不入，乱邦不居。天下有道则见，无道则隐。"《论语·卫灵公》："君子哉蘧伯玉！邦有道，则仕；邦无道，则可卷而怀之。"《孟子·尽心上》载孟子言："穷则独善其身，达则兼善天下。"其实要做真隐士也不容易，一般人难耐寂寞，更有功名利禄的诱惑。所以孔子说遁世不见知而不悔大概只有圣人才能做得到。也就是说，君子如果能够做到这点，也就优入圣域了。《论语·学而》："子曰：'人不知而不愠，不亦君子乎？'"孔子希望他的学生能做"人不知而不愠"的真君子。《易·乾·文言》载："子曰：'龙德而隐者也。不易乎世，不成乎名，遁世无闷，不见是而无闷，乐则行之，忧则违之，确乎其不可拔，潜龙也。'"孔子以龙的德性说明君子在特定的情况下当审时度势，急流勇退，身虽隐退而道得以存，所以并没有什么郁闷，内心感到快乐的事情就去做，内心感到忧郁的事情就不做。如果眷恋禄位，苟且留连，必遭祸患。《易·大过·大象传》："象曰：'泽灭木，大过。君子以独立不惧，遁世无闷。'"君子在危急的时刻自我独立就没有忧惧，隐居而没有郁闷。上述都可以视为从不同角度对"遁世不见知而不悔"之义的阐发，从中我们可以更全面地理解儒家君子、圣人人格丰富的思想内涵和崇高的精神境界。

四、君子之道费而隐

第十二章云："君子之道费而隐。夫妇之愚，可以与知焉，及其至也，虽圣人亦有所不知焉。夫妇之不肖，可以能行焉，及其至也，虽圣人亦有所不能焉。天地之大也，人犹有所憾。故君子语大，天下莫能载焉；语小，天下莫能破焉。《诗》云：'鸢飞戾天，鱼跃于渊。'言其上下察也。君子之道，造端乎夫妇，及其至也，察乎天地。"朱熹《中庸章句》曰："君子之道，近自夫妇居室之间，远而至于圣人天地之所不能尽，其大无外，其小无内，可谓费矣。然其理之所以然，则隐而莫之见也。盖可知可能者，道中之一事，及其至而圣人不知不能。则举全体而言，圣人固有所不能尽也。"说明中庸之道就在百姓日用之中，连愚夫愚妇、普通男女都可以知道，可以学习，也可以实践。不过，知道是一回事，一般性地实践是一回事，要进入其高深境界又是另一回事了。中庸之道最高深境界显现于天上地下，说它大，至大无外；说它小，至小无内。所以，即使人群中出类拔萃的圣人，对于中庸之道也有不清楚、做不到的地方。所以，君子所遵循的中庸之道是从夫妇最普通的日常生活开始的，如果推衍到精微深妙的地步，那就天地万物无所不包了。所以，对中庸之道的践行，就要从最普通的日常生活开始，如孝悌之道、洒扫应对，这就像"行远必自迩，登高必自卑"，远行要从近处迈步，登高要从低处起步，即必须从小事做起，从平凡的行事中体现出中庸之道的高远博大，精深微妙。朱熹《中庸章句》还认为子思引《诗·大雅·旱麓》"鸢飞戾天，鱼跃于渊"两句诗"以明化育流行，上下昭著，莫非此理之用，所谓费也。然其所以然者，则非见闻所及，所谓隐也"。他认为这两句诗是对中庸之道"费而隐"的形象化解释。万事万物明明白白地展示在世人面前，这是"费"；然而为什么会这样，背后有其深刻的道理，非耳目见闻所能即知即晓，这是"隐"。故学者要默识天理，就必须"观此流行之体"，不间断地上下察识，格物穷理。

五、君子忠恕之道

第十三章云："忠恕违道不远，施诸己而不愿，亦勿施于人。君子之道四，丘未能一焉：所求乎子以事父，未能也；所求乎臣以事君，未能也；所求乎弟以事兄，未能也；所求乎朋友先施之，未能也。""施诸己而不愿，亦勿施于人"，这正是《论语·卫灵公》中孔子"己所不欲，勿施于人"思想的发挥，要求人们从忠恕之道做起，敦伦尽份，子事父以孝，臣事君以忠，弟事兄以敬，交朋友以诚，由此推己及人，以实现社会基本的伦理秩序。顾炎武《日知录》说："《中庸》记夫子言，君子之道四，无非忠恕之事。……然则忠恕，君子之道也。""忠恕"是中庸之道的直接体现。具体而言，"忠恕"为内外相关的德目，尽内在之中心真实无伪为"忠"，其外在的推己及人为"恕"。内外相维相济，主观客观交会，我人贯通为一。换句话说，忠恕之道就是在人伦日用之中兼顾个人内在德性和外在行为的统一，以中庸之道实现人伦关系的和谐圆满，这样就与天下有道不远了。

为了实现良好的社会伦理秩序，作为君子要言行一致。《中庸》继续说："庸德之行，庸言之谨，有所不足，不敢不勉，有馀不敢尽，言顾行，行顾言。君子胡不慥慥尔。"郑玄注："庸犹常也，言德常行也，言常谨也。"孔颖达疏："庸，常也。谓自修己身，常以德而行，常以言而谨也。己之才行有所不足之处，不敢不勉而行之。己之才行有馀，于人常持谦退，不敢尽其才行以过于人。"这样言行相顾，就是君子"守实言行相应之道"，即君子要言行一致，言不过行，行不掩言。

六、君子素其位而行

第十四章云："君子素其位而行，不愿乎其外。素富贵，行乎富贵；素贫贱，行乎贫贱；素夷狄，行乎夷狄；素患难，行乎患难。君子无入而不自得焉。在上位，不陵下；在下位，不援上。正己而不求于人则无怨。上不怨天，下不尤人。故君子居易以俟命，小人行险以徼幸。子曰：'射有似乎君子，失诸正鹄，反求诸其身。'"这里的"素位而行"与《论语·泰伯》"不在其位，不谋其政"、《论语·宪问》"君子思不出其位"、《易经·艮卦》象辞"君子以思不出其位"意思相近。"不在其位，不谋其政"本来是强调注意礼制的"名分"，要安分守己。如果不能素其位而行，不在其位而谋其政，于礼则有僭越之嫌，可能被人认为是"违礼"。孔颖达疏："素，乡也。乡其所居之位，而行其所行之事，不愿行在位外之事。《论语》云：'君子思不出其位也。'乡富贵之中，行道于富贵，谓不骄、不淫也。乡贫贱之中，则行道于贫贱，谓不谄、不慑也。乡夷狄之中，行道于夷狄，夷狄虽陋，虽随其俗而守道不改。乡难患之中，行道于患难，而临危不倾，守死于善道也。"如何素位而行？如处在富贵之地，就做富贵人应做的事。一般人富贵了，便春风得意，傲慢无礼，吃喝玩乐，纵情声色，以极口体耳目之欲。如果是有修养、懂得中庸之道的人，即使富贵了，也能保持平常心，富而好礼，视金钱如粪土，视名利如浮云。对于处在贫贱的人道理也是一样，不以贫贱累其心，能够安贫乐道，像颜回那样箪瓢陋巷，不改其乐。至于处于夷狄落后蛮荒之地，可以入乡随俗，但要坚守大道，感化影响夷狄。《论语·子罕》载："子欲居九夷。或曰：'陋，如之何？'子曰：'君子居之，何陋之有？'"意思是说，君子通过礼乐教化可以把那些地方变得文明开化起来。对于患难也是这样，人人都希望人生平安如意，但往往会面临意想不到的忧患灾难。身处在患难之中能以一种平常的心态对待很不容易，孔子厄于陈蔡，围于匡人，弦歌自乐，便是圣人处患难行乎患难的气象。君子无论人生进入什么样的境地，富贵贫贱，文明野蛮，患难安乐，都能安然处之，便是自得的境界。得者得道也。有道之人，身处富贵，不以富贵欺凌人，即行富贵之道；身处贫贱，安贫乐道，不去攀援富贵，即行贫贱之道。这就是儒家的"自得"之说。孟子曰："君子深造之以道，欲其自得之也。自得之，则居之安；居之安，则资之深；资之深，则取之左右逢其原。故君子欲其自得之也。"（《孟子·离娄下》）君子要达到高深的造诣，进入精深的境界，就要行中庸之道，从而自有所得。只有自有所得，才能够积累深厚；积累得深厚，运用起来就能够左右逢源。孟子所言的"自得"，强调的是道德实践，自有所得，达到一种博大精深、左右逢源的精神境界。

"素位而行"是出于"知天命"，既知天命，便能"居易俟命"。居易俟命是儒家对待自身境遇和天命的一种态度。孔颖达疏："'故君子居易以俟命'者，易，谓平安也。言君子以道自处，恒居平安之中，以听待天命也。"有道之君子处于自得之境，便总是平安地听待天命。朱熹对《中庸》里的这段话作注曰："易，平地也。居易，素位而行也。俟命，不愿乎外也。"他把"居易俟命"与"素位而行"联系起来，是很有道理的。后儒经常说君子"素位而行，居易俟命"。春秋时期文化精神的转折，一定程度上淡化了传统的宗教神秘"天命观"，但孔子仍然肯定"天命"

的存在，《论语》中多有阐发，如"五十而知天命"（《为政》），"死生有命，富贵在天"（《颜渊》）。生死富贵这些东西是由天命决定的，非人力所能及。尽管如此，孔子却不废弃人事的努力，主张遵循天命，但又不是完全听天由命，而是强调积极有为，以至被隐士讥为"知其不可为而为之者"。孟子说："夭寿不贰，修身以俟之，所以立命也。"（《孟子·尽心上》）赵岐注："修正其身，以待天命，此所以立命之本也。"个人生命的长短那是天命，是人难以抗拒的力量，只能在活着的时候努力修身养性、勤奋学习尽到做人的本分，以待天命，这就是"立命"。清王夫之《张子正蒙注·太和篇》中也说："是以君子安生安死，于气之屈伸无所施其作为，俟命而已矣。"君子修身养性，安分守己，无论出于什么样的境遇，甚至生死之际，都能够平心静气，不急不躁，以待天命或机遇降临。当然，这里的等待并不是什么都不做，而是尽当下该尽的本分，该干什么还尽力干好。现实生活中一些人总是"这山望着那山高"，对功名利禄汲汲而求，总是不满足自己目前的地位，总是想向上爬，看不起地位低的人，巴结有权势的人，奢望高升，妄想得到不该得到的东西，如果不能成功就怨天尤人，深深地陷入无休无止的钩心斗角和无尽的烦恼之中，迷失了本性，甚至误入歧途，走上违法犯罪之路。

要做到"素位而行"，还要"反求诸己"，这样就能做到"上不怨天，下不尤人"。《中庸》以射箭为例，阐明"反求诸己"的思想。君子射箭，射不中，不能埋怨别人，而应反求诸己，看自己是否做到了心正身正。类似的思想见《论语·卫灵公》："子曰：'君子求诸己，小人求诸人。'""躬自厚而薄责于人，则远怨矣。"孔子认为，遇事是求之于己，还是求之于人，是君子与小人的区别之一。君子哪儿做得不对，会从自己内心去查找原因，要求自己做好，从而修正自己；小人凡事不从自己身上找原因，而是从别人那里找借口，总是怨天尤人。他们如果多回过头来检讨自己的过错，反躬自省而少责备别人，就能远离怨恨了。所以，君子的人生态度是"不怨天，不尤人"（《论语·宪问》）。《孟子·离娄上》曰："行有不得，反求诸己。"事情做不成功，遇到了挫折和困难，就要自我反省，一切从自己身上找原因。而很多人平时的做法却往往与圣人背道而驰，有了问题，不是反躬自省，而是怨天尤人。《孟子·公孙丑上》曰："仁者如射，射者正己而后发。发而不中，不怨胜己者，反求诸己而已矣。"仁者（的行为）就如同射箭一样，射箭的人先端正自己的姿势然后才发射；发射而没有射中，不埋怨胜过自己的人，而是反过来找自己的问题。类似的话又见于《礼记·射义》："射者，仁之道也。求正诸己，己正而后发，发而不中，则不怨胜己者，反求诸己而已矣。"这都是通过射礼来说明"反求诸己"的道理。

"反求诸己"也就是自我反省，所以《中庸》第三十三章还说："君子内省不疚，无恶于志。君子之所不可及者，其唯人之所不见乎？""内省不疚"是儒家心性修养的一个重要内容，也见于《论语·颜渊》："内省不疚，夫何忧何惧？"君子要是经常自我反省，没有内疚，那又何来的忧愁恐惧呢？要做到"内省不疚"，平时说话做事都要合乎中庸之道，不能随意，不能走极端。否则，如果一时冲动，做事说话犯了过错，那就后悔也来不及了。心中内疚有愧，怎么能没有忧愁恐惧呢？

七、君子不可以不修身

《大学》讲"自天子以至于庶人，壹是皆以修身为本"，《中庸》第二十章也强调："君子不可以不修身。思修身，不可以不事亲；思事亲，不可以不知人；思知人，不可以不知天。"强调修身是君子所必须。怎么修身？《中庸》提出"修身以道，修道以仁"，孔颖达解释说："'修身以道'，言欲修正其身，先须行于道德也。'修道以仁'者，言欲修道德，必须先修仁义。"朱熹解释说："道者，天下之达道。仁者，天地生物之心，而人得以生者，所谓元者善之长也。""修身以道"明确指出了"修身"要以"道"为其根本，其核心是以中庸之道安身立命，为人处世；"修道以仁"则指出了"修道"的依据是"仁"，即要实现中庸之道就要以仁为标准。仁是儒家核心价值观之核心。[①] 孔子讲"仁者，爱人"，孟子也讲"仁也者，人也。合而言之，道也"。所以"仁"就是"道"。明白了"仁"就是"道"，也就更容易理解为什么孔子讲"君子学道则爱人，小人学道则易使也"（《论语·阳货》）。修身的内容和顺序就是"事亲→知人→知天"，即通过修道修身，下学上达，希贤希圣，以人合天，合内外之道，由君子而圣人。这就是第十五章所说的，"君子之道，辟如行远必自迩，辟如登高必自卑"。中庸之道既广大又精微，"道不远人"，道"须臾不可离"，所以，要践行中庸之道就得从近处开始，即从孝悌之道起步。而"孝悌为仁之本"，孝悌乃实践仁道的基础。

修身为本，具体体现在个人修养方面主要是"三达德"，所以《中庸》第二十章所说的，"好学近乎知，力行近乎仁，知耻近乎勇。知斯三者，则知所以修身；

---

① 参阅韩星：《儒家核心价值体系——"仁"的构建》，《哲学研究》2016 年第 10 期。

知所以修身，则知所以治人；知所以治人，则知所以治天下国家矣"。"三达德"即智、仁、勇，是古今通行不变的个人美德。怎么获得这三种美德？要通过好学、力行、知耻。这三种美德要落实在修身上，修身的关键就是修养这三种美德。通过修身以至于治理别人，乃至于治国平天下，这就是《大学》修齐治平的意思。

第三十三章云："故君子之道，暗然而日章；小人之道，的然而日亡。君子之道，淡而不厌，简而文，温而理，知远之近，知风之自，知微之显，可与入德矣。"君子之道收敛深藏，却由于本身的光辉自然而然地不断发扬光大，对人们形成越来越大的影响。反之，小人则爱表现，多张扬，向外求，得虚名，最后被人看穿，走向自我消亡。君子之道"淡而不厌，简而文，温而理，知远之近，知风之自，知微之显"，是中庸之道在君子修养上的直接体现，表明他通过中庸之道进入了道德的境界。

第三十三章又云："君子笃恭而天下平。"阐明了君子如果能够心性纯厚，时刻恭敬有礼地对待一切人和事，就能够正己正人，修己安人，修己安百姓，就能够实现由内而外，内圣外王，国治天下平。朱熹《中庸章句》曰："笃恭而天下平，乃圣人至德渊微，自然之应，中庸之极功也。"君子这样做，就能够达到圣人境界，这是中庸之道最大的功用。曾国藩在《诫子书》中这样强调"主敬"的力量："内而专静统一，外而整齐严肃，敬之工夫也；出门如见大宾，使民为承大祭，敬之气象也；修己以安百姓，笃恭而天下平，敬之效验也。"

结　语

君子文化属于中国传统文化的范畴，是儒家文化的精髓，是民族伦理的基本要素和民族精神的集中体现，也是几千年来推动中华文明生生不息的正能量和主旋律。《中庸》以中庸为主线，以修身为主体，由慎独、时中、和而不流、费而隐、忠恕之道、素位而行几个方面构建起了君子之道的思想结构，为修养君子人格提出了基本理论和实践途径。《中庸》构建的君子之道对当下弘扬君子文化、提升国民素养有着重要的意义和价值。

孟子君子观的四重面向

戴兆国　毛加兴 *

摘要：孟子的君子观是对孔子的继承和发展，包含四重面向，即君子的本性、君子的修为、君子的教育和君子的理想。孟子的君子观不仅对构建传统社会君子文化起到了积极作用，而且对于培育社会主义新人也有着重要的时代价值。

关键词：孟子；君子观；理想人格

《孟子》一书，涉及君子①的论述共计八十二处。通观这些论述，可以发现孟子不仅继承了孔子的君子观，而且还加以丰富和发展。为了较为详尽地把握孟子的君子观，我们需要具体分析其君子观的主要内容，进而揭示其当代价值。总的来看，孟子君子观展示出四个主要面向，即君子的本性、君子的修为、君子的教育和君子的理想。在培育和践行社会主义核心价值观，培养社会主义新人的过程中，孟子的君子观依然具有其独特的时代价值。

一、君子的本性

《论语》中"君子"一词共一百零七见。总的来看，《论语》主要是从一个有道

---

* 戴兆国，安徽师范大学教授，主要研究方向为中国哲学史；毛加兴，安徽工程大学副教授，主要研究方向为中国哲学史。

① 古代汉语中"君子"的含义主要包括三个方面。一是指统治者和贵族男子。如《诗经·大雅·桑柔》："君子实维，秉心无竞。"二是指有道德的人。如《国语·鲁语上》："小人恐矣，君子则否。"三是妻子称呼丈夫，或青年女子称呼男恋人。如《诗经·王风·君子于役》："君子于役，不知其期。"又如《郑风·风雨》："既见君子，云胡不喜？"

德的人的角度来阐发论述君子的本性。①其中孔子弟子"问君子"有三处。

> 子贡问君子。子曰:"先行其言而后从之。"(《论语·为政》)
>
> 司马牛问君子。子曰:"君子不忧不惧。"曰:"不忧不惧,斯谓之君子已乎?"子曰:"内省不疚,夫何忧何惧?"(《论语·颜渊》)
>
> 子路问君子。子曰:"修己以敬。"曰:"如斯而已乎?"曰:"修己以安人。"曰:"如斯而已乎?"曰:"修己以安百姓。修己以安百姓,尧舜其犹病诸?"(《论语·宪问》)

从这三次问答可以看出,《论语》主要是从德行和使命角度对君子作出认定。孔子答子贡问,强调的是君子要言行一致;答司马牛问,则是着重说明君子要保持内心无忧无惧的稳定状态,其实质是君子要有内在的诚敬心态;答子路问,则是明确君子要抱有诚敬的心态,要以安定天下百姓为自己的使命。而且在这一方面,尧舜都还有做得不够的地方。从这些问答可以看出,孔子认定君子要有良好的品德,负有崇高的社会使命。②

在此基础上,孟子对君子的本性进行了明确的阐述。

> 孟子曰:"人之所以异于禽兽者几希,庶民去之,君子存之。舜明于庶物,察于人伦,由仁义行,非行仁义也。"(《孟子·离娄下》)
>
> 孟子曰:"君子所以异于人者,以其存心也。君子以仁存心,以礼存心。

---

① 有学者考证指出,《论语》中的"君子"一词沿袭了自《周易》《诗经》以来的用法,同时又有对德与位两个维度的界定,主要是指有位有德的贵族男子。详参陈碧英:《〈论语〉"君子"词义辨析》,《中华文化论坛》2010年第1期。

② 在其他儒家文献中,从道德称谓角度对君子作出描述性界定的文字有不少。如《大戴礼记·哀公问五义》:"哀公曰:'善!何如则可谓君子矣?'孔子对曰:'所谓君子者,躬行忠信,其心不买;仁义在己,而不害不志;闻志广博,而色不伐;思虑明达,而辞不争;君子犹然如将可及也,而不可及也。如此,可谓君子矣。'"本篇哀公和孔子讨论了庸人、士、君子、贤人、圣人五种人的不同表现,君子只是道德表现序列中的一种。《白虎通义·号》云:"或称君子何?道德之称也。君之为言群也;子者,丈夫之通称也。故《孝经》曰:'君子之教以孝也,所以敬天下之为人父者也。'何以言知其通称也,以天子至于民。故《诗》云:'凯弟君子,民之父母。'《论语》云:'君子哉若人。'此谓弟子。弟子者,民也。"这是论君子之通称的文字。在这段文字中,明确指出君子是"道德之称",说明到了在汉代,认为君子具有道德性含义已经成为人们的共识。从社会生活运转的实际状况来看,君子在德与位之间确实需要找到某种平衡,给予有德之人恰当的社会地位,也是对君子角色的社会认同。参阅黎洪雷:《孔子"君子学"发微》,《中山大学学报(社会科学版)》2011年第1期。

仁者爱人，有礼者敬人。爱人者，人恒爱之；敬人者，人恒敬之。有人于此，其待我以横逆，则君子必自反也：我必不仁也，必无礼也，此物奚宜至哉？其自反而仁矣，自反而有礼矣，其横逆由是也，君子必自反也，我必不忠。自反而忠矣，其横逆由是也，君子曰：'此亦妄人也已矣。如此，则与禽兽奚择哉？于禽兽又何难焉？'是故君子有终身之忧，无一朝之患也。乃若所忧则有之：舜，人也；我，亦人也。舜为法于天下，可传于后世，我由未免为乡人也，是则可忧也。忧之如何？如舜而已矣。若夫君子所患则亡矣。非仁无为也，非礼无行也。如有一朝之患，则君子不患矣。"（《孟子·离娄下》）

这两段话论述的基调是将君子看作有德性的人，大体没有离开孔子对君子的基本看法。但一仔细分析，我们就会发现孟子所理解的君子有着自己特殊的本性。第一段话是从人禽之别的角度强调君子的人性根据，第二段话是从圣凡之分的角度说明君子的社会性特点，两者都是强调君子独有的本性。

我们先看第一段话。孟子说人与动物的区别非常小，一般人根本不会顾及这种区别，但是君子却能够深入地反思这一区别。"几希，无几也。知义与不知义之间耳。众民去义，君子存义也。"①人禽之间的那一点区别就在于对义的遵从与否。人作为社会性动物，知道要保存义、遵从义、践行义。因为君子能够对人禽之别有清晰的判断，所以他们懂得由仁义而行，这才是君子的本性。舜作为君子的代表和典型，就做到了这一点。"庶物即禽兽也。'明于庶物'，知禽兽之性情，不可教之使知仁义也。同此饮食男女，人有知则有伦理次序，察于人伦，知人可教之使知仁义也。舜，君子也。庶民不能明于庶物，察于人伦，故去之。舜能明于庶物，察于人伦，故存之。"②舜作为君子的代表，能够判断人与动物的几希之别，自觉地以仁义来约束自己。由此可见，人禽之别是定位君子本性的第一步，也就是君子本性的第一方面。

再看第二段话。这段话的主旨是说君子与普通人的不同就在于其"存心"。君子以仁礼存心，时刻以仁礼之心来约束自己。当君子遭遇到不公正的对待时，他不会将之归结为环境，而是反躬自问自己是否心存仁礼。君子的自我追问代表的不仅

① （汉）赵岐注，（宋）孙奭疏：《离娄章句下》，《孟子注疏》卷第八上，北京大学出版社，1999，第223页。
② （清）焦循：《孟子正义》卷十六，沈文倬点校，中华书局，1987，第568页。

仅是人性的自觉，更是对人的社会性本质的一种自觉。贾谊《新书·劝学篇》云："谓门人学者：舜何人也，我何人也？夫启耳目，载心意，从立移徙，与我同性，而舜独有贤圣之名，明君子之实，而我曾无邻里之闻。宽徇之智者，独何与？然则舜偊俛而加志，我僙僾而弗省也。"君子内心始终存有终身之忧，这是孟子对儒家君子观核心面向的揭示。君子并非天生，君子的自我造就是奠基于其内心的道德自觉。一个生活于社会中的人，当他看到舜得到人们的尊敬，舜的事业能够相传于后世，自己却只停留于乡人的水平，他的内心就会生起"舜，人也；我，亦人也"的忧思之问。正是因为人认识到自己的社会使命，认识到自己的不足，才促使他心生忧思，努力去改变现有的状态，进而促进自己的发展。这是一种对自我存在状态不满的忧思，是人性与社会性自觉的忧思，是儒家君子观的千年之忧思。

在走向成人的过程中，人们如果都能够自觉地发出"舜，人也；我，亦人也"的忧思之问，那么对自我欠缺的反思就会油然而生，就会充沛于人的现实生活中。这是人由野蛮走向文明、由自暴自弃走向道德自觉、由被动领受走向人生境界提升的道路之始。培养和激发这种忧思意识，可以促进儿童树立长远的人生目标，为人们坚持人生追求提供不竭的精神动力。孟子对君子本性的揭示，既为我们展示了人脱离自然禽兽状态应有的道德自觉，也为我们揭示了人融入社会状态应有的道德承担。这一理论对人的自然本性和社会本性的特点都作出较好的说明，在一定程度上与唯物史观强调的人要在社会中发展成熟的道理是一致的。当今时代倡导的文化自觉，道德自觉是其中的重要内容。一个没有道德自觉的人，不可能成为一个君子；一个缺乏道德承担的人，也不可能成为一个君子。道德自觉是保障一个人走向文化自觉的前提。当下要接续孟子的君子观，培养君子人格，就必须立足于道德自觉，唤醒每个人内心对自我存在不满足的意识，推动人们成就、提升和完善自我。

二、君子的修为

在《论语》中，孔子和弟子讨论君子时，认为培养德行、实现使命就是君子修为的方向。君子的修为，要基于仁道的立场。只有在内心仁德的约束下，君子才能不断提升自我修养的水平。

子曰："富与贵，是人之所欲也；不以其道得之，不处也。贫与贱，是人

之所恶也；不以其道得之，不去也。君子去仁，恶乎成名？君子无终食之间违仁，造次必于是，颠沛必于是。"（《论语·里仁》）

曾子有疾，孟敬子问之。曾子言曰："鸟之将死，其鸣也哀；人之将死，其言也善。君子所贵乎道者三：动容貌，斯远暴慢矣；正颜色，斯近信矣；出辞气，斯远鄙倍矣。"（《论语·泰伯》）

人们生活在世俗生活中，其人生的常态是追求富贵利达。君子也是常人，不可能生活在真空环境中，但是君子在追求生活理想的时候，总是以仁德来要求自己。不以仁道改变贫贱，获得富贵，不是君子的选择。保持安贫乐道的心态是对君子的基本要求。孔子认为，君子应该注重自己的修为，即便遭遇颠沛困窘的生活状态，他也不能放弃追求仁道，修养内在的仁德。正因为君子如此关注自己的修为，所以在容貌、颜色、辞气的日常表现中，都能够坚持仁德善道。君子的善言德行，表现在言谈举止之中，一定会让其他人感到亲切、温暖。

孔子认为君子通过自己的修为，在社会生活的各个方面都表现出高品质的德性。因为君子遵循仁道，他的容貌动作就会远离暴戾怠慢，他的面容脸色就会给人以信赖，他的言辞气息就会远离鄙陋错误。当君子能够严格规范自己的言行举止，端正自己的心态意念，他就能够在社会生活中从容自得，表现出高妙的德行。

子谓子产："有君子之道四焉：其行己也恭，其事上也敬，其养民也惠，其使民也义。"（《论语·公冶长》）

君子以恭谨的言行要求自己，以恭敬的心态面对长上，以惠爱的要求长养百姓，以合宜的方式使用人民。君子将内在的德性化为可见的德行，其社会行为无一不在仁道的要求之下，其所承担的各种社会责任也就得到了落实。这样的君子就是值得人们期待的，也是每个社会人所应该努力达到的。

上文已讨论过君子不是天生的，必须经过长期的修为加以养成。孟子的君子观除了对君子的本性作出了深刻的论述外，对君子的具体修为也进行了探讨。概而言之，大致可以分为以下几个方面：君子为善之道，君子深造之道，君子出入之道。

君子自我养成的前提是君子的为善之道。儒家希望君子能够以善道取人，在自我成长和人际交往中保持积极的心理状态，由此促进自我朝着自我完善的方向发展。

> 孟子曰:"子路,人告之以有过,则喜。禹闻善言,则拜。大舜有大焉,善与人同,舍己从人,乐取于人以为善,自耕稼、陶、渔以至为帝,无非取于人者。取诸人以为善,是与人为善者也。故君子莫大乎与人为善。"(《孟子·公孙丑上》)

"与人为善"不仅体现了君子对自我的道德要求,更是对人际交往的道德规范。在孟子看来,尧舜禹这些古代的圣贤,他们总是能够闻过则喜、从善如流。取人以善,就是与人为善。每个人只要抱有欣赏他人之善的心态,学习他人的优点,反思自己的不足,这样的人一定能够做到善待他人,同样也就会得到他人的善待。

在孟子的君子观中,要求人们与人为善,离不开他所持有的人性本善的立场。孟子曰:"言人之不善,当如后患何!"(《孟子·离娄下》)对此,王夫之有过这样的解释:"言人之不善者,或挟持长短以要人之畏己,或抑此伸彼以取人之欢心,或借彼胁此以希人之利赖。乃人之有不善也,弱者恒护过而生其愤,强者多疑忌而逞其威,别斯人也,其将如后患何哉!"[1]从积极心理学角度来说,王夫之的解释带有非常鲜明的正面激励导向。人们如果陷入认定他人不善的揣测中,懦弱的人就有可能掩盖过错,心生愤怒;强力的人就会心生疑窦,逞强示威。这都会给正常的人际交往带来困难。

> 孟子曰:"言近而指远者,善言也;守约而施博者,善道也。君子之言也,不下带[2]而道存焉;君子之守,修其身而天下平。人病舍其田而芸人之田,所求于人者重,而所以自任者轻。"(《孟子·尽心下》)

君子之言必以正心,君子之守必以修身。正心以得善言,修身以践善道。因为君子能够保持内心的纯正,行为的规约,所以君子之言行都能够达到善的要求。孟子指

---

① (明)王夫之:《四书训义》卷三十二,见(明)王夫之著,船山全书编辑委员会编校:《船山全书》第八册,岳麓书社,1991,第498页。

② 《孟子正义》:"胸臆当心,亦居带上,仁守于心,而吐于口,故四体不与也。守虽明言修身,而未言所以修身之事,赵氏以仁义明之,谓所以修身者为守此仁义也。《春秋繁露·人副天数篇》云:'天地之象,以要为带。带而上者尽为阳,带而下者尽为阴,各其分。阳,天气也。阴,地气也。'董子之说,以天任阳不任阴,天之太阴,不用于物而用于空,此亦不下带而道存之义。"见(清)焦循:《孟子正义》卷二十九,沈文倬点校,中华书局,1987,第1011页。

出，现实生活中，许多人往往忘记了自我修养的重要性，而将精力和时间放在对他人的评价和议论上。这种"舍其田而芸人之田"的做法，是对自我修养的放弃，其结果则是"自任以轻"。应当说，儒家对自我修养的内向要求，代表了儒家心性论的特定指向。儒家希望通过每个人自我的内在观照，以实现自我的完善。君子的为善之道就是循从了这一逻辑。

守善、为善之道能够保持善言善行不断进入新的境界，这就是君子养成的深造之道。

> 孟子曰："君子深造之以道，欲其自得之也。自得之，则居之安；居之安则资之深；资之深，则取之左右逢其原，故君子欲其自得之也。"（《孟子·离娄下》）

在孟子看来，君子在守善、行善的过程中，对善有深刻的体认，因而能够在行住坐卧中达到自然的状态。这种自然状态反映在君子的言行中，就是内在的自得。这是君子与善为伍、左右逢源的最好表现。"言君子务于深造而必以其道者，欲其有所持循，以俟夫默识心通，自然而得之于己也。自得于己，则所以处之者安固而不摇；处之安固，则所藉者深远而无尽；所藉者深，则日用之间取之至近，无所往而不值其所资之本也。"[1] 根据朱熹的理解，君子在日用常行中，以践行善道为己任，时刻不放松对自己的要求。君子的深造之道就是努力处于善地，以期得到生命的稳固根基，有了稳固的生命根基，再力行致远。在君子的生命中，善道成为修养的坦途和通衢。故此王夫之在《读四书大全说》中指出："深造之以道，则以道养其心，而心受养于道，故其自然而得者，唯吾心之所自生也。"[2] 君子以道养心，心则受养于道，道心一体，自然而得。在这样的深造之道中，君子走向自我养成的境界。

在君子的修为中，除了为善之道、深造之道外，孟子还提出了君子的出入之道。这是对君子社会生活行为的规范和指引。

> 曰："敢问招虞人何以？"曰："以皮冠，庶人以旃，士以旗，大夫以旌。

---

[1] （宋）朱熹：《孟子集注》卷八，《四书章句集注》，中华书局，1983，第292页。
[2] （明）王夫之：《读四书大全说》卷九，见（明）王夫之著，船山全书编辑委员会编校：《船山全书》第六册，岳麓书社，1991，第1018页。

以大夫之招招虞人，虞人死不敢往。以士之招招庶人，庶人岂敢往哉？况乎以不贤人之招招贤人乎？欲见贤人而不以其道，犹欲其入而闭之门也。夫义，路也；礼，门也。惟君子能由是路，出入是门也。《诗》云：'周道如砥，其直如矢。君子所履，小人所视。'"万章曰："孔子，君命召，不俟驾而行；然则孔子非与？"曰："孔子当仕有官职，而以其官召之也。"(《孟子·万章下》)

这是万章和孟子讨论士的行为的一段话。在一定的社会秩序中，不同的人扮演着不同的社会角色，他们在出入社会的过程中所获得的社会认同也是不一样的。诸侯要以不同的礼节对待不同的人。如果打乱社会身份认同的标准，必将破坏社会基本的秩序，造成混乱。孟子指出，君子能够正确地面对已经形成的社会秩序，掌握出入社会的基本礼制。这一礼制的核心就是义和礼。孟子把义和礼比喻为君子出入的路和门。每个人每天都要行走在路上，出入于各种门径，为此必须懂得出入门路的规则。这些规则是现代社会人们必须遵守的，这是社会良性运转的前提和底线。坚守义和礼的底线，其实就是对道德规范和法律法规的尊重。虽然人们可能会有不同的社会身份，从事不同的社会职业，但是出入合义之路、礼节之门却是对每个人最为基本的要求。在这个意义上，孟子强调君子的出入之道是为所有人作出的范导，古今中外概莫能外。

君子通过为善、深造、出入之道的不断修为，日臻完善。君子在提升道德修为的过程中，还需要以教育之道来丰富自我。这就是君子的教育之道。

三、君子的教育

道德是人类社会生活中最美丽的风景。人类只有走出俗世生活的沼泽，避开执着功利的荆棘丛，整体登上道德的高原，才有可能拥有真善美统一的理想蓝天。儒家关注君子的内在修养，倡导仁义礼智信的道德常道，就是将君子的自我成就聚焦于内在道德素质的不断提升。实现这一目的，离不开君子的教育。

子曰："君子博学于文，约之以礼，亦可以弗畔矣夫！"(《论语·雍也》)

子夏曰："百工居肆以成其事，君子学以致其道。"(《论语·子张》)

子曰："君子道者三，我无能焉：仁者不忧，知者不惑，勇者不惧。"子贡

曰："夫子自道也。"（《论语·宪问》）

人类文明累积的成果是君子博学的对象，社会进步发展形成的礼制规范是君子行为的标准。君子之学不只在于成事，更在于致君子之道。在孔子看来，君子之道是仁、知、勇的高度统一。仁者注重自我反省，远离忧烦；知者注重释疑解困，远离迷惑；勇者注重守礼养志，远离畏惧。孔子自谦地认为自己都很难做到这三点。由此可见，君子在自我养成的过程中，学习和教育是何等重要。

君子的修为内在蕴含着其自我教育的基本途径。孟子的君子观强调君子不仅要注重自我教育，而且要为教化大众不断付出努力。从人们道德养成的角度看，君子希望通过各种教育方式来教化大众，提高人们的道德水准。

公孙丑曰："《诗》曰：'不素餐兮。'君子之不耕而食，何也？"孟子曰："君子居是国也，其君用之，则安富尊荣；其子弟从之，则孝悌忠信。'不素餐兮'，孰大于是？"（《孟子·尽心上》）

公孙丑向孟子提出君子"不耕而食"的问题，孟子的回答是，君子之用不在乎耕种，而在于为社会提供道德遵从的典范，同时，君子还教化培育出更多的遵守孝悌忠信的人。"君子能使人化其道德，移其习俗，身安国富而保其尊荣，子弟孝悌而乐忠信，不素餐之功，谁大于是，何为不可以食禄。"[1] 孟子提出君子可以不耕而食，但是这并不意味着君子轻视各种生产劳动。君子的使命是为稳定有序的社会提供道德的保障。为此，君子所教化的对象没有严格的区分，君子教化大众的手段也是多样的。

孟子曰："君子之所以教者五：有如时雨化之者，有成德者，有达财者，有答问者，有私淑艾者。此五者，君子之所以教也。"（《孟子·尽心上》）

孟子提出的"君子之所以教者五"，相互之间不是并列的逻辑关系。五种情况分别对应了不同的对象，以及不同的需要。对此，王夫之有很明确的解释："五句须从

---

① （汉）赵岐注，（宋）孙奭疏：《尽心章句下》，《孟子注疏》卷第十三下，北京大学出版社，1999，第369页。

'君子之所以教'上分别五种教法，不可但在受教者才质上讲。'时雨化者'，其德已成，不须更就下学上琐屑，止以其未达一间，急从大本大原上扩充之，使一闻而即悟。余人时未至，不能喻也。'成德者'，其人已有自得之善，而不能得其全体，则为因其所知所能，而示尽善之道，此以实学示之者也。'达财者'，材各有所长，而不能通于其所短，则抑其所过而矫其所未逮，而达之于其所未达。立说不妨因人而异。'答问者'，乃初学之士，疑而来问，则因事以告，不必引申至他端，反使之疑也。'私淑艾'，乃随法以示后世，深切著明，足以感动人使兴起，而道无不备，人皆可取法以长其善而除其恶也。此以著书立说言。"① 这一概括非常全面。从中我们可以看出，孟子非常重视君子之教的德性方面。那些缺少自我德性要求的人，不在君子教化之列。孟子曰："挟贵而问，挟贤而问，挟长而问，挟有勋劳而问，挟故而问，皆所不答也。"(《孟子·尽心上》) 凡人有所挟，则心中有所恃。用今天的话说，就是有先入主观之见，有傲娇凌人之态。这样的人即使面对君子的教化也有可能不为所动。君子对教化对象的选择，体现了孟子君子观的理性主义特点。

由于能够遵循教化的规律，紧紧围绕培养德性这一成人的核心施行教化，君子因而可以在成己成人中走向更高的德化境界。

> 孟子曰："霸者之民，驩虞如也；王者之民，皞皞如也。杀之而不怨，利之而不庸，民日迁善而不知为之者。夫君子所过者化，所存者神，上下与天地同流，岂曰小补之哉？"(《孟子·尽心上》)

君子在自我修为、专注教化的过程中，能够推进王道政治的实现。君子兴起的教化之风，最终起到了过化存神的效果。"'所过者化'，是其尊贤敬老、问疾苦、兴礼教之德，兴起民志，以自趋于善。'所存者神'，是常存天下于心，自有天时人事与之相应而不失其机械，则因以应之而自治。'天地'以造物之神化言。无所不届而顺施不匮曰'同流'。"② 孟子将对君子教化之论的阐释与自己的王道仁政观念结合在一起。君子通过自己的垂范，为世人确立了行为的准则。君子之风所到之处，正人心、立政教、行仁政，君子的高尚人格和德性实践就能与天地同流，与时代同

---

① (明) 王夫之：《四书笺解》卷十一，见 (明) 王夫之著，船山全书编辑委员会编校：《船山全书》第六册，岳麓书社，1991，第367页。

② (明) 王夫之：《四书笺解》卷十一，见 (明) 王夫之著，船山全书编辑委员会编校：《船山全书》第六册，岳麓书社，1991，第362页。

步。单纯以知识灌输的教育违背了成人的基本规律。如果以分数衡量教育结果，这种教育其实已经走向异化。当今时代出现的许许多多的学校和家庭教育的悲剧莫不与此相关。回归德性和德行的教化，而不是单一的科学知识的传授和获取，才是未来教育发展的方向。

四、君子的理想

儒家提倡君子追求的理想具有鲜明的德性色彩，其对君子理想的期待有着很高的道德势位。常人所追求的货利所得，不在君子的理想之列。在某种意义上，儒家提倡君子的理想追求要以德性生活的满足和完善为最终目标。这是对常人物质生活追求的超越和纠偏。在对生命理想的期待中，君子所谋之道不是俗常的饮食饱暖，不是感性的利禄功名。在实现生命理想的进程中，君子谋道是最高的价值追求，谋事只具有实现谋道的工具价值。

君子谋道的生命理想在《论语》中有鲜明的表达。

> 子曰："君子不器。"（《论语·学而》）
> 子曰："君子谋道不谋食。耕者，馁在其中矣；学也，禄在其中矣。君子忧道不忧贫。"（《论语·卫灵公》）

人们生活在现实社会，生存是第一要义。但是追求生存不是君子的终极使命。孔子认为君子不能把自己当作谋得生存的手段和器具，而是要在成为器和追求道之间，找准自己的位置。要避免成为器具性的存在，君子就必须将谋道看作生命之要。谋道对于君子来说，其实已经超越了简单的物质性生存。孔子提倡君子要做到"忧道不忧贫"，这与前文所论的君子千年之忧也是一致的。

君子谋道的理想深深影响了儒家的君子观。孟子不仅继承了孔子这一思想，而且还提出了君子不可以货、君子之志与功的统一以及君子之乐等更为丰满的君子理想。

在回答弟子为何对接受他人的馈赠采取不同的标准这一问题时，孟子认为："无处而馈之，是货之也。焉有君子而可以货取乎？"（《孟子·公孙丑下》）君子不可以货，这就明确提出君子不能够以货而取。君子的理想追求与人之本性的内在要求是一致的。

> 孟子曰:"广土众民,君子欲之,所乐不存焉。中天下而立,定四海之民,君子乐之,所性不存焉。君子所性,虽大行不加焉,虽穷居不损焉,分定故也。君子所性,仁、义、礼、智根于心,其生色也,睟然见于面,盎于背,施于四体,四体不言而喻。"(《孟子·尽心上》)

战国时代,士风强劲。心存抱负和理想的士人,都希望建功立业。但是这一切在孟子看来,都不应该成为君子的理想追求。"君子所禀天之性,虽大而行道于天下,且不能加益其性;虽穷居在下,且不能损灭其性:以其所生之初,受之于天,有其分定故也。故君子所性,是仁、义、礼、智,四者根生于心,显而形著德容,其生于色,则睟然润泽见于面,又有光辉乎其前,盎盎然见于背,又有充实乎其后,而旁溢流通乎左右上下四体。"①君子从自己的德性本质出发,时刻关注自我成就之道,将对仁义礼智的追求当作生命的全部。只有这样,君子才能够真正凸显自己的本质,达致自己的理想。

君子在追求实现理想的过程中,注重将行为的动机与结果结合在一起。

> 彭更问曰:"车数十乘,从者数百人,以传食于诸侯,不以泰乎?"孟子曰:"非其道,则一箪食不可受于人;如其道,则舜受尧之天下,不以为泰。子以为泰乎?"曰:"否,士无事而食,不可也。"曰:"子不通功易事,以羡补不足,则农有余粟,女有余布;子如通之,则梓匠轮舆皆得食于子。于此有人焉,入则孝,出则悌,守先王之道,以待后之学者,而不得食于子。子何尊梓匠轮舆而轻为仁义者哉?"曰:"梓匠轮舆,其志将以求食也;君子之为道也,其志亦将以求食与?"曰:"子何以其志为哉?其有功于子,可食而食之矣。且子食志乎?食功乎?"曰:"食志。"曰:"有人于此,毁瓦画墁,其志将以求食也,则子食之乎?"曰:"否。"曰:"然则子非食志也,食功也。"(《孟子·滕文公下》)

---

① (汉)赵岐注,(宋)孙奭疏:《尽心章句上》,《孟子注疏》卷第十三上,北京大学出版社,1999,第363页。

君子德性理想的实现既有动机层面的志的具体要求，也有结果层面的功的落实。在彭更看来，孟子周游于列国之间，受到国君们的奉养。但是孟子言必称尧舜、道性善的主张，对强国称霸并无帮助。孟子谋道的理想，于诸侯之事业无补。彭更的看法代表了世俗对君子谋道理想的怀疑，不过是世俗的谋食之见。对此，孟子提出，君子对志的追求与对功的期待是一致的，从来就没有脱离功的志，也没有离开志的功，人们的行为总是志与功的统一。君子在良好的德性动机支配下，再通过德行实践，就可以达到"通功易事"的效果，君子的理想就实现了动机和结果的统一。君子谋道其实体现了道德主体的自觉。坚守道的原则，是"儒家君子修身进行内向超越的终极追求，亦是君子人格主体性复归的关键所在"[①]。

在追求理想过程中，注重动机和结果的统一，君子就能够不断提升生命境界。孟子认为，君子所追求的人生最高境界是生命的释然和快乐。

> 孟子曰："君子有三乐，而王天下不与存焉。父母俱存，兄弟无故，一乐也；仰不愧于天，俯不怍于人，二乐也；得天下英才而教育之，三乐也。君子有三乐，而王天下不与存焉。"（《孟子·尽心上》）

人生的快乐是生命成长的本义。君子的理想追求也是如此。在孟子那里，君子之乐有三重。第一重是家庭的幸福和美满，第二重是内心的坦荡和无疚，第三重则是能够广收英才施行教化和培育。这三重快乐是君子生命追求的最高境界，那种事功层面的"王天下"都不能与之相比。在君子之乐的三重境界中，我们可以看出儒家对君子理想的期盼有着丰富的内涵，充满着人间的温情。君子立世，身心健康，家庭完整，这是凡世生活的基础；内心安定，无愧于天，无怍于人，这是生命不断前行的保证；在此基础上，君子如果能够与天下之英才相伴，彼此垂范，相互学习，教学相长，这就是人生最大的幸福。君子三乐的境界追求，显示了儒者的现世担当和对人类慧命不坠于地的内心期待，体现着君子对自我完善的德化境界的追求。[②]君子的理想不是枯燥的道德说教，而是直面现世生活的清醒追求。

在继承和发展孔子君子观的基础上，孟子将君子的本性、君子的修为、君子的

---

① 马兰兰、李振纲：《"文人"到"君子"：儒家君子主体人格的复归》，《宁夏社会科学》2016年第5期。

② 戴兆国：《中西道德哲学的差异性——以孟子和康德为中心的考察》，《安徽师范大学学报（人文社会科学版）》2012年第4期。

教育和君子的理想——揭示出来，为儒家的生命追求标示出最为鲜明的人生成长地图。社会主义新人的培养，需要以崇高道德境界为引领，需要关注每个人主体人格的觉醒，需要每个人主动成就自我。孟子的君子观的四个面向，对于当前社会主义新人的培养，无疑有着重要的价值和意义。

君子之学以美其身：荀子工夫论的精神

王　楷[*]

摘要：作为儒家学者，荀子在伦理与政治的意义上充分肯定知识的价值，却殊少纯粹知识论的兴趣。在一种自我完善论的哲学背景之下，荀子提出"君子之学以美其身"，以主体的自我完善，而非外在的知识作为中心的关切，实为一种工夫论语境之下的修养实践。基于这样一种理论关切，荀子认为知识的价值不在于知识自身，而在于其伦理意义上的效用性，提出"君子审于礼也"，强调对学习内容的选择须以道德修养作为价值尺度。进而，这一知识观体现在早期儒家文献系谱层面，荀子提出"隆礼义而杀诗书"，强调具有客观化品格的礼之于道德修养的基础性意义。然而，另方面，这一客观化的品格同时又意味着相对于生命的某种外在性和异己性。因而，在现实的道德生活中，客观化的礼又需要通过人格的具象化（"师"）方能发挥其道德教育的功能。故而，荀子每每将"尊师"与"隆礼"对举，更将"尊师"置于"隆礼"之上。最后，在荀子的自然人性论之下，主体自我完善的内在根据不是作为先验的向善的自然倾向，而是作为一种先天的学以成善的能力而存在的。这显现出"学"的观念在荀子的工夫论中居于核心的地位，而有一种整体的意义。特别地，在荀子，学是一种"性伪合"（"合外内之道，一也"）意义上的"生成"义，并非纯然"外铄"。了解这一点，对于平实地把握荀子工夫论的儒学史意义尤为重要。

关键词：荀子；学；工夫论；礼；君子

＊　王楷，北京师范大学副教授，主要研究方向为中国哲学史。

引　言

从历史的视角看，儒学是在周文的孕育之下产生的，与之存在着一种天然的亲和性。是故，在春秋以降礼坏乐崩的时代，较之于道家、法家等学派对周文的解构和批判，儒家则以复兴周文为己任。此一文化性格，在孔子"郁郁乎文哉，吾从周"（《论语·八佾》）的心迹流露中可见一斑。周文就显性层面而言是一种礼乐文化，其核心精神则是道德主义，二者之间互为表里，是故孔子有云："人而不仁，如礼何？人而不仁，如乐何？"（《论语·里仁》）"礼云，礼云，玉帛云乎哉？乐云，乐云，钟鼓云乎哉？"（《论语·阳货》）其实，对礼乐文化价值基础的反思亦不待孔子而然，春秋时代已有所谓礼仪之辨①，只不过这一问题通过孔子的发问方始显豁开来，在哲学的层面上达到了理论的自觉。

自春秋而下，典型的宗法政治开始解体，贤贤逐渐取代亲亲成为政治文化中新的主导性的价值取向。委实，尚贤思潮原是这一时代智识阶层的共识，并非一家之独见。不过儒家意义的"贤"是以礼乐/道德为实质内涵的，此则为诸家之所无。由是，儒家的政治文化或可视为周文在新的境遇之下的一种重构和转化。宗法政治以先天的血统为基础，是为"血而优则仕"，"春秋讥世卿"（《公羊传·隐公三年》）即针对此而言。孔子有云："先进于礼乐，野人也。后进于礼乐，君子也。如用之，则吾从先进。"（《论语·先进》）在这里，孔子将礼乐从身份性的宗法政治之中抽离出来，使之成为平民藉以修身从而获得政治资质之具，是为"学而优则仕"②。约言之，周文本于阶级以制礼，儒家则本于礼以制阶级。一方面，承宗法政治而来，儒家肯定了阶级（"士"/"民"）存在的必要性。同时，另方面，儒家强调阶级之间的流动性，认为只有具有流动性的阶级才具有存在的合理性。特别地，在理想的儒家社会中，决定一个人在社会阶级中的位置及其流动方向的不是先天命定的血统，

---

① 《左传·昭公二十五年》载："子大叔见赵简子，简子问揖让、周旋之礼焉。对曰：'是仪也，非礼也。'简子问：'敢问何谓礼？'对曰：'吉也闻诸先大夫子产曰："夫礼，天之经也，地之义也，民之行也。"'"子大叔的礼仪之辨，亦即《礼记·礼器》所讲的"礼之本"（伦理原则）与"礼之文"（具体形式）的分别。

② "子夏曰：'学而优则仕，仕而优则学。'"（《论语·子张》）这里的"优"指的是时间与精力上的"优裕"，旨在强调行有余力、从容闲适。然而，日常语言中的"学而优则仕"则是将子夏之说做了转义（"优秀"），本文即在后者的意义上使用"学而优则仕"这一语词，以与"血而优则仕"相对。幸留意焉！

而是个体自身的道德和才智，而这更多地取决于自我后天的努力（"学"）。荀子有云：

> 虽王公士大夫之子孙也，不能属于礼义，则归之庶人。虽庶人之子孙也，积文学，正身行，能属于礼义，则归之卿相、士大夫。（《荀子·王制》）

又云：

> 我欲贱而贵，愚而智，贫而富，可乎？曰：其唯学乎？彼学者，行之，曰士也；敦慕焉，君子也；知之，圣人也。上为圣人，下为士、君子，孰禁我哉！乡也混然涂之人也，俄而并乎尧禹，岂不贱而贵矣哉！乡也效门室之辨，混然曾不能决也，俄而原仁义，分是非，圆回天下于掌上，而辩黑白，岂不愚而知矣哉！乡也胥靡之人，俄而治天下之大器举在此，岂不贫而富矣哉！（《荀子·儒效》）

在这里，透过政治文化话语的背景，我们可以体会到儒家对知识的价值的肯定，对"学"（主体的认知能力及活动）的精神的张扬。此二者，尤其是后者，标志着儒家知识论的基本特色：儒家原本殊少纯粹知识论的兴趣，其对人的知性及其活动（"学"）的关注远远在其对知识本身的关注之上。质言之，较之笛卡尔主义的"外在导向"（outer-oriented），儒家知识论则呈现出一种鲜明的"内在导向"（inner-oriented）。也就是说，儒家知识论以主体的自我完善，而非人与自然的关系作为中心的关切。在这个意义上，儒家的"学"实为一种工夫论语境之下的修养实践。（相较之下，前述"以德致位"的政治意涵反倒只是第二义的。）有鉴于此，本文对荀子知识观的个案研究即尝试从工夫论的视角切入，幸留意焉！

一、君子之学以美以身

荀子论学，其言雅正，其义深远，然其要本则归于孔子而发挥之。孔子有云："女为君子儒，勿为小人儒。"（《论语·雍也》）夫子之言先立乎其大者，自是之后，儒家言学必以品行砥砺作为中心关切，追求一种"以'君子'理念为核心的'学道'教育"①。此为儒家之通义，荀子固不能外。唯荀子论学，陈义甚高："故学者固学为圣人也，非特学为无方之民也。"（《荀子·礼论》）在荀子，人通过学习获得品行上的自我完善，从而成就理想的道德人格。此一层自我完善的价值意涵，传统儒家称之为"为己"。孔子有云："古之学者为己，今之学者为人。"（《论语·宪问》）不消说，如同《论语》中大多数的教义，夫子此语文约而义丰，唯欲得其确解则不免大费揣摩。幸运的是，孔子作之，荀卿述之。经过荀子的发明、敷畅，夫子之义便一时明白起来。如其所言：

> 君子之学也，入乎耳，著乎心，布乎四体，形乎动静。端而言，蝡而动，一可以为法则。小人之学也，入乎耳，出乎口；口耳之间，则四寸耳，曷足以美七尺之躯哉？古之学者为己，今之学者为人。君子之学也，以美其身；小人之学也，以为禽犊。（《荀子·劝学》）

君子之学的目的在于"为己"，即为了行为者自身道德修养的提升与人格精神的完满，是为身心之学；小人之学的目的在于"为人"，即以知识装点门面，取悦他人，止为口耳之学而已。②"君子之学也，以美其身"，此一"身"字，与《大学》"富润屋，德润身"之"身"字同解，实兼身心而言，非徒形体之谓也。荀子的"美（其）身"与《大学》的"修身"具有相近的意涵，只不过"修（身）"更强调过程，而"美（身）"则更强调结果而已。在荀子，学习使行为主体获得知识，进而在对知识的"行著""习察"之中发生某种理想的"身心"上的变化——"美其身"，而知识和学习的意义也正在于此。显见，荀子学论的中心关切，不在于如何改变外在世界，而在于如何改变主体自身。这是荀子知识观的基本特质，也是整个儒家知识观的基本特质。特别地，此一语境之下主体自身的变化（"美其身"）主要是在道德修养的意义上而言的，其理论基础则是一种哲学上的自我完善论。

在儒家，圣人表征着人（类）的完善形态，人（类）所应该是的理想形态，亦

---

① 陈来：《论儒家教育思想的基本理念》，《北京大学学报（哲学社会科学版）》2005 年第 5 期。
② 后儒王阳明将此一层意思讲得其分明："世之讲学者二：有讲之以身心者，有讲之以口耳者。讲之以口耳，揣摸测度，求之影响者也；讲之以身心，行著习察，实有诸己者也。"见（明）王阳明：《传习录中》，《王阳明全集》上册，吴光编校，上海古籍出版社，1992，第 75 页。唯王阳明此语中的"讲学"，本诸孔子"德之不修、学之不讲"，并非现代汉语"师—生"模式之下与"学"（生）相对的"讲学"（师），幸留意焉！——引者按。

即人（类）的自我完善潜能充分实现之形态——在这个意义上，只有圣人才称得上是真正的"成人"（《荀子·劝学》）——而成为圣人的可能性对任何一个人都是开放的。至如荀子所言："涂之人百姓，积善而全尽谓之圣人。彼求之而后得，为之而后成，积之而后高，尽之而后圣，故圣人也者，人之所积也。"（《荀子·劝学》）照这一讲法，"涂之人百姓"与"圣人"二者之间并不存在无可跨越的鸿沟，而前者所以能够转化自我以趋近后者则取决于自我的后天努力："求之""为之""积之""尽之"，而所有这四者又皆可归之于"学"——"故学者固学为圣人也"（《荀子·劝学》）。在这个意义上，"学"就不限于某一特定人生阶段对特定知识的学习，而展开为人对自我生命的终极关切，实为一种终身的事业。《荀子·大略》载：

> 子贡问于孔子曰："赐倦于学矣，愿息事君。"孔子曰："《诗》云：'温恭朝夕，执事有恪。'事君难，事君焉可息哉？""然则赐愿息事亲。"孔子曰："《诗》云：'孝子不匮，永锡尔类。'事亲难，事亲焉可息哉？""然则赐愿息于妻子。"孔子曰："《诗》云：'刑于寡妻，至于兄弟，以御于家邦。'妻子难，妻子焉可息哉？""然则赐愿息于朋友。"孔子曰："《诗》云：'朋友攸摄，摄以威仪。'朋友难，朋友焉可息哉？""然则赐愿息耕。"孔子曰："《诗》云：'昼尔于茅，宵尔索绹，亟其乘屋，其始播百谷。'耕难，耕焉可息哉！""然则赐无息者乎？"孔子曰："望其圹，皋如也，颠如也，鬲如也，此则知所息矣。"子贡曰："大哉！死乎！君子息焉，小人休焉。"

体会孔子答子贡之义，诗书礼乐固然是学，"事君""事亲""妻子""耕"，无一而非"学"也。向者孔子称许颜回好学且以"不迁怒，不贰过"（《论语·雍也》）做解，而"不迁怒，不贰过"者纯属心性修养中事，未可一日而或辍，非特定的知识学习便可达致。观此可知，儒家"学道"之"学"所指涉者实为终生的道德实践，孔子如是，荀子亦然。唯荀子为人不失慷慨之气，言学则必以圣人为期，颇有不让孔子处，如其所云："学恶乎始？恶乎终？曰：其数则始乎诵经，终乎读礼；其义则始乎为士，终乎为圣人。真积力久则入，学至乎没而后止也。故学数有终，若其义则不可须臾舍也"（《荀子·劝学》）显见，"学"之作为道德人格的修养实践，是一个无间断、无止境的过程。①

不过，作为人所可能达到的最完善的存在形态，圣人在现实的社会生活中更多地是作为一种理想性的（"可以而不可使"（《荀子·性恶》））位格而存在的。明乎此，则孔子感叹"圣人，吾不得见之矣，得见君子者，斯可矣！"（《论语·述而》）的意义就不仅仅限于一时一地，而足令一代又一代的后来者无限感怀。同理，对人（类）自我完善前景抱无限乐观态度的荀子（"涂之人可以为禹"（《荀子·性恶》））在实践的层面亦表现出审慎而持重的现实精神，转而特别强调修养进境的层次性、阶梯性，如其所云："彼学者，行之，士也；敦慕焉，君子也；知之，圣人也。"（《荀子·儒效》）在荀子，学者须以此"三阶"（士—君子—圣人）为蓝图循序渐进，逐次完善和提升自己的道德人格，以期最终优入圣域。②

二、君子审于礼也

"君子之学也，以美其身"，这种以道德人格的自我完善为关切的价值取向，也相应地决定了学习内容的选择性。《荀子·解蔽》云："凡以知，人之性也；可以知，物之理也。以可以知人之性，求可以知物之理，而无所疑止之，则没世穷年不能无也。其所以贯理焉虽亿万，已不足浃万物之变，与愚者若一。"借助"凡以知"的"人之性"认识"可以知"的"物之理"，此为知识论之通义。只是，荀子对一般意义上的"物理"（"物之理"）殊少兴味，以为"物理"知识虽多（"其所以贯理焉虽亿万"），倘若无助于行为者立身行事（"已不足浃万物之变"），则这样的知识并无真切的价值可言（"与愚者若一"）。（委实，在荀子，乃至整个儒家，为知识而知识之精神的缺失，未始不是一种历史的遗憾，此亦毋庸讳言也。）荀子的知识观既以

---

① 至如曾子所言："士不可以不弘毅，任重而道远。仁以为己任，不亦重乎？死而后已，不亦远乎？"（《论语·泰伯》）曾子知如是，行亦如此。"曾子有疾，召门弟子曰：'启予手！启予足！诗云：战战兢兢，如临深渊，如履薄冰。而今而后，吾知免夫，小子！'"（《论语·泰伯》）观此，可见曾子一生之立身行事如此。

② 荀子有云："圣人者，人之所积而致矣！'圣可积而致，然而皆不可积，何也？'曰：'可以而不可使也。……然则可以为，未必能也；虽不能，无害可以。然则能不能之与可不可，其不同远矣，其不可以相为明矣。'"（《荀子·性恶》）准此，在荀子，圣人固然具有理想性，但自始至终是一种具有现实导向的"真实的"理想性。然而，现代的学者却未必作如是观。从传统到现代，伦理学话语范式经历了从"圣贤导向"（Saint-orientated）到"公民导向"（civic-orientated）的转变。在此理论背景之下，圣人只是一种"茫然的遥远"，在人的精神世界保留这样一个"虚位"或许是有意义的，但其对现实生活的启示也仅此而已——因为没有谁真的能够成为圣人。不消说，这是对儒家圣人观的一种曲解，然而在现代伦理学视野之下亦非不可理解。至于其间的优劣得失，则非一言可尽，唯俟诸高明君子云尔！

主体而非客体为关切，体现在知识对象的选择层面，则荀子自觉地为知识设限（"凝止之"），而其"凝之"的标准就在于礼义。如其所云：

> 礼之理诚深矣，"坚白""同异"之察入焉而溺；其理诚大矣，擅作典制辟陋之说入焉而丧；其理诚高矣，暴慢恣睢轻俗以为高之属入焉而坠。（《荀子·礼论》）

> 凡事行，有益于理者，立之；无益于理者，废之。夫是之谓中事。凡知说，有益于理者，为之；无益于理者，舍之。夫是之谓中说。……若夫充虚之相施易也，"坚白""同异"之分隔也，是聪耳之所不能听也，明目之所不能见也，辩士之所不能言也，虽有圣人之知，未能偻指也。不知无害为君子，知之无损为小人。（《荀子·儒效》）

在荀子，"可以知"的"物之理"虽有"亿万"，则其间又有本末之分："礼之理"为本（"大理"），余皆为末。诚如唐君毅所言："荀子所以不重纯知之思想上之理与物理，其根据之理由，正在荀子之唯以礼义文理之理为理，为真正之理，为大理。"荀子有云："人之患在蔽于一曲，而暗于大理"，而寻求"制割大理"（《荀子·解蔽》）。"大理与偏曲小理相对，大理者礼义文理之全理，亦即与只辨坚白同异之纯知之推理，及只求偏知物理之事相对者也。"[①]依照此一知识观，所谓"无立场的立场"即便是可能的，亦不足取。在荀子，主体只有时刻把握内在的价值尺度，方始不致沉溺和迷失于外在的世界（"物之理"）之中，是故"君子审于礼也"（《荀子·礼论》）。如此，以礼义为本，显示出荀子的知识观具有鲜明的价值取向——以主体自身的人格修养作为中心关切，至于"不知无害为君子，知之无损为小人"和"纯知"（"物之理"），荀子的态度则多所保留，如其所云：

> 君子之所谓贤者，非能遍能人之所能之谓也；君子之所谓知者，非能遍知人之所知之谓也；君子之所谓辩者，非能遍辩人之所辩之谓也；君子之所谓察者，非能遍察人之所察之谓也。有所止矣。相高下，视硗肥，序五种，君子不如农人；通货财，相美恶，辩贵贱，君子不如贾人；设规矩，陈绳墨，便备用，君子不如工人；不恤是非然不然之情，以相荐撙，以相耻怍，君子不若惠施、邓析。（《荀子·儒效》）

---

① 唐君毅：《中国哲学原论·导论篇》，台湾学生书局，1989，第35—36页。

要之，在荀子，知识的价值并不在于其自身，而在于其在伦理上的效用。是故，对于一般意义上的知识，君子并不以"遍知""遍辨""遍察"为贵。平实而言，荀子这一知识观的价值立场原本之于孔子，《论语·子路》载：

> 樊迟请学稼，子曰："吾不如老农。"请学为圃，曰："吾不如老圃。"樊迟出。子曰："小人哉，樊须也！上好礼，则民莫敢不敬；上好义，则民莫敢不服；上好信，则民莫敢不用情。夫如是，则四方之民襁负其子而至矣，焉用稼。"

显见，好学如孔子者，其学之内容也有着鲜明的取舍，只有道德人格、社会伦理才构成其知识论所关切的物件（"好礼""好义""好信"）。[1] 荀子亦作如是观，如其所云：

> 无用之辨，不急之察，弃而不治。若夫君臣之义，父子之亲，夫妇之别，则日切磋而不舍也。（《荀子·天论》）

准此观之，荀子所关切者在于为求善而求知，非为求知而求知。质言之，则荀子的知识论实为一种伦理学背景之下的知识论，而不同于自然科学背景之下的现代知识论。也因此，荀子纯以道德生活中的价值判断来论定一个人的智愚："是是非非谓之知，非是是非谓之愚。"（《荀子·修身》）易言之，肯定正确的、应当的行为和事理（"是是"），或者否定不正确、不应当的行为和事理（"是非"），即为智（"知"）；反之，否定正确的、应当的行为和事理（"非是"），或者肯定不正确、不应当的行为和事理（"是非"），即为愚。显见，荀子的知识观纯以道德生活为内容，而以造就具有正确道德判断的君子人格为旨归。在这个意义上，柯雄文（Antonio. S. Cua）之将荀子知识论称之为"道德知识论"（Moral Epistemology）者[2]，良有以也。

---

[1] 事实上，不特荀子，《郭店楚简》"莫不有道焉，而人道为近。是以君子，人道之取先"（《郭店楚简·尊德义》）的价值观亦本诸孔子答樊迟问稼之义。

[2] A. S. Cua, *Ethical Argumentation: A Study in Hsun Tzu's Moral Epistemology*, Honolulu: University of Hawaii Press, 1985.

三、隆礼义而杀诗书

孔子论学，有学道与学文之分。学道以立身行事的道理为学习内涵，以生命的完满为念，所谓"君子学道则爱人，小人学道则易使"（《论语·子路》）是也。夫子自述"吾十有五而志于学"（《论语·为政》），亦即志于"学道"。"子曰：君子食无求饱，居无求安，敏于事而慎于言，就有道而正焉，可谓好学也已。"（《论语·学而》）不言而喻，此一语境之下的"好学"也是就"学道"而言的。与"学道"相对的则是"学文"，指对文化知识，特别是经典文献的学习。"子曰：'弟子入则孝，出则悌，谨而信，泛爱众而亲仁，行有余力则以学文。'"（《论语·为政》）①显见，就优先性而言，"学文"显然在"学道"之后。然而，此二者亦非互不关涉、断为两橛。孔子"下学而上达"（《论语·宪问》）的讲法最适于描述"学文"（"下学"）与"学道"（"上达"）之间的关系：学文，则道在其中矣！是故，司马迁仅言"孔子以诗书礼乐教"（《史记·孔子世家》），而不言"孔子以仁教"。究竟言之，学道须以学文为内容载体，学文则须以学道为价值导向。准此观之，中国文化自来崇尚"文以载道"，推本溯源，实肇始于孔子。②从孔子到荀子，这一通过学文以学道的思想更加显豁。如其所云：

> 人之于文学也，犹玉之于琢磨也。诗曰："如切如磋，如琢如磨。"谓学问也。和之璧，井里之厥也，玉人琢之，为天子宝。子赣、季路，故鄙人也，被文学，服礼义，为天下列士。（《荀子·大略》）

"人之于文学也，犹玉之于琢磨也"，"和之璧"原本为"井里之厥"，即使寻常村夫亦未见珍惜，与砖石同视之。一旦得"玉人琢之"，则"为天子宝"。"子贡、季路"，原本见识短浅（"鄙人"），一旦经过学习和教育（"被文学""服礼义"），则"为天下列士"。如此，学文之于人格成长（学道）的意义即不言而喻——"玉不琢不成

---

① 《论语·先进》载："德行：颜渊、闵子骞、仲弓；言语：宰我、子贡；政事：冉有、季路；文学：子游、子夏。"作为孔门"四科"之一的"文学"，就其内容而言即对应于"行有余力则以学文"的"学文"，非现代汉语中"文学"所可范围。
② 同理，今人所谓"五经""六经"（"文"）者，论其渊源，本早于孔子，然而只是经过了孔子的重新诠释（"道"的注入），方始成为人文教养意义上的经典，而不止是囿于特定历史时代的文献资料。

器，人不学不知道"（《大戴礼记·学记》）。在荀子，学道以人格成长为关切，而学道初非一个孤立的活动领域，必融入学文，乃至日常生活之中。照寻常的理解，学道是道德教育，学文是知识教育。然而，在儒家这里，二者又融为一体，互为表里。在这个意义上，儒学实为一种合道德教育（人）与知识教育（文）而为一的人文教育，学道与学文之关系大抵如此。

然而，具体到荀子这里，问题又出现了进一步的复杂化。在荀子，学道固然以学文为载体，然而，不同具体内容的学文对于学道的效用性则各有差异，不容浑沦视之。在这个问题上，基于其实践取向的行动主义性格[①]，荀子提出了"隆礼义而杀《诗》《书》"（《荀子·儒效》）的主张。如所周知，在早期儒家之中，孟子尤善《诗》《书》，基于荀子对孟子的一贯态度，孟子的取舍引发荀子的某种回应亦在情理之中，然而这不应该是荀子"隆礼义而杀《诗》《书》"的根本原因。究竟言之，荀子对待儒家经典文献的态度与其自身的思想性格是联系在一起的。首先，作为儒家学者，荀子充分肯定了儒家经典在思想和文化上的意义，如其所云："《礼》之敬文也，《乐》之中和也，《诗》《书》之博也，《春秋》之微也，在天地之间者毕矣。"（《荀子·劝学》）后世儒家"五经""六经"之说即以此为本。其次，析而言之，不同的经典文献又各有不同的特色："故《书》者，政事之纪也；《诗》者，中声之所止也；《礼》者，法之大分，类之纲纪也。"（《荀子·劝学》）平实地说，荀子对儒家经典特色的这一把握准确而深刻，于此颇见一代儒家大师的眼光。然而，就其本意而言，这一描述性的解说是为了导出一个规范性的判断——"故学止乎礼而止矣"（《荀子·劝学》）。质言之，《诗》《书》和礼义对于行为者修身实践的工夫论意义是不可同日而语的，如其所云：

> 学之经莫速乎好其人，隆礼次之。上不能好其人，下不能隆礼，安特将学杂识志，顺《诗》《书》而已耳。则末世穷年，不免为陋儒而已。将原先王，本仁义，则礼正其经纬蹊径也。若挈裘领，诎五指而顿之，顺者不可胜数也。

[①] 荀子素来反对向壁凿空，主张理论须以实践为导向，如其所云："故坐而言之，起而可设，张而可施行"（《荀子·性恶》）。在道德修养的论题上，荀子更是表现出注重践履的行动主义性格，以知行合一为价值取向，如其所云："不闻不若闻之，闻之不若见之，见之不若知之，知之不若行之。学至于行而止矣。行之，明也，明之为圣人。圣人也者，本仁义，当是非，齐言行，不失毫厘，无他道焉，已乎行之矣。故闻之而不见，虽博必谬；见之而不知，虽识必妄；知之而不行，虽敦必困。不闻不见，则虽当，非仁也。其道百举而百陷也"（《荀子·儒效》）。

> 不道礼宪，以《诗》《书》为之，譬之犹以指测河也，以戈舂黍也，以锥餐壶
> 也，不可以得之矣。故隆礼，虽未明，法士也；不隆礼，虽察辩，散儒也。
> （《荀子·劝学》）

委实，夫子有云："《诗》可以兴，可以观，可以群，可以怨。"（《论语·阳货》）《诗》通过感发心志而作用于心性修养，其意义不可谓不大矣。然而，在荀子，《诗》的这一特点或说优点则又未始不是其不足。不消说，心志的感兴具有个体性的性格，亦即内在的主观性。主观性既然是内在的，那么在究竟的意义上就难以客观化。客观化之后的心志与内在的心志已有相当距离，不容浑沦视之，因之不具有可普遍化性、可通约性的品格，而这在荀子看来则不能不说是一个根本性的缺陷。如其所云："不道礼宪，以《诗》《书》为之，譬之犹以指测河也，以戈舂黍也，以锥餐壶也，不可以得之矣。"约言之，荀子对个体性抱有一种根深蒂固的警惕，担心个体性／主观性很难避免被欲望、欲恶、偏见等等所裹挟，而力图以客观化的礼矫正之，为此尝引《尚书》以见己意："《书》曰：'无有作好，遵王之道。无有作恶，遵王之路。'"（《荀子·修身》）相较之下，《诗》的缺憾恰恰构成礼义的优势。作为道的客观化，礼义具有客观性的性格，"夫是之谓道德之极"（《荀子·劝学》），因而能够给予行为者一种确定性和把握感，而不致茫茫地无处下手，无处著心——"无礼何以正身"（《荀子·修身》）。在荀子，凡是能够成为规范的东西，必须具有一种可普遍化性的性格。准此观之，舍礼义之外，遍视《诗》《书》《乐》《春秋》，的确无以当之。在这个意义上，荀子"隆礼义而杀《诗》《书》"的取向实为其整体思想性格使然，不得不尔。

事实上，在修身的语境之下强调礼的基础性意义，自孔子已然，实不待于荀子。孔子每言："立于礼"（《论语·泰伯》），"不学礼，无以立"（《论语·季氏》），"不知礼，无以立也"（《论语·尧曰》），更有"君子博学于文，约之以礼，亦可以弗畔矣"（《论语·雍也》）的讲法。此处，"博学于文"的"文"如果放在以早期经典为基础的文化知识的语境之下理解之，则或可说孔子亦倾向于认为《礼》对于修身的重要性要高于其他经典文献的文化知识体系，如此"约之以礼"的"约之"方有着落。荀子学风笃实、厚重，对践履工夫的重视有过于孔子。基于此，"隆礼义而杀《诗》《书》"的价值取向虽有所偏，但亦非不可理解。在这个意义上，荀子的"隆礼"精神亦可谓渊源于孔子而发挥之。

四、学莫便乎近其人

荀子隆礼，所看重的是礼之作为规范原则的确定性，这也体现出其道德教育（学道）思想的理性精神。然而，人并非只是一种纯粹的理性存在，仅仅在理智上知道应该怎么做（礼），并不足以促使行为者真就按自己所了解的（礼）去做。职是之故，非人格性的礼（规范）在具体的道德教育之中势必需要一种人格性的表达。明乎此，则荀子每每将"隆礼"与"师法"合而论之也就是情理之中的了。荀子推重"师法"，强调"身教"重于"言教"，适与其"隆礼"精神构成一种相辅相成的关系。在道德教育的意义上，"师法"的意义就在于通过一种人格化的形式将规范（礼）呈现出来，从而诱发受教者对规范（礼）的情感认同，消解规范的外在性和异己性，最终实现道德教育的目标——道德规范（礼）内化而成为行为者自身的内在要求，亦即儒家意义的"礼化"（ritualization）。

自孔子而始，儒家即有重视身教的传统。《论语》开篇载夫子之言："学而时习之，不亦乐乎？"朱子注文曰："学之为言效也。人性皆善，而觉有先后，后觉必效先觉之所为，乃可以明善而复其初也。"[1] 在此，朱子本人的复性论姑妄置之，然其以"效"释"学"则一语道尽儒家身教之旨，非大宗师手眼固不能到此。孔子重身教，故有风草之喻："君子之德风，小人之德草。草之上风必偃。"（《论语·颜渊》）又尝云："其身正，不令而行；其身不正，虽令不从。"（《论语·子路》）这表明孔子对人格诱导在道德教育中的重要性早有注意。特别地，孔子对道德教育活动中受教者的心理特点亦深有体认，故而有云："民而使由之，不可使知之。"（《论语·泰伯》）在孔子，受教者愿意服从和追随的是活生生的人格典范，而不是冷冰冰的规范教条。在后世的儒学发展之中，孔子的这一认知不断得到新的阐发，成为一项基本的道德教育原则。七十子后学申述夫子之义："民可使道之，不可使知之。民可道也，而不可强也"（《郭店楚简·尊德义》），"是以民可敬导也，而不可掩也；可御也，而不可牵也"（《郭店楚简·成之闻之》），并特别强调在上者身体力行之于教化的意义：

> 君子之于教也，其导民也不浸，则其淳也弗深矣。是故亡乎其身而存，

---

[1] （宋）朱熹：《论语集注》卷一，《四书章句集注》，中华书局，1983，第 47 页。

存乎其辞，虽厚其命，民弗从之矣。是故威服刑罚之屡行也，由上之弗身也。……上苟倡之，则民鲜不从矣。虽然，其存也不厚，其重也弗多矣。是故君子之求诸己也深，不求其本而攻诸其末，弗得矣。（《郭店楚简·成之闻之》）

照这一讲法，如果施教者（"君子"）自己不能践履道德规范（"亡乎其身"），那么，道德规范就仅仅以理论教条的形式而存在（"存乎其辞"），而这样的教条对受教者（"民"）而言缺乏感召力和说服力，因而难以产生实际的效力（"虽厚其命，民弗从之矣"）。明乎此，则虽有刑罚临之，民却径行不顾者，究竟言之，源于在上者自己不能身体力行之（"是故威服刑罚之屡行也，由上之弗身也"）约言之，儒家论道德教育，极其重视人与人之间的感通，认为道德规范原则正是通过感通才得以从施教者传递给受教者。[①]《楚简》为此做了一个非常形象的譬喻："上苟倡之，则民鲜不从矣。"准此，道德教育活动中的感通一如歌者之间的唱和。一唱一和，情意相通，婉转成曲，感通也者亦如是——"草之上风，必偃。"唱和之间，首要的是"唱"；"风草"之间，首要的是"风"。因之，儒家论道德教育，特别强调施教者身体力行所产生的人格典范的意义，认为身教（"求诸己"）为本，而言教为末，否则只能劳而无功（"是故君子之求诸己也深，不求其本而攻诸其末，弗得矣"）。显见，此一段"君子之于教也"的文义几乎就是孔子"其身正，不令而行。其身不正，虽令不从"教义的注释版，连同其言说方式都如此。约言之，在理想的儒家社会中，君师一体，政治与道德实为一而二、二而一之关系。明乎此，就不难理解儒家何以总是在政治语境（"上"/"民"）之下谈论道德教育。在儒家，此为教化之通义，至如荀子所云：

君者，民之原也；原清则流清，原浊则流浊。（《荀子·君道》）

请问为国？曰闻修身，未尝闻为国也。君者仪也，民者景也，仪正而景正。君者盘也，民者水也，盘圆而水圆。君射则臣决。楚庄王好细腰，故朝有饿人。故曰：闻修身，未尝闻为国也。（《荀子·君道》）

---

① 委实，从理论上说，"感通"既可能是积极意义的，也可能是消极意义的，故而与什么样的人交接就显得非常重要，对于一个道德人格处于养成期的少年而言就尤其如此，至如荀子所云："故君子居必择乡，游必就士，所以防邪辟而近中正也。"（《荀子·劝学》）

在荀子，乃至整个儒家看来，道德教育与政治治理遵循着共同的道理。循着这种理解，"修身"之于"为国"的意义如此，则身教之于道德教育的意义即不言而喻。荀子将此一层意思说得极分明："学之经莫速乎好其人，隆礼次之。"（《荀子·劝学》）前文述及，"隆礼"实为荀子道德修养学说基本的理论特色，而这里将"好其人"（师）的重要性置于"隆礼"之前，并非对其重礼精神的否定，只是说"礼"只有通过"其人"（师）的人格化，才能真正地促进学者的道德修养。在荀子，不特礼为然，一切文化知识如要发挥应有的教益均须透过人格化的中介，如其所云：

> 学莫便乎近其人。《礼》《乐》法而不说，《诗》《书》故而不切，《春秋》约而不速。方其人之习君子之说，则尊以遍矣，周于世矣。故曰：学莫便乎近其人。（《荀子·劝学》）

委实，就其历史性而言，经典皆是先贤智慧、德性和人格的沉淀和升华。然而，对于后世的受众而言，经典必须经过新的阐释才是可理解的，此其一。其二，更重要的是，在现实生活之中，经典须得透过人格化的呈现方始具有鲜活的感染力，就好比有些格言我们自幼便耳熟能详，但只有在一个特定的情形之下由一个特定的人讲出来，这些格言才第一次真正打动自己。明乎此，则荀子每每将"尊师"的重要性置于"隆礼"之上也就不难理解了。如其所云：

> 礼者，所以正身也；师者，所以正礼也。无礼何以正身？无师吾安知礼之为是也？礼然而然，则是情安礼也；师云而云，则是知若师也。情安礼，知若师，则是圣人也。故非礼，是无法也；非师，是无师也。不是师法，而好自用，譬之是犹以盲辨色，以聋辨声也，舍乱妄无为也。故学也者，礼法也。夫师以身为正仪，而贵自安者也。诗云："不识不知，顺帝之则。"此之谓也。（《荀子·修身》）

"礼者，所以正身也"，"无礼何以正身"，隆礼的意义于此可见。然而，这还不是此一段文字的重点。"师者，所以正礼也"，"无师吾安知礼之为是也"，如此，尊师的必要性自不待言。礼之作为一种理性规范，能够让我们有规则可以遵循，在理智上了解在特定的情形之下如何做在道德上才是正确的。然而，如果仅仅只是作为理性规范而存在，礼又未始不是一种冷冰冰的物件。因而，礼通过（"礼化"）人格的具象化而具有了生活的温度，因而也就拥有了唤醒和感动（而不只是说服）我们的力量，从而真正地走进了我们的生命，这就是"师"在道德教育志中的意义，亦即身教在道德教育之中的意义。

五、君子之学如蜕

在荀子这里，"学"是一个具有整体意义的基础性观念，不仅对于其道德教育思想是这样，即便对于其整个道德哲学亦是如此。荀子的道德哲学建立在自然人性论的基础之上，这就决定了其工夫论的取径在根本的意义上有别于以性善论为基础的思孟学派。在思孟学派这里，尤其孟子学性善论的脉络之下，人性之中蕴含着先天的善端，因此后天修养工夫的第一要义就在于"以直养而无害"（《孟子·公孙丑上》），进而扩而充之。荀子的工夫论则异于是，照荀子对人性的理解，"今人之性，固无礼义，故强学而求有之也；性不知礼义，故思虑而求知之也"（《荀子·性恶》）。"学"的观念在荀子工夫论中的核心意义于此可见。有鉴于此，如果思孟学派工夫论的主旨可以概括为"思"的话①，相应地，笔者愿意将荀子工夫论的主旨归结为"学"。然而，如果有好事者将这里的学思之辨"理所当然"地引申为内外之分的话，那将是笔者无论如何也无法接受的。

在儒家，学与思相对而言以孔子为滥觞。夫子有云："学而不思则罔，思而不学则殆。"（《论语·为政》）不消说，基于其一贯的中道精神，孔子所寻求的是在学与思之间把握一种恰当的适度和平衡。只是，在孔子这里，此二者皆是在具体的学习方法意义上而言的，并无过多工夫论上的深意。这一情形在七十子后学那里发生了改变，学与思已逐渐成为工夫论中的重要观念，而不再仅仅指涉单纯的学习方法。明乎此，则不难理解荀子在二者之间的价值取向："吾尝终日而思矣，不如须臾之所学也"（《荀子·劝学》），极言思而不学之弊。委实，孔子本人似乎也曾流露

---

① 思孟学派的工夫论注重内省，或言"存"，如"人之异于禽兽者几希。君子存之，庶人去之"（《孟子·离娄下》），或言"养"，如"吾知言，吾善养浩然之气"（《孟子·公孙丑上》），或言"充"，如"苟能充之，足以保四海。苟不充之，不足以保妻子"（《孟子·公孙丑上》），其辞有异，其义则一。而笔者所以以"思"字概括之，则源自荀子的启发。荀子曾不无揶揄地讲到一个名叫觙的人："空石之中有人焉，其名曰觙。其为人也，善射以好思。耳目之欲接，则败其思，蚊虻之声闻，则挫其精。是以辟耳目之欲，而远蚊虻之声，闲居静思则通。思仁若是，可谓微乎？"（《荀子·解蔽》）此一段文字未必是实录，但其所指（孔伋）当不难体会。其实，在先秦诸子中，善讲"寓言"的本不止庄子一个人。

过类似的主观倾向，"子曰：'吾尝终日不食，终日不寝，以思，无益，不如学也'"（《论语·卫灵公》）。不过，较之孔子在单纯学习方法的意义上权衡学与思的得失短长，荀子则更延伸到工夫论进路的层面，如其所云："道者，古今之正权也。离道而内自择，则不知祸福之所讬"（《荀子·正名》），其批评所及显然是以思孟学派工夫论的内省取径为鹄的。孟子既主内省，如将荀子工夫论判定为"外铄"，倒也符合学者们习惯上的心理预期——一则主旨鲜明对立，二则文字亦显得对仗工整。委实，以"外铄"概括荀子的工夫论虽则失之于似是而非，然考诸荀子原文，亦非全然无据。"外铄"一词，原本是作为一种负面的观念被孟子提出来的，用以作为"仁义礼智根于心"的对立面，故而有云："仁义礼智，非由外铄我也，我固有之也，弗思而矣。"（《孟子·告子上》）朱子注文曰："铄，以火销金之名，自外以至内也。"[①]初看之下，此一意义的"外铄"与荀子的人性论若合符节。在荀子，"苟无之中者，必求于外"，"今人之性，固无礼义，故强学而求有之也；性不知礼义，故思虑而求知之也"（《荀子·性恶》）。如此"学而求有之"者，非"外铄"而何？然而，当我们透过表面的好胜之辞了解其内在理路的时候，就会发现另一种图景。在荀子，"性者，本始材朴也。伪者，文理隆盛也。无性则伪之无所加，无伪则性不能自美。性伪合，然后成圣人之名，一天下之功于是就也"（《荀子·礼论》）。易言之，作为道德修养的实践工夫，"伪"自然是一种后天的活动。然而，后天的工夫，须以先天的基础为根据，在逻辑上才是可能的，至如荀子所云：

> "涂之人可以为禹"，曷谓也？曰：凡禹之所以为禹者，以其为仁义法正也。然则仁义法正有可知可能之理。然而涂之人也，皆有可以知仁义法正之质，皆有可以能仁义法正之具，然则其可以为禹明矣。（《荀子·性恶》）

在这里，荀子的"质""具"观念所表达的正是道德修养的内在根据义。准此观之，质言之，荀子批评孟子的性善论，只是在否定人性之中具有先验的"向善"的自然倾向（natural inclination）的意义上而言的，并非否定人性之中具有"成善"的内在根据。关于后者，黑格尔的一个譬喻非常值得玩味："如果本性中没有内在的琴弦，使外来的要求得到响应，那么耶稣鼓舞人寻求较好的宗教和道德的事业，其

---

① （宋）朱熹：《孟子集注》卷十一，《四书章句集注》，中华书局，1983，第328页。

性质和成效就会与普度亚的圣安东尼对鱼说教的热忱相同。"① 照这个讲法，荀子的"性伪合"也就意味着先天通过后天的实现，并非纯然"外铄"。在这个意义上，荀子的"学"乃"性伪合"（《荀子·性恶》）基础之上的生成义（"伪起而生礼义"（《荀子·性恶》）），是所谓"合外内之道，一也"（《易·系辞》），非所谓单纯内外之分者可以尽之，言荀子工夫论者于此不可不察也。

在自然人性论之下，德性是获得性的，而不是天赋性的，而"学"的工夫论意义就在于，运用先天的学习能力（"质"/"具"），学习礼义（"道"），最终将之内化于心而为"德"。此一层意义，后儒朱子讲得极分明，如其所云："然德之所以成，亦曰学之正、习之熟、说之深，而不已焉耳"②，"德者，得也，得其道于心而不失之谓也"③。在荀子，化道为德亦即意味着化性起伪工夫的完成，如其所云：

> 今人之化师法，积文学，道礼义者为君子；纵性情，安恣睢，而违礼义者为小人。用此观之，人之性恶明矣，其善者伪也。（《荀子·性恶》）
>
> 故人知谨注错，慎习俗，大积靡，则为君子矣。纵情性而不足问学，则为小人矣。（《荀子·儒效》）

在此一化性起伪的意义上论学，则对自然人性（"性情"）的教化也就成为修养工夫的基本目标，而这一目标的实现则是良好道德人格的养成，至如荀子所言："君子之学如蜕，幡然迁之"（《荀子·大略》），"济而材尽，长迁而不反其初，则化矣"（《荀子·不苟》）。明乎此，则不难理解荀子何以以"全之尽之"专属于"学者"（《荀子·劝学》）。约言之，学之于人，引道以化性，起伪而成德，如此，方合于善而归于治矣！

余 论

在本文的讨论中，我们了解到，荀子学论在精神旨趣上遥承孔子而有进一步的发挥。学以道德人格的成长为基本关切，此为自孔子以来的儒家通义。而在以自然

---

① （德）黑格尔：《基督教的权威性》，《黑格尔早期神学著作》，贺麟译，商务印书馆，1988，第163—164页。

② （宋）朱熹：《论语集注》卷一，《四书章句集注》，中华书局，1983，第47页。

③ （宋）朱熹：《论语集注》卷四，《四书章句集注》，中华书局，1983，第94页。

人性论为基础的荀子道德哲学中，学更进而成为道德修养实践中的核心观念，显示出一种整体的工夫论意义。在此一工夫论进路之下，人性之中自我完善的内在根据，不是作为一种先验的向善的自然倾向——如孟子意义的"四端"——而是作为一种内在的主体能力而存在的。^①易言之，没有人天生向善，但任何人都先天地具有学以成善的可能性。在荀子，此一主体能力如欲从潜能成为现实，则须自觉地学习并践履礼义，并在此基础之上进行不断的自我训练。作为现实世界的价值规范，礼义无疑属于经验层面的存在，具有历史性、社会性及非人格性的品格。然而，通过"学"的转化，经验层面的礼义在主体的意识结构之中得以再"生成"——一种"性伪合"意义上的"内化"（internalization）。约言之，在自然人性论的背景之下，荀子以学的观念为中心，拓展、丰富并深化了儒家的工夫论，其儒学史意义不可谓不大。

然而，不幸的是，自宋明以下，荀子在儒学史上的历次"判教"中从来无缘得到同情的了解，最近的一次发生在当代新儒家牟宗三先生那里。荀子极重"学"的观念，牟先生据以判荀子为"重智"。委实，以荀子为"重智"，原本亦不失为知言之论。只是牟先生更进而将荀子"重智"与孟子"重仁"对举，认为孟子的主体是一种道德主体，而荀子的主体则是一种知性主体，由此断言荀子偏离了道德价值优先的儒家传统。^②不难发现，这种"判教"依据背后是一种康德伦理学的背景。牟氏特别强调性善论之于道德主体的意义，据此将孟子伦理学判定为自律道德。相应地，荀子伦理学否定了孟子意义的性善论，因而也就取消了道德主体成立的可能性，所以只是一种他律伦理学。

笔者并不否认儒家与康德之间的会通是一个有意义的学术论题。然而，毋庸讳言，牟宗三借康德在儒家内部"判教"造成了似是而非的含混。照笔者对西方伦理学有限的了解，康德也好，或者别的西方伦理学家也好，并不曾特别地将道德主体的概念建立在某种特定的（性善／性恶意义上的）人性论之上。事实上，在道德主体的语境之下，真正至关重要的是自由意志（free will）的观念，而非如牟氏经过一番"乾坤大挪移"而试图让我们相信的那样，道德主体概念成立与否全系于性善

---

① 在此，有必要指出的是，荀子意义的主体能力并不仅仅限于认知能力层面，更包含有一种"价值感"意义上的前意识结构，这就是为什么荀子在谈到人的类本质的时候强调人"亦且有义"（《荀子·王制》）的原因，幸留意焉！当然，这已经是另外一个独立的问题了，笔者在此不作进一步展开，以免行文过于枝蔓。

② 牟宗三：《名家与荀子》，台湾学生书局，1994，第193—194页。

/性恶之分。而说到对自由意志的强调，遍观早期儒学，还有比荀子做得更用心而更出色的吗？因而，所谓荀子解构了儒家道德主体的讲法是荒谬的。质言之，基于自由意志的观念理解道德主体，则孟子固为自律道德，荀子亦然，并无二致。孟荀之间固有异趣，然而并非就此而言。明乎此，则我们对荀子工夫论的儒学史意义当有一更深刻的理解，而当代新儒家的荀子观亦可以休矣！

两汉士君子研究——从"命"论的维度探析

乙小康[*]

摘要：君子是先秦儒家的价值典范，君子人格是中国传统文化中最具代表性的理想人格。在君子的特质中，孔子鲜明地提出了"不知命，无以为君子也"的观点。然而君子人格在先秦时代并未成为整个社会的主流价值，并未得到士人的普遍认同，直至两汉时期才真正完成这一转变。两汉士人君子在明"天命"所归，知君子使命所在的基础上，在个体命运与家国命运的激荡中奠定了君子人格在天下士人心中的重要地位，重塑了先秦儒家君子之风。

关键词：汉；君子；命；士人

作为儒家理想人格的实践载体，君子的重要性是不言而喻的。自孔子赋予其更多的德性内涵后，君子这一概念不再仅仅是"位"的表达，而是被逐渐地拓展其德性价值，并不断被后世赋予一些基本特质，或者说是作为君子的一些行为范式、价值追求，这也就为我们继续去理解君子、研究君子甚至做君子提供了必要的线索和途径。在孔夫子那里，君子是文质彬彬、重义轻利的，是不忧不惧、坦坦荡荡的，是周而不比、和而不同、泰而不骄的。而孔子本人也是十分谨慎的，这就是君子当"知命"。《论语·子罕》篇云："子罕言利与命与仁。"虽然孔子就这一点说得很少，但并不影响它在孔子人生与思想中的重要地位与意义，从其自述"五十而知天命"和他在《论语》最后一篇《尧曰》中所表达的"不知命，无以为君子也"可窥一斑。君子有命、知命在孟荀那里仍然有着清晰的表达与诠释。孟子在《孟子·尽心上》中言："知命者不立乎危墙之下。"后世也多以"君子不立乎危墙之下"来警戒

---

* 乙小康，任职于中共四川省委宣传部，主要研究方向为中国哲学史。

自身的言行，防患于未然。在孟子这里，君子当是"尽其道而死""顺受其正"的。荀子亦认为君子之行当是"知命者不怨天"，"君子敬其在己"，从而"制天命而用之"。从孔子到荀子，可以说，对于先秦儒家乃至后世儒家来讲，知"命"，知"天命"所在，是君子不可不面对和思考的一个重大命题。

一、从董仲舒到王充

汉初经过数十年的休养生息，随着国家综合实力的增强以及中央政府进一步强化了对地方的控制，汉家也逐渐改变了"清静无为"的国策。董仲舒提出的"独尊儒术"的主张，顺应了大一统王朝的需要，获得汉武帝的认同，逐渐上升为国家意识形态。董仲舒可说是两汉时期最重要的思想家，周桂钿先生认为他"奠定汉魂"①，其主张罢黜百家，独尊儒术，设立五经博士，兴立太学，并以经学为核心进行察举，广开仕进之门，让儒生或者说士人君子逐渐获得了参与社会政治管理的资格，儒家君子的使命意识日益激昂。从董生开始，汉儒在先秦儒家的基础上对君子之"命"展开进一步的思考，由此汉人对"命"的讨论开始出现了一些较为系统的总结，并对"命"作了不同的分类。董仲舒在《春秋繁露·重政》里就言明：

> 人始生有大命，是其体也。有变命存其间者，其政也。政不齐，则人有忿怒之志。若将施危难之中，而时有随遭者，神明之所接，绝属之符也。亦有变其间，使之不齐如此，不可不省之，省之则重政之本矣。②

他大体将"命"区分为"大命"与"变命"，而"变命"则有"随""遭"之分，使得个人之际遇"不齐"。班固在其《白虎通义·寿命》篇中言"命"则谓：

> 命者，何谓也？人之寿也，天命己使生者也。命有三科以记验：有寿命以保度，有遭命以遇暴，有随命以应行。寿命者，上命也，若言文王受命唯中身，享国五十年。随命者，随行为命，若言急弃三正，天用剿绝其命矣。又欲使民务仁立义，无滔天，滔天则司命举过言，则用以弊之。遭命者逢世残贼，

---

① 周桂钿：《董学探微》，北京师范大学出版社，2008，第471页。
② （汉）董仲舒撰，（清）凌曙注：《春秋繁露·重政》，中华书局，1975，第185页。

若上逢乱君，下必灾变暴至，天绝人命，沙鹿崩于受邑是也。冉伯牛危言正行而遭恶疾，孔子曰："命矣夫！斯人也而有斯疾也！斯人也而有斯疾也！"[①]

这里我们可以看到，董子、班固二人对"遭命""随命"的区分大体一致，而对于"大命"和"寿命"的划分则出现了不同的理解，有不同的区分标准。班固以为"命"之最大含义当是人的寿限，天所赋予个人的生命长短，这是"上命"。董子还有一处言及"大命"，他在言及"万民之性"与圣王之任时谓："万民之性苟已善，则王者受命尚何任也？其设名不正，故弃重任而违大命，非法言也。"（《春秋繁露·深察名号》）可见董子所谓"命"的第一义"大命"更多的是指天所赋予人的道德之命、道义使命。

对于"遭""随"二命，赵岐在注《孟子·尽心上》篇"莫非命也，顺受其正"时曰："命有三命，行善得善曰受命，行善得恶曰遭命，行恶得恶曰随命。惟顺受命为受其正也已。"此处"受命""随命"可谓大体一意，都是依据行为的不同对招致结果的不同划分，而对"遭命"的产生原因并未作解释。王符《潜夫论》曰："行有招召，命有遭随，吉凶之期，天难谌斯。"他将"遭""随"之命更多地归结于难以测定说明的外因，甚至天也难定此命。

究此西汉士人之不安全感，当主要来自对于行善之人无法在仕途上得意的困惑，董仲舒亦曾撰写《士不遇赋》。春秋战国时期，士与与君王的地位可以说是平等的，彼此之间存在着双向选择的可能。而大一统王朝，这种选择变为不可能，士人的出路完全掌握在统治集团或者说皇帝手中，君主个人的喜怒好恶可以极大地影响个人的人生际遇。当这种不平等或者说是不可控的因素成为主流时，当士人的抱负无法施展于天下时，这种命运的不公和捉弄感便会自然而然地在士人心中滋生。西汉陆贾、贾谊、司马迁乃至董仲舒身上都能有这种命运无常的"士不遇"情结。

王充在《论衡》中对汉代的"命"论作了最系统也当是最具批判意义的论述。《论衡·命义》归结汉人"命"论，言曰：

传曰："说命有三，一曰正命，二曰随命，三曰遭命。"正命，谓本禀之自得吉也。性然骨善，故不假操行以求福而吉自至，故曰正命。随命者，戳力操

---

① （汉）班固：《白虎通义·寿命》，见（清）陈立：《白虎通疏证》，吴则虞点校，中华书局，1994，第391页。

行而吉福至，纵情施欲而凶祸到，故曰随命。遭命者，行善得恶，非所冀望，逢遭于外，而得凶祸，故曰遭命。①

这里他系统地解释了"三命"之说，所谓"正命"即生而具备的善之本性，自当福吉之命；所谓"随命"，则是依据个人行为而得到的祸福，行善得善、行恶得恶之命；而所谓"遭命"，则是行正不误但受外因影响而导致祸凶祸的情形。随后，王充则论及"性""命"之不同，"操行善恶者，性也；祸福吉凶者，命也"（《论衡·命义》）。"性"也有"正""遭""随"之分，"正者，禀五常之性也；随者，随父母之性；遭者，遭得恶物象之故也"（《论衡·命义》）。而个体之"命"则"在父母施气之时，已得吉凶矣"。他以"性""命"二分解释祸福不对等的人事情形：

> 或行善而得祸，是性善而命凶；或行恶而得福，是性恶而命吉也。性自有善恶，命自有吉凶。使命吉之人，虽不行善，未必无福；命凶之人，虽勉操行，未必无祸。孟子曰："求之有道，得之有命。"（《论衡·命义》）

在这里，王充点明人品好不一定会受重用，因为人品的优劣是才能和操行问题，也就是"性"，而能否得到重用施展抱负则是时运问题，是"命"所决定的。这也正如其在《逢遇》篇中所表达的："才高行洁，不可保以必尊贵；能薄操浊，不可保以必卑贱。"王充批判了命随德定的说法，而肯定了德福不一致现象的存在，指出"士不遇"本是普遍存在的社会现象。由此，他重释"三命"之说：

> 富贵贫贱皆在初禀之时，不在长大之后，随操行而至也。正命者至百而死；随命者五十而死；遭命者初禀气时遭凶恶也，谓妊娠之时遭得恶也，或遭雷雨之变，长大夭死：此谓三命。（《论衡·命义》）

在王充看来，所谓"正命"，"百岁之命，是其正也。不能满百者，虽非正，犹为命也"（《论衡·气寿》）。人若以百岁寿限为正的话，即使不能活到百岁，也是正常的，因为这是由于当初禀气不同的缘故，所谓"禀气渥则其体强，体强则其命长；气薄

---

① （汉）王充：《论衡·命义》，见黄晖：《论衡校释》，中华书局，1990，第44页。

则其体弱，体弱则命短"(《论衡·气寿》)。

至于"遭命"，王充认为人之所以有此遭遇，有以下原因。一是在生命受气之初遭到了外界环境的不良影响，致使其在生命过程中注定要遭逢意外而夭亡。二是在怀孕之初碰到了不祥之物，例如"妊妇食兔，子生缺唇"。再者，则是受气之时的天气、环境变化也可能决定孩子的所遭之"命"，如其言《月令》曰：是月也，雷将发声"，故"有不戒其容者，生子不备，必有大凶，瘖聋跛盲，气遭胎伤，故受性狂悖"。总体来说，王充认为人的祸福贵贱并非由他物决定，而是由人禀气之初所禀之气的不同导致的。王充在反思总结"三命"说的基础上援"气"入"命"，将"命"归结为两类：

> 凡人遇偶及遭累害，皆由命也。有死生寿夭之命，亦有贵贱贫富之命。(《论衡·命禄》)

前者是寿命，后者是禄命。在《气寿》篇中，他进一步解释道：

> 凡人禀命有二品，一曰所当触值之命，二曰强弱寿夭之命。所当触值，谓兵烧压溺也；强寿弱夭，谓禀气渥薄也。兵烧压溺遭以所禀为命，未必有审期也。若夫强弱夭寿以百为数，不至百者，气自不足也。(《论衡·气寿》)

王充在批判传统"三命"说的基础上重新解释并提出了新的"三命"说和"二命"说，虽然其观点和分类仍显简单，纯粹地以"气"解"命"也尚显不够圆融，但是他敏锐地察觉到传统"随命""遭命"之说的理论不相容之处以及在解释现实生活上的不足之处。这是王充在"命"论思想史上的一大贡献。也正是在这样的困惑和思索中，两汉士人君子在个人命运和专制皇权的双重压制下，深察礼义，学经求道，开创了儒生治国的新实践，塑造了一个繁荣的汉帝国，将仁义礼智信的儒家精髓深深地刻入汉民族的性格深处。

二、从士人到君子

春秋战国时期，士阶层逐渐形成并独立出来，并在社会思想、政治、文化等方面产生了极其重要的影响。尤其在战国时期，随着礼乐制度的进一步崩塌，诸侯势力空前强大，多元的政治格局和斗争为新兴的士人阶层提供了施展拳脚的广阔平台，使得拥有一技之长的士人有了展示自身知识和才干，实现理想抱负的可能，大小诸侯养士成风，士人这一群体在社会中的地位得到了极大提升。但在此时期，重义轻利、温文尔雅的君子人格并未得到士人阶层的普遍认同，特别是在战国后期，诸侯国兼并愈发严重，社会更重事功和实利。

秦依靠东方士人统一天下后，以法家治国，强势的皇权并未给士人留有太大的自由空间，焚书坑儒的文化政策更是将天下士子推向了政权的对立面。汉初几十年的黄老之治也并未立刻转变这一现象，士人依然生活在社会底层，直至汉武帝采纳董仲舒"罢黜百家，独尊儒术"的主张后，士人的仕进之途成为可能，他们至此方真正参与到国家治理中来，并不断调整自身的价值规范以适应大一统王朝的需要。随着教育制度和察举制度的不断完善，一个具有大体相同教育背景和价值观念的儒士阶层开始出现，并逐渐形成了士大夫社会，先秦儒家所设想的君子人格真正被士人以及社会所崇尚。

至西汉宣帝朝，这一现象已十分明显。钱穆说："自宣帝以下，儒者渐当路。至于元成哀三朝，为相者皆一时大儒，其不通经术为相者，如薛宣，以经术浅见轻，卒策免。朱博以武吏得犯自杀。盖非经术士，即不得安其高位。且昭宣以下，不仅丞相御史大夫重职，乃为儒生也，即庶僚下位，亦多名儒。"①

这一时期的标志性事件即是汉昭帝始元六年（前81）举行的盐铁会议。金春峰先生说："盐铁会议上，儒家思想向法家思想展开进攻，这是儒家思想重新崛起，转入新的扩展时期的起点与标志。"②据《汉书》记载：

> 所谓盐铁议者，起始元中，征文学贤良问以治乱，皆对愿罢郡国盐铁酒榷均输，务本抑末，毋与天下争利，然后教化可兴。御史大夫弘羊以为此乃所以安边竟，制四夷，国家大业，不可废也。当时相诘难，颇有其议文。至宣帝时，汝南桓宽次公治《公羊春秋》，举为郎，至庐江太守丞，博通善属文，推衍盐铁之议，增广条目，极其论难，著数万言，亦欲以究治乱，成一家之法焉。（《汉书·郑弘传》）

---

① 钱穆：《秦汉史》，生活·读书·新知三联书店，2004，第210—211页。
② 金春峰：《汉代思想史》，中国社会科学出版社，1997，第315页。

在这次会议上，以贤良文学为代表的儒生以群体性的面貌出现，与以御史大夫桑弘羊为代表的法家围绕武帝时的盐铁专营政策进行激辩，随着讨论的深入，问题逐渐由经济领域推及政治、军事领域，对国家的方针政策进行了一系列的大讨论，引发了诸如"礼"与"法"、"古"与"今"、"本"与"末"的争论。在诸多问题的讨论中，贤良文学都以君子或"古之君子"为立场表达他们的看法，阐述了儒家的仁政思想，展示了以道抗势的君子风范，显示了东汉君子人格的初兴。例如在对秦之商鞅的评价上，他们以为：

> 君子进必以道，退不失义，高而勿矜，劳而不伐，位尊而行恭，功大而理顺，故俗不疾其能，而世不妒其业。今商鞅弃道而用权，废德而任力，峭法盛刑，以虐戾为俗，欺旧交以为功，刑公族以立威，无恩于百姓，无信于诸侯，人与之为怨，家与之为雠，虽以获功见封，犹食毒肉愉饱而罹其咎也。①

在这里，贤良文学即以君子的标准考察商鞅之行，认为君子之行进退都合乎道义，有了功劳也不夸耀，而商鞅缺恰恰相反，虽有寸功，却无施仁义，最终天妒人怨，难以免于刑罚。在诸如此类的众多讨论中，贤良文学以极大的勇气，极广的关怀，以先秦儒家所倡导的仁义、德政为出发点，对武帝以来的社会乱象和不公进行了批判，他们屡屡引述先秦儒家君子之言，行君子之"正命"，两汉君子人格之初兴于此可见。

东汉初，跟随光武帝刘秀打天下的统治集团更是以儒学士大夫为主体，光武帝刘秀曾经就学于太学，其他文武功臣绝大多数都通习经学。清人赵翼曾将西汉与东汉的开国功臣作了一个对比，指出"东汉功臣多近儒"：

> 西汉开国，功臣多出于亡命无赖，至东汉中兴，则诸将帅皆有儒家气象，亦一时风会不同也。光武少时，往长安，受《尚书》，通大义。及为帝，每朝罢，数引公卿郎将讲论经理。……而诸将应运而兴者，亦皆多近于儒。如邓禹，年十三能诵《诗》，受业长安，早与光武同游学，相亲附，其后佐定天

① （汉）桓宽撰集，王利器校注：《盐铁论校注》卷十七，中华书局，1992，第96页。

下。……是光武诸功臣，大半多习儒术，与光武意气相孚合。盖一时之兴，其君与臣本皆一气所钟，故性情嗜好之相近，有不期然而然者，所谓有是君即有是臣也。①

可以说东汉政权是士大夫治国的典型，东汉士大夫的面貌，已与西汉的儒生有很大的不同。他们大多娴于吏事，有很好的行政才能，这是自西汉中后期以来儒生和文吏不断融合的结果，也是东汉统治者有意引导的结果。他们一方面大力提倡经学，尊崇名儒，广建学校，使儒生的数量急剧增加，同时也汲取王莽复古失败的教训，着手对儒士阶层进行改造。改造的方案就是"吏化"。阎步克指出："自西汉始儒生就源源加入了帝国政权，但是我们还不把儒生参政就视为士大夫政治充分演生的标志。……当儒生角色尚未充分官僚化的时候，他们在帝国政府之中的地位实际仍然颇不稳定。只有当儒生不仅仅在朝廷上承担着传经、议礼之类的文化任务，而且还适应、熟悉和真正承担起了政治任务以至吏治事务，并且使儒术得到'法治'的充分洗礼之后，我们才能认为上述演生过程是初步完成了。"②

经过两百余年的演变，两汉士人的价值信念、理想人格也随着身份和环境的变化而产生出一些新的特点，先秦儒家所崇尚的君子人格开始得到士人阶层乃至整个社会的普遍认同。

余　论

就两汉的士人而言，论者一般认为，西汉重禄利，东汉尚名节，但具体而言，两汉士人的精神风貌乃至他们所崇尚的理想人格在不同的时期会呈现出不同的特点。在西汉时期，士人们一方面面对着专制政权的巨大压力，很难保持独立的人格；另一方面，很多士人学习经学是受禄利的诱惑，而非出自内心的追求，所以说西汉士人中君子人格体现得并不明显，这一时期只能视为君子人格的初兴阶段。东汉时期，由于统治者表彰名节，同时整个社会已经儒学化，君子人格才最终得以落实并逐渐定型。

特别是东汉章帝时，会诸儒于白虎观，召开了又一次儒学盛会，最终编成了东

---

① （清）赵翼著，王树民校注：《廿二史札记校证》卷四，中华书局，1984，第90—91页。

② 阎步克：《士大夫政治演生史稿》，北京大学出版社，1996，第476页。

汉治国法典《白虎通义》，其对"君子"一词进行了最早、最确切的定义：

> 或称君子何？道德之称也。君之为言群也；子者，丈夫之通称也。故《孝经》曰："君子之教以孝也，所以敬天下之为人父者也。"何以言知其通称也？以天子至于民。故《诗》云："恺悌君子，民之父母。"《论语》云："君子哉若人。"此谓弟子，弟子者，民也。①

可以说至东汉历经光武、明、章三世，儒学获得了之前不曾享有过的至高无上的地位，真正成为汉帝国的指导思想和实践原则，并深刻地渗透到社会生活的方方面面，成为后世儒者所艳羡不已的儒学盛世。社会上对儒学的全面崇尚以及对儒者德行的重视，促使儒者自觉按照儒家观念修身立节，学问和道德成为他们的价值标准，君子人格得到全面落实和定型，"君子"一词也真正意义上实现了从"位"而"德"转换，自天子乃至庶民，君子人格成为整个社会共同追求、共同践行的理想人格。

---

① （汉）班固：《白虎通义·号》，见（清）陈立：《白虎通疏证》卷二，吴则虞点校，中华书局，1994，第48—49页。

"君子喻于义，小人喻于利"的汉宋之争及其融贯之义

陈乔见*

摘要：关于《论语·里仁》"君子喻于义"章的诠释存在汉学（汉儒和清儒）与宋学（理学家）两种主要理解方式。理学家从道德人品分别君子、小人，又把义利之辨等同于公私之辨，然其所谓公私不完全是今人所理解的公共利益与私人利益之间的对立，毋宁说主要系从心术上来考量，因为他们都认为有意为公亦是私心。汉儒和清儒则从阶层的角度来分别君子、小人，他们对此句的诠释强调在位者毋与民争利，高度肯定庶民求利的合理性，认为为政者应当因民之所利而利之。有的理学家坚持从人品分别君子、小人，但对正统理学家羞言利的偏颇也提出批评，认为有德之君子主政，必损上益下，藏富于民，这就与汉学的诠释有了融贯之处。

关键词：君子；小人；义利；德；位；汉宋之争

《论语·里仁》篇载："子曰：'君子喻于义，小人喻于利。'"此为孔子千古名言，可谓童叟皆知，妇孺习闻。这也是儒家义利之辨中最具代表性的言说。这句话文义晓白，对其理解本应无歧义，然而，事实上却并非如此。历史上至少有存在着两种如果说不是截然对立却也差别较大的诠释，一种以宋代理学家的解释为代表，一种以汉儒和清儒的解释为代表，我们不妨把它们视为儒学诠释史上"汉宋之争"的一个体现。宋学的诠释影响深远，至今犹存，尽管今人多有误解；汉学的诠释相对而言暗而不彰，和之者少。因此，笔者将首先论述宋学的诠释，接着讨论汉学的诠释，并为后者一辩，然后指明两者的融贯之义，澄明孔子义利之辨的政治哲学内涵，顺带澄清世人对孔子义利之辨的常见误解。要而言之，宋学的诠释是伦理学的

---

* 陈乔见，中山大学教授，主要研究方向为中国哲学史。

诠释，关注的是道德人品；汉学的诠释是政治学的诠释，关注的是为政者与庶民的利益分配关系。

一、宋学的诠释范式：心术辨义利公私，人品判君子小人

如所周知，君子、小人之名，有以位言，有以德言。从位（社会位阶）还是德（道德人品）来理解孔子此语中的君子、小人，决定了对此章义理的理解。在论述理学家的诠释之前，我们先看理学家之前《论语》注家的说法。三国曹魏何晏《论语集解》对此句的注解十分简单，只是引西汉孔安国注曰："喻，犹晓也。"何氏对君子、小人和全句没有注解。南朝萧梁皇侃《论语义疏》云："喻，晓也。君子所晓于仁义，小人所晓于财利。故范宁曰：'弃货利而晓仁义，则为君子；晓货利而弃仁义，则为小人。'"东晋范宁显然是以德言君子、小人，因为若以位言，则无论晓仁义还是晓货利，君子仍是君子，小人仍是小人；皇侃用一"故"字表明他亦赞同范氏之说。北宋邢昺疏："此章明君子小人所晓不同也。喻，晓也。君子则晓于仁义，小人则晓于财利。"邢疏基本抄皇疏而不引范注，对君子、小人何解不置一辞，对此句义理似也不甚措意。总览理学家之前的注解，可知诸家对此章的义理阐发并不十分措意。

高度重视义利之辨和剖判君子、小人之别盖始于理学。程颢说："天下之事，惟义利而已。"[1] 程颐说："义与利，只是个公与私也。"[2] 朱子断言："义利之说乃儒者第一义。"[3] 陆九渊说："凡欲为学，当先识义利公私之辨。"[4] 程颢把义利之辨视为天下最要紧的事，其弟程颐则进一步说明义利只是公私。朱子认为义利学说是儒家义理思想第一要义，陆子则强调为学当首先辨识义利公私。可见，自二程高扬义利、公私之辨，后世理学家接皆有所响应，视义利之辨为儒家首要之义。

朱子《论语集注》注此章云："喻，犹晓也。义者，天理之所宜；利者，人情之所欲。程子曰：'君子之于义，犹小人之于利也。唯其深喻，是以笃好。'杨氏

---

① （宋）程颢、程颐：《河南程氏遗书》卷第十一，《二程集》，王孝鱼点校，中华书局，2004，第124页。

② （宋）程颢、程颐：《河南程氏遗书》卷第十七，《二程集》，王孝鱼点校，中华书局，2004，第176页。

③ （宋）朱熹：《与延平李先生书》，《晦庵先生朱文公文集》卷二十四，见（宋）朱熹撰，朱杰人、严佐之、刘永翔主编：《朱子全书》第21册，上海古籍出版社、安徽教育出版社，2002，第1082页。

④ （宋）陆九渊：《陆九渊集》卷三十五，中华书局，1980，第470页。

曰：'君子有舍生而取义者，以利言之，则人之所欲无胜于生，所恶无胜于死，孰肯舍生而取义哉？其所喻者义而已，不知利之为利故也；小人反是。'"朱子在此以"天理""人欲"来解释"义""利"，表明理欲之辨实际上是孔子义利之辨的理学化形态。在朱子那里，"人欲"这个概念是贬义的，因为天理为善，人欲是恶，如朱子说："凡一事便有两端：是底即天理之公，非底乃人欲之私。"① 朱子要求"存天理，灭人欲"便表明这一点——虽然这个命题被误解得面目全非。程子把"喻"引申为"好"，君子好义，小人好利，愈加凸显了君子、小人的人品高下；程门弟子杨时则用孟子之舍生取义来阐释君子喻于义，小人则唯利是图，逐利罔义。不难发现，在理学家的解释中，君子、小人的道德评价意味十分浓重，实际上是从"喻于义"和"喻于利"来分判君子、小人两种不同的人格形态。

《论语集注》而外，朱子与门人对"君子喻于义"章讨论颇详，可以帮助我们比较准确地理解朱子的意思。朱子说："'君子喻于义，小人喻于利'，只是一事上。君子于此一事，只见得是义，小人只见得是利。且如有白金遗道中，君子过之，曰：'此他人物，不可妄取。'小人过之，则便以为利而取之矣。'"又说："喻义喻利，皆是一事上有两段。"② 朱子在此强调义利之辨只是在面对一事时的不同选择，君子每遇一事则思量义理，小人每遇一事则思量利害。比如，在面对道路上遗留的财物时，君子遇见便会思量此乃他人之财物，不可妄取，取之即不义；小人则一心想着利而取之。可见，在面对同一件事时的是非选择便体现了君子、小人的道德品格。朱子对此又举例说："且如今做官，须是恁地廉勤。自君子为之，只是道做官合着如此。自小人为之，他只道如此做，可以得人说好，可以求知于人。昨有李某，当寿皇登极之初，上一书，极说道学恁地不好。那时某人在要路，故以此说投之，即得超升上州教官。前日某方赴召到行在，忽又上一书，极称道学之美。他便道某有甚势要，便以此相投，极好笑！"③ 同样是做官勤廉，君子认为这是理所当然，合当如此做；而小人则是为了博取他人赞誉。这个例子其实与面对遗失的财物的例子有所不同，在彼处，是非善恶从外在行为即可分判；在此处，外在行为是一样的，但动机却有两般。可见，朱子的义利之辨不仅涉及外在行为的评价，而且也

---

① （宋）黎靖德编：《朱子语类》卷第十三，王星贤点校，中华书局，1986，第225页。
② （宋）黎靖德辑：《朱子语类》卷二十七，见（宋）朱熹撰，朱杰人、严佐之、刘永翔主编：《朱子全书》第15册，上海古籍出版社、安徽教育出版社，2002，第1005页。
③ （宋）黎靖德辑：《朱子语类》卷二十七，见（宋）朱熹撰，朱杰人、严佐之、刘永翔主编：《朱子全书》第15册，上海古籍出版社、安徽教育出版社，2002，第1006页。

关乎心术（即动机）的考量。至于朱子所举之李某，则是典型的钻营市侩的小人，全不理会义理。

前举做官勤廉的例子表明，朱子把义利之辨在一定意义上等同于孔子所说的"为己"与"为人"之辨。实际上，朱子也确实把二者关联起来，他在训门人时说："自家今且剖判一个义利，试自睹当自家，今是要求人知？要自为己？孔子曰：'君子喻于义，小人喻于利。'又曰：'古之学者为己，今之学者为人。'……大凡为学，且须分个内外，这便是生死路头。今人只一言一动，一步一趋，便有个为义为利在里。从这边便是为义，从那边便是为利。向内便是入圣贤之域，向外便是趋愚不肖之途。"[①] 在朱子的诠释中，凡事皆有义利之辨，"为己"便是喻义，由此即可入圣贤之域；"为人"便是喻利，由此即趋向愚不肖之途。

不过，应当指出的是，朱子的诠释并不否定正当的个人利益。《朱子语类》卷二十七载：

> 问："'君子喻于义'。义者，天理之所宜，凡事只看道理之所宜为，不顾己私。利者，人情之所欲得，凡事只任私意，但取其便于己则为之，不复顾道理如何。"曰："义利也未消说得如此重。义利犹头尾然。义者，宜也。君子见得这事合当如此，那事合当如彼，但裁处其宜而为之，则何不利之有。君子只理会义，下一截利处更不理会。小人只理会下一截利，更不理会上一截义。盖是君子之心虚明洞彻，见得义分明。小人只管计较利，虽丝毫底利，也自理会得。"[②]

弟子所问及其对此章的理解，应当说基本符合朱子的意思，但是，朱子补充说"未消说得如此重"。朱子解释说，义利犹头尾上下两截，君子只是理会头（即上一截义），当做不当做，然后裁宜为之，则利自在其中；小人则只是计较尾（即下一截利），不理会上一截义。总之，君子理会义理而利自在其中，小人则只理会利而罔顾义理。由是可知，朱子所谓不消说得如此重，乃是就弟子所谓君子"不顾己利"而言。可见，朱子并不是完全否定利。

---

① （宋）黎靖德辑：《朱子语类》卷一百一十九，见（宋）朱熹撰，朱杰人、严佐之、刘永翔主编：《朱子全书》第18册，上海古籍出版社、安徽教育出版社，2002，第3758页。
② （宋）黎靖德辑：《朱子语类》卷二十七，见（宋）朱熹撰，朱杰人、严佐之、刘永翔主编：《朱子全书》第15册，上海古籍出版社、安徽教育出版社，2002，第1004—1005页。

"朱陆之辩"是南宋理学史上一大公案，但两者对孔子此章的理解则无甚区别。纵观理学史，朱子而外，对"君子喻于义"章的解读最有影响的莫过于陆九渊。朱子知南康军时，邀请陆九渊到白鹿洞书院讲习，陆子所讲正是"君子喻于义，小人喻于利"一章，他说：

> 此章以义利判君子小人，辞旨晓白，然读之者苟不切己观省，亦恐未能有益也。某平日读此，不无所感：窃谓学者于此，当辨其志。人之所喻由其所习，所习由其所志。志乎义，则所习者必在于义；所习在义，斯喻于义矣。志乎利，则所习者必在于利；所习在利，斯喻于利矣。故学者之志不可不辨也。①

陆子以"志""习"释"喻"，"志"与志向、动机有关，"习"与实践、习惯有关，志向和动机决定了我们的实践，并由此养成我们的习惯。陆子随后以士子参加科举考试为例进一步阐明此章义理，士子参加科举考试在所难免，其"志"却有所分别：有的整日埋头圣贤之书，志向与动机却盯在将来有可能的高官厚禄；有的则平日就专志乎义，科考则道圣人之学，出仕则尽职恪守，为官则关心国家黎民。陆子的讲演非常成功，"听者莫不悚然动心"，盖在于他能够联系实际，"切中学者隐微深痼之病"。② 陆子从志向与动机上来分判君子、小人，也是把"君子"解作道德高尚之人，"小人"解作道德卑劣之人。

实际上，从心理动机（心术）来审视行为的道德与否或人物的境界高下，这是理学家的共法。如前所言，理学家把义利之辨与公私之辨勾连在一起，几乎等同。但是，他们所理解的"公"与"私"不完全是从公共利益与私人利益的区分来看待，毋宁说其所谓"公"与"私"主要系从道德动机与精神境界上来区别。如二程说："虽公天下事，若用私意为之，便是私。"③"人才有意于为公，便是私心。"④ 陆九渊说："若有意为之，便是私。"⑤ 表面为公（如为天下事），但暗地里却掺杂私

---

① （宋）陆九渊：《陆九渊集》卷二十三，中华书局，1980，第 275—276 页。
② （宋）陆九渊：《陆九渊集》卷二十三，中华书局，1980，第 276 页。
③ （宋）程颢、程颐：《河南程氏遗书》卷第五，《二程集》，王孝鱼点校，中华书局，2004，第 77 页。
④ （宋）程颢、程颐：《河南程氏遗书》卷第十八，《二程集》，王孝鱼点校，中华书局，2004，第 192 页。
⑤ （宋）陆九渊：《陆九渊集》卷三十五，中华书局，1980，第 468 页。

意，这无疑是私，因为这是以公谋私或公器私用。理学家更进一步，即便吾人有意为公且这个"意"不是私意而是善意诚意，这也是有我之私的表现，属于程颢《定性书》所谓的"自私而用智"，"自私则不能以有为为应迹，用智则不能以明觉为自然"，理学家所追求的不仅仅是道德世界的有我之境，而是进而希冀臻至《定性书》所谓"廓然而大公，物来而顺应"的"内外两忘"的无我之境。① 前者体现了行为选择的自觉与自愿，后者则上升到自然。

如前所言，义利之辨的理学化形态即为理欲之辨。如孔子义利之辨一样，理学家的理欲之辨常常被今人误解得面目全非。朱子最喜言天理、人欲，也是理欲之辨的集大成者，我们且以其为例来厘清理欲之辨的真谛。《朱子语类》卷十三载："天理人欲分数有多少。天理本多，人欲便也是天理里面做出来。虽是人欲，人欲中自有天理。"② 同卷又载："问：'饮食之间，孰为天理，孰为人欲？'曰：'饮食者，天理也；要求美味，人欲也。'"③ 这表明虽然朱子经常说天理与人欲相互消长，似乎是两物对立，但实际上却是天理中有人欲，人欲中有天理。那么，两者的界限到底何在？《朱子语类》卷七十八载："问：'人心道心，伊川说，天理人欲便是。'（朱子）曰：'固是。但此不是有两物，如两个石头样，相挨相打。只是一人之心，合道理底是天理，徇情欲底是人欲。正当于其分界处理会。五峰云："天理人欲同行异情。"此语甚好。'"朱子承认程颐天理即道心、人欲即人心的区分，但也强调二者不是如有两物，而只是一体两面，故他特别称赞胡宏"天理人欲同行异情"的说法。天理人欲、道心人心，到底如何一体两面（一种事物，两种性质）？同卷载朱子曰："饥欲食、渴欲饮者，人心也。得饮食之正者，道心也。""饮食，人心也。非其道非其义，万钟不取，道心也。"④ 总而言之，饥渴饮食等是人不可或缺的欲望，这些欲望如果符合道义就是天理。可见，朱子的理欲之辨实际上表达了后来儒者的一个观念，即陈确所谓"人欲恰好处，即天理也"⑤，或者戴震所谓"欲，其物；理，

① （宋）程颢、程颐：《河南程氏文集》卷第二，《二程集》，王孝鱼点校，中华书局，2004，第460—461页。

② （宋）黎靖德辑：《朱子语类》卷十三，见（宋）朱熹撰，朱杰人、严佐之、刘永翔主编：《朱子全书》第14册，上海古籍出版社、安徽教育出版社，2002，第388页。

③ （宋）黎靖德辑：《朱子语类》卷十三，见（宋）朱熹撰，朱杰人、严佐之、刘永翔主编：《朱子全书》第14册，上海古籍出版社、安徽教育出版社，2002，第389页。

④ （宋）黎靖德辑：《朱子语类》卷七十八，见（宋）朱熹撰，朱杰人、严佐之、刘永翔主编：《朱子全书》第16册，上海古籍出版社、安徽教育出版社，2002，第2666页。

⑤ （清）陈确：《无欲作圣辨》，《别集》卷五，《陈确集》，中华书局，1979，第461页。

其则也"①，也就是"理在欲中"——虽然后者是以反程朱理学的面貌出现。当然，二者也有区别，在程朱理学的术语中，"人欲"一般泛指不正当的欲望，而在陈确和戴震的术语中，"人欲"是中性词。诚如张岱年先生所言："就欲字之本义而言，饮食饥渴，本都是欲；但这种欲是公共的，有普遍满足之可能，且不得不满足，故道学家不谓之欲，而谓之天理。道学家之排斥人欲，其实并不是否认一切欲望，而是将最基本的欲提出不名为欲；将欲之一词，专限于非基本的有私意的欲。"②

综上所述，理学家是从道德哲学的视域来诠释"君子喻于义，小人喻于利"，他们是从道德品格与精神境界来理解君子、小人的，又把义利之辨等同于公私之辨，而公私之辨主要是从动机（心术）上看，这就把义利公私之辨等同于诚伪邪正之辨。朱子《答陈同甫》中的一句话在此颇具代表性："尝谓'天理'、'人欲'二字，不必求之于古今王伯之迹，但反之于吾心义利邪正之间。"③明代理学家完全赞同朱子从心术辨析义利、剖判君子小人，如谭俊说："君子喻于义，义其心也；小人喻于利，利其心也。方其未形于事，初未有义利之可言，而其为体固已判矣。"④可见，理学家的义利之辨是限于主体一己之内（心术）而展开的，实际上是以"喻义"还是"喻利"来区分道德人格上的君子、小人，而不是讲君子与小人之间的关系。

二、汉学的诠释：君子小人以位言，义利关乎分配正义

与理学家不同，汉儒和清儒大都从位的角度来理解君子、小人，君子就是在位者或执政者，在春秋时代主要是卿大夫；小人即庶民、小民。他们所讲的义利之辨着眼的是君子与小人之间的关系问题，具体讲就是有位者与庶民、小民之间的分配正义问题。

西汉大儒董仲舒在上汉武帝的《天人三策》中有一段议论，后来常为清儒所征引以说明"君子喻于义，小人喻于利"之古义，其曰：

---

① （清）戴震：《孟子字义疏证》卷上，何文光整理，中华书局，1982，第8页。
② 张岱年：《中国哲学史大纲》，江苏教育出版社，2005，第415页。
③ （宋）朱熹：《答陈同甫》，《晦庵先生朱文公文集》卷三十六，见（宋）朱熹撰，朱杰人、严佐之、刘永翔主编：《朱子全书》第21册，上海古籍出版社、安徽教育出版社，2002，第1582页。
④ （清）黄宗羲：《诸儒学案中二》，《明儒学案》卷四十八，沈芝盈点校，中华书局，1986，第1150页。

夫天亦有所分予，予之齿者去其角，傅其翼者两其足，是所受大者不得取小也。古之所予禄者，不食于力，不动于末，是亦受大者不得取小，与天同意者也。夫已受大，又取小，天不能足，而况人乎！此民之所以嚣嚣苦不足也。身宠而载高位，家温而食厚禄，因乘富贵之资力，以与民争利于下，民安能如之哉！是故众其奴婢，多其牛羊，广其田宅，博其产业，畜其积委，务此而亡已，以迫蹴民，民日削月浸，浸以大穷。富者奢侈羡溢，贫者穷急愁苦；穷急愁苦而上不救，则民不乐生；民不乐生，尚不避死，安能避罪！此刑罚之所以蕃而奸邪不可胜者也。故受禄之家，食禄而已，不与民争业，然后利可均布，而民可家足。此上天之理，而亦太古之道，天子之所宜法以为制，大夫之所当循以为行也。故公仪子相鲁，之其家见织帛，怒而出其妻，食于舍而茹葵，愠而拔其葵，曰："吾已食禄，又夺园夫红女利乎！"古之贤人君子在列位者皆如是，是故下高其行而从其教，民化其廉而不贪鄙。及至周室之衰，其卿大夫缓于谊而急于利，亡推让之风而有争田之讼。故诗人疾而刺之，曰："节彼南山，惟石岩岩，赫赫师尹，民具尔瞻。"尔好谊，则民乡仁而俗善；尔好利，则民好邪而俗败。由是观之，天子大夫者，下民之所视效，远方之所四面而内望也。近者视而放之，远者望而效之，岂可以居贤人之位而为庶人行哉！夫皇皇求财利常恐乏匮者，庶人之意也；皇皇求仁义常恐不能化民者，大夫之意也。《易》曰："负且乘，致寇至。"乘车者君子之位也，负担者小人之事也，此言居君子之位而为庶人之行者，其患祸必至也。若居君子之位，当君子之行，则舍公仪休之相鲁，亡可为者矣。（《汉书·董仲舒传》）

董子首先从天道的视域来说明人各有分，受大者不得取于小，身居高位者已受国家俸禄，不得再治产业，与下民争利。然后他援引鲁国宰相公仪子的典故来说明此番道理。公仪子的妻子在家治帛种葵，公仪子怒而休其妻，因为公仪子认为既然我身为宰相，已经领受国家俸禄，我的家人就不能在从事产业与民争利，他认为其妻子的行为就是夺园夫、红女之利。董子认为古之君子在位者皆如是，驯至周室之衰，卿大夫缓于义而急于利。董子所谓"夫皇皇求财利常恐乏匮者，庶人之意也；皇皇求仁义常恐不能化民者，大夫之意也"实际上是"君子喻于义，小人喻于利"的一个注脚，意谓卿大夫（君子）当晓喻仁义，只有庶民才该汲汲求利以养家活命。

东汉遍注群经的大儒郑玄也持同样的观点。《诗经·大雅·瞻卬》："如贾三倍，君子是识。妇无公事，休其蚕职。"郑玄笺云："识，知也。贾物而有三倍之利者，小人所宜知也。君子反知之，非其宜也。今妇人休其蚕桑织纴之职而与朝廷之事，其为非宜，亦犹是也。孔子曰：'君子喻于义，小人喻于利。'"①郑玄笺注此诗认为小人宜知晓市价，非君子所宜知，然后明确引用孔子此语来佐证。董子和郑玄的说法，应该说反映了两汉经生对孔子"君子喻于义，小人喻于利"的理解。如前所言，最早以道德人品分判此句中的君子、小人当属东晋的范宁，而萧梁的皇侃和之。按照清代汉学家"两汉去圣未远"的说法，董子和郑玄的解释当属古义，而范宁和皇侃的解释当属新解，后者盖受到魏晋时代臧否人物的风气之影响。

有清一代学者多反理学，他们经常往上追溯到汉代经生的解释，以此来论证理学家的错误。清代中叶扬州通儒焦循（1763—1820）《君子喻于义小人喻于利解》云：

> "古者虽王公士大夫之子孙，不能属于礼义，则归之庶人；虽庶人之子孙，积文学，正身行，能属于礼义，则归之卿士大夫。"卿士大夫，君子也；庶人，小人也。贵贱以礼义分，故君子、小人以贵贱言，即以能礼义不能礼义言。能礼义故喻于义，不能礼义故喻于利。"无恒产而有恒心者，惟士为能"，君子喻于义也。"若民则无恒产，因无恒心"，小人喻于利也。惟小人喻于利，则治小人者必因民之所利而利之，故《易》以君子孚乎小人为利。君子能孚乎小人，而后小人乃化于君子。此教必本于富，驱而之善，必使仰足事父母，俯足畜妻子。儒者知义利之辨，而舍利不言，可以守己，而不可以治天下。天下不能皆为君子，则舍利不可以治天下之小人。小人利而后可义。君子以利天下为义。是故利在己，虽义亦利也；利在天下，即利即义也。孔子言此，正欲君子之治小人者知小人喻于利。②

焦循明确认为荀子所谓卿大夫就是孔子所谓君子，荀子所谓庶人就是孔子所谓小人。然后又认为孟子所谓无恒产而有恒心的士即君子，无恒产则无恒心的民即小人。进而，焦循认为孔子此语正是要告诉治人者（在位者）治国理政要因民之所利而利之，方能取信于民，下民只有温饱得到解决了，才能趋善。

---

① （汉）毛亨传，（汉）郑玄笺，（唐）孔颖达疏，（唐）陆德明音释：《毛诗注疏》卷第十八，朱杰人、李慧玲整理，上海古籍出版社，2013，第1849页。

② （清）焦循：《君子喻于义小人喻于利解》，《雕菰集》卷九，见（清）阮亨辑：《文选楼丛书》第5册，广陵书社，2011，第2486页。

俞樾（1821—1907）《群经平议·论语·君子喻于义小人喻于利》亦云：

> 樾谨按，古书言君子小人大都以位而言。上文"君子之于天下也，无适
> 也，无莫也，义之与比"，《白虎通·号》篇曰："君之与臣，无适无莫，义
> 之与比。"是汉世师说如此，后儒专以人品言君子小人，非古义矣。《汉书·杨恽
> 传》引董生之言曰："明明求仁义常恐不能化民者，卿大夫之意也；明明求财
> 利常恐困乏者，庶人之事也。"数语乃此章之确解。《而言·释训》："明明，察
> 也。"明明求仁义即所谓喻于义也；明明求财利即所谓喻于利也。此殆七十子
> 相传之绪论而董子述之耳。《董仲舒传》"明明"作"皇皇"，盖声近而义通。
> 《国语·越语》"天道皇皇"，韦注曰："皇皇，著名也"，是皇皇即明明也。①

俞樾首先指出，古书所谓君子、小人大都以位而言，后儒专以人品分君子小人并非
古义。然后他引用董仲舒"明明求仁义常恐不能化民者，卿大夫之意也；明明求财
利常恐困乏者，庶人之事也"之言，认为这是"君子喻于义，小人喻于利"之确
解，是七十子相传之古义，而董子述之。

董仲舒《春秋繁露·身之养重于义》云："今利之小人而义之于大人者，无怪
民之趋利而不趋义也，固其所暗也。"清人苏舆（1874—1914）《春秋繁露义证》
云："孔子曰：'君子喻于义，小人喻于利'，以其所见之大小异也。君子谓士夫，小
人谓民。"刘宝楠（1791—1855）《论语正义》为清儒注《论语》之代表作，他注此
章亦采纳汉人董仲舒和郑玄的解释："如郑氏说，则《论语》此章盖为卿大夫之专
利者而发，君子、小人以位言。"②但刘氏引皇疏所引范宁之言"弃货利而晓仁义，
则为君子；晓货利而弃仁义，则为小人"，然后断云"与郑笺意同"，③这并不准确，
理由如前所析。

综上所述，《论语》"君子喻于义，小人喻于利"章与其说是对利的一概否定，
毋宁说是鼓励小民庶民（小人）去追逐其个体利益——当然是通过正当的方式。事
实上，儒家也最为关注小民庶民的利益。然则儒家否定君子的利益么？非也。君子
身为国家公职人员，已经领有俸禄。要之，根据汉儒和倾向于汉学的清儒的诠释，

① （清）俞樾：《群经平议》，见（清）王先谦编：《清经解·清经解续编》第12册，上海书店出版社，2014，第1201页。
② （清）刘宝楠：《论语正义》卷五，中华书局，1990，第154页。
③ （清）刘宝楠：《论语正义》卷五，中华书局，1990，第154页

此章表达了两个核心义理：其一是为政者（官府）毋与民争利；其二是为政者应当因民之所利而利之。观今日社会，则儒家此义，暗而不彰。

三、为汉学诠释一辩

第一种解释影响深远，深入民心；第二种解释较少有人留意，和之者少。身处清末民国之际的程树德所撰《论语集释》，资料收罗甚广，并引及前文所述俞樾、焦循的解释，但他按云："近代注《论语》者多采此说，如刘逢禄《论语述何》、刘宝楠《论语正义》其一例也，实则尚不如旧说之善。"[1]程氏这里的"旧说"即以朱子《集注》为代表的理学家的解释，非两汉古义。今人钱穆《论语新解》云："君子于事必辨其是非，小人于事必计其利害。用心不同，故其所晓了亦异。"钱穆在"或说"中有提及清儒据董子之说的解释，但他认为"本章自有通义，而又何必拘守董氏之言以为解。"[2]杨伯峻《论语译注》云："君子懂得的是义，小人懂得的是利。"杨氏也提及汉宋对此章的不同诠释，然他亦云董仲舒之言"只能看作这一语的汉代经师的注解，不必过信"。[3]程树德、钱穆、杨伯峻兼采汉宋的三大家在此章的解释上都明确表态支持宋学，或以为汉学之诠释反不如宋学之诠释，或直言不必过信汉学，可见理学家之诠释的影响力甚大。

然而，笔者要为汉学的诠释做一辩护，认为它可能更符合孔子原意。主要理由有二：其一是如清儒所指出，君子、小人古书多以位言；其二，汉学的解释与《论语》全书的义理更为融贯，而无自相抵牾之处。

我们先看第一点。君子、小人在春秋时代及其以前多以位言，《诗经》和今文《尚书》中君子、小人对举皆以位言。如《诗·小雅·采薇》："君子所依，小人所腓。"朱子《诗集传》曰："言戎车者，将帅之所依乘，戍役之所芘倚。"《小雅·节南山》："弗躬弗亲，庶民弗信。弗问弗仕，勿罔君子。式夷式已，无小人殆。"朱子《诗集传》曰："君子，指王也。"《小雅·大东》："君子所履，小人所视。"朱子《诗集传》曰："君子，在位。""小人，下民也。"《小雅·角弓》："君子有徽猷，小

---

① 程树德：《论语集释》卷八，中华书局，2013，第310页。

② 钱穆：《论语新解》，生活·读书·新知三联书店，2005，第100页。

③ 杨伯峻译注：《论语译注》，中华书局，1980，第39页。

人与属。"朱子《诗集传》曰："苟王有美道，则小人将反为善以附之。"① 由是可知，即便是强调从道德品格与精神境界来区分君子、小人的朱子，在给《诗经》中的君子、小人作注时，他也不能把自己的见解强加给原文，而只能根据诗意把它们理解为地位的差别，在这里，君子即在位者，如王或将帅等，小人即庶民、下民或戍役等。较为可信的今文《尚书》中君子、小人对举仅一见。《尚书·周书·无逸》："呜呼！君子所其无逸，先知稼穑之艰难，乃逸，则知小人之依。相小人，厥父母勤劳稼穑，厥子乃不知稼穑之艰难，乃逸乃谚。"郑玄注："君子，止谓在官长者所犹处也。君子处位为政，其无自逸豫也。"孔颖达疏："君子者，言其可以君正上位，子爱下民，有德则称之，不限贵贱。"② 郑玄认为君子就是在位者。孔颖达虽然认为君子小人不以贵贱言，但也认为君子是有德而在位者。《左传》中君子、小人对举也基本是以位言。《左传》宣公十二年："君子小人，物有服章，贵有常尊，贱有等威，礼不逆矣。"襄公九年："君子劳心，小人劳力，先王之制也。"襄公十三年："世之治也，君子尚能而让其下，小人农力以事其上，是以上下有礼。"很明显，这都是从地位差别而言君子、小人。

可以肯定的是，在君子、小人由"位"向"德"的转变过程中，孔子起了重要的作用。《论语》中君子、小人对举十分常见，凡十九章，如何理解不可一概而论，有的从"位"的角度理解比较恰当，有的从"德"的理解比较贴切，有的则两者若兼而有之。这一则体现了语义转变时期的特征，一则也是儒家义理所决定的，因为儒家认为"惟仁者宜在高位"，有德者方能配其位。笔者以为，除了我们所讨论的这一句外，《论语》中至少以下几例当从以"位"言来理解，更为贴切。

> 君子怀德，小人怀土；君子怀刑，小人怀惠。(《里仁》)
>
> 女为君子儒，无为小人儒。(《雍也》)
>
> 君子之德风，小人之德草。(《颜渊》)
>
> 君子不可小知，而可大受也；小人不可大受，而可小知也。(《卫灵公》)
>
> 君子学道则爱人，小人学道则易使也。(《阳货》)
>
> 君子有勇而无义为乱，小人有勇而无义为盗。(《阳货》)

---

① 以上《诗集传》四条引文分别见（宋）朱熹撰，朱杰人、严佐之、刘永翔主编：《朱子全书》第1册，上海古籍出版社、安徽教育出版社，2002，第553、585、613、641页。

② （汉）孔安国传，（唐）孔颖达等正义：《尚书正义》卷第十六，《十三经注疏》整理委员会整理，北京大学出版社，1999，第430页。

俞樾《群经平议》中对《论语》中三处君子、小人并举作过解释，其中一处即上文所论"君子喻于义"章，另外两章为"君子怀德"章和"女为君子儒"章。关于前者，俞樾说："此章之意，自来失之。君子谓在上者，小人谓民也。怀，归也。"[1]关于后者，俞樾先引孔安国注曰："君子为儒，将以明道；小人为儒，则矜其名。"然后续云："樾谨按，以人品为君子小人，则君子有儒，小人无儒矣，非古义也。'君子儒''小人儒'，疑当时有此名目，所谓'小人儒'者犹云'先进于礼乐，野人也'，所谓'君子儒'者犹云'后进于礼乐，君子也'，古人之辞，凡都邑之士谓之君子。昭二十七年《左传》'左司马沈尹戍帅都君子'，杜注曰'都君子，在都邑之士'是其证也。"笔者完全赞同俞氏之论，进而，笔者所列其余四章中的君子、小人皆当以位言方说得通。

我们再看第二点。如果我们采取理学家的解释，即从人品上剖判君子、小人，则喻于利即为人品卑劣之小人。这与《论语》中的一些语录明显冲突。孔子曾毫不掩饰地宣称："富而可求也，虽执鞭之士，吾亦为之。"（《论语·述而》）他也曾明确肯定"富与贵，是人之欲也"，但是，"不以其道得之，不处也"（《论语·里仁》）。孔子的义利之辨表达得很清楚，即"见利思义""义然后取"（《论语·宪问》），换言之，对利的追逐应当符合道义，而非一概否定逐利。如前所析，理学家的义利之辨亦并非如世人所想象的那样一概否定利（即便是个人利益），但是，他们从人品上解释"君子喻于义，小人喻于利"确实形塑了社会上羞言利的这样一种风气，因为一旦言利就唯恐堕入道德卑劣之小人行列。

四、汉宋融贯之义

那么，宋学与汉学的两种不同诠释之间是否完全势同水火呢？亦并非如此。我们先看元代大儒许衡《代拟理财疏》中的一段文字：

> 臣闻天下有大利，非聚敛财货之谓也。乾之四德曰利，此谓生之遂也，故以利为本，此谓性之顺也。圣人遂万物之生，顺万物之情，故能致天下之大

---

[1] （清）俞樾：《群经平议》，见（清）王先谦编：《清经解·清经解续编》第12册，上海书店出版社，2014，第1201页。

利。后世遂一己之生，顺一己之情，故能致天下之大害。利之善恶，于此判矣。子曰"君子喻于义"，盖物得其宜，则无不利，故曰"利者义之和也"。子曰"小人喻于利"，盖以于利而无义，则害于人，故曰"放于利而行多怨"。后世学者不识天下之大利而耻言之，故曰利者悉归于小人。以小人而谋利，未有不为天下国家之祸者也。臣以为谋利者莫如君子，盖君子不以利为利，以义为利也。惟君子之喻于义也，必损上以益下，蠲无名之征，罢不正之供，节用度，减浮食，国家若不足于调度，然而土地辟，田野治，年谷丰登，盖藏充溢，人民繁阜，鸟兽草木咸若，以此观之，谓之国贫，可乎？惟小人之喻于利也，必剥下以奉上，急暴横之征，创苛虐之敛，仓廪实，府库充，国家若足于用度矣，然而土地日削，田野荒芜，水旱相仍，闾里愁叹，人民冻馁，兄弟妻子离散，以此观之，谓之国富，可乎？①

许衡在此结合《易传》（"利者义之和"）和《大学》（"国不以利为利，以义为利也"）的义利观，对孔子"君子喻于义，小人喻于利"作出了更为合理和融贯的理解。他对君子、小人的理解是理学式的，即把他们从人品来区分。许衡本人"义不摘梨"与朱子所举"拾金不昧"的例子相得益彰，这件小事足以表明许衡深受理学的熏陶。但是，许衡并不如理学家那样耻言利而把言利者悉归于小人行列，他明确说"谋利者莫如君子"，因为君子不以利为利，而是以义为利。如果君子主政，通晓义理，他必"损上益下"，轻徭役，薄赋敛。这里的"上"也就是汉儒和清儒所理解的君子、官府，所谓"下"则是他们所理解的小人、庶民。所以，真正道德高尚的君子主政，他必然不会与民争利。如此，在"毋与民争利"和"因民之所利而利之"这两点上，汉学的诠释与宋学的诠释两者融合无间。

综上所述，就"君子喻于义，小人喻于利"而言，当从"位"来理解，至少应以"位"为主，兼顾"德"言，宋儒纯以道德义的理解似有所偏。然而，如前所析，无论是汉学的理解还是宋学的理解，都从来不曾反对庶人求利，只是认为求利当符合道义，也就是孔子所谓"见利思义""义然后取"的意思；汉儒和清儒的诠释非常强调在位者不得与民争利，而理学家的诠释也可以间接支持这一点。这两条是汉学与宋学的融贯之义，也是儒家义理的一贯之道。但是，理学家纯从道德义的

---

① （元）许衡：《代拟理财疏》，见李修生主编：《全元文》第2册，江苏古籍出版社，1998，第443页。

理解有其流弊，它在一定意义上确实塑造了人们羞言利的心理，似乎一谈利就是道德品格低下或精神境界不高，甚而如坊间所理解的那样理学家主张禁欲主义或以公共利益否定个人利益等种种肤滥论调，则诚差之毫厘，谬以千里矣。今又有一色人为自己的私欲横流辩护而痛斥儒家的义利、理欲之辨，则又等而下之矣。

责己与责人：作为君子的一项修养工夫

余治平*

摘要： 儒家很早就对君子提出了责己的要求。孔子认为，严己宽人，对自己要求严格，对别人宽容大度，这样的人才可以远离怨恨。圣贤区别于普通人的重要一点就是以责人之心责己、以恕己之心恕人。责己的前提是不断反省与自检。看到别人的优点，应该努力学习；看到别人的缺陷，则应该反思：自己身上是否也存在着同样的毛病。君子应该慎重对待别人的过失、隐私和旧恶，不轻易揭别人的伤疤。但儒家又并没有放弃对别人的批评与指责，甚至还认为，只要是出于善良动机的批评与指责都将有利于别人改正自己的错误。对待别人，应该尽量在其所犯的错误中发现优点和长处；而对待自己，则应该努力在取得的成绩中寻找缺点与不足。但君子责人也应该讲究方式方法。为恳求对方改过向善，君子总能够友爱地进行批评与指正。君子责人绝不能走到刻薄而让人伤心、怨恨的地步，而应该首先考虑到别人的承受能力。一旦超出了别人的承受能力，则难以达到劝善的目的，甚至还会适得其反。同样，引导人向善，也应该因材施教，有所针对，而不能要求过高，超出了他的力行范围。儒家还提倡一种不责而责、无言而劝人进善的美德。自己具备了某种品格，却并不因此而苛求于别人；自己身上没有的毛病，也不批评别人身上的毛病，这也是一种不言而善的美德。

关键词： 君子；责己；责人；工夫

儒家的忠恕之道是一种处理如何正确对待自己、要求自己，如何对待别人、宽容别人的伦理哲学。"忠"，作为主体向内的求仁进路，要求人们凡是自己所欲、所

---

* 余治平，上海交通大学教授，主要研究方向为中国哲学史。

立、所达的，都应该努力使别人也能够获得满足。当自己处于先进、优势境遇的时候，我们究竟应该带着什么样的心态去对待别人呢？儒家要求人们，自己好了，愿意看到别人也好；自己掌握的才能，最好别人也能够掌握。而不是恃才傲物，盛气凌人，不可一世。人应该以自我的心情为出发点，想别人之所想，急别人之所急，忧别人之所忧，主动而积极地关心别人、爱护别人、帮助别人，而不应该只为自己打算，而不顾及别人的存在。儒家的"恕"，作为主体向外的达仁进路，则要求人们"己所不欲，勿施于人"（《论语·颜渊》）。从为仁过程的行为限制方面看，凡不是自己所欲、所立、所达的，也不应该硬加给别人。把自己不喜欢的东西强加于别人，非仁者所为，而无异于将自家的垃圾倒在邻居的家门口。在孔子看来，能够做到"己所不欲，勿施于人"的人，就可以"在邦无怨，在家无怨"了，即带着这样的态度与别人相处，无论在内，还是在外，都不会招致什么怨言和仇恨。所以，按照忠恕之道行事、做人，不仅能够有效约束自我而宽忍他者，而且也能够有效促进人际和谐。而忠恕之道的进一步展开，则必须讨论人为什么要责己、如何责己、何以责人，以及如何处理好责己与责人之间的关系问题。

一、责己为先

在道德学意义上，儒家强调忠，并不意味着可以放纵自己；强调恕，也并不意味着可以纵容别人。责己与责人是忠恕之道的应有内容。儒家思想史上很早就提出了责己的要求。《尚书·商书·伊训》中，商汤的辅相伊尹对太甲说："与人不求备，检身若不及，以至于有万邦。"[1] 先王成汤与别人交往，从不求全责备，但却能够始终严格约束自己，总担心自己做得不够，做得不好，所以他最终成为一个拥有天下万方的天子。《论语·卫灵公》中，孔子说："躬自厚而薄责于人，则远怨矣！"严己宽人，对自己要求严格，对别人宽容大度，这样的人才可以远离怨恨。尽忠、行恕的对象不能混淆。北宋宰相范纯仁之为人，"性夷易宽简，不以声色加人"，他在教育自家子弟时说："吾平生所学，得之忠、恕二字，一生用不尽。以至立朝事君、接待僚友、亲睦宗族，未尝须臾离此也。"忠恕之道普适人间万事，受用终生。他经常告诫子孙："人虽至愚，责人则明；虽有聪明，恕己则昏。苟能以责人之心责

---

① 《尚书·商书·伊训》，见黄怀信注训：《尚书注训》，齐鲁书社，2002，第125页。

己，恕己之心恕人，不患不至圣贤地位也。"[1]善于指责别人而短于批评自己是人的本能特性，儒家的修身理想就是要改造人的这一本能特性，通过教化而确立起不朽的人道尊严，强调圣贤区别于普通人的重要之处就在于以责人之心责己、以恕己之心恕人。

君子责己的前提则是不断地反省与自检。《论语·里仁》载："见贤思齐焉，见不贤而内自省也。"看到别人的优点，应该努力学习；看到别人的缺陷，则应该反思一下：自己身上是否也存在着同样的毛病。只有善于自省的人，才能够进行自我批评，然后才有资格批评别人。《孟子·离娄下》载："君子以仁存心，以礼存心。仁者爱人，有礼者敬人。爱人者，人恒爱之；敬人者，人恒敬之。有人于此，其待我以横逆，则君子必自反也：我必不仁也，必无礼也，此物奚宜至哉？其自反而仁矣，自反而有礼矣，其横逆由是也，君子必自反也：我必不忠。"别人对我蛮横无礼，我仍然应该反思自己：他怎么会用这种态度对待我呢？肯定是我还有哪里做得不够好。自反是修身之本，是求仁进德最重要的方法和路径。

《荀子·劝学》云："故木受绳则直，金就砺则利。君子博学而日参省乎己，则知明而行无过矣！"每天都能够多次地反思自己身上的过错与缺点，则思想认识上就很清楚，行为上也没什么过失了。张载在《正蒙·中正》中说："过虽在人，如在己，不忘自讼。"[2]虽然错在别人，但君子却还应该进行严厉的自省与自责。"以责人之心责己，则尽道。"用指责别人的态度对待自己，就能够穷尽仁道了。

吕坤在《呻吟语·省察》中说："喜来时一点检，怒来时一点检，怠惰时一点检，放肆时一点检。"人一高兴，或者一愤怒、心志一松懈、行为一放肆，马上就犯错误。每当这一时候如果能够反省一下自己，检讨一下自己，则一定能避免许多过失的发生。"此是省察大条款。人到此，多想不起、顾不得，一错了便悔不及。"[3]所以人在高兴的时候、愤怒的时候、心志松懈的时候、行为放肆的时候，都应该好好问一问自己：我的言行举止是否已经背离了通常的道德规范？

洪应明的《菜根谭》要求人们做到："我有功于人，不可念，而过则不可不念；

---

① （元）脱脱等：《范纯仁传》，《宋史》卷三百一十四，中华书局，1977，第10293页。

② （宋）张载撰，（清）王夫之注，汤勤福导读：《中正篇》，《张子正蒙》卷四，上海古籍出版社，2000，第157页。

③ （明）吕坤：《呻吟语·省察》，三秦出版社，2006，第96页。

人有恩于我，不可忘，而怨则不可不忘。"① 对待别人，要念念不忘其恩情，而对待自己则应该时时反省过错。只有这样，人才能够获得进步，德性水平才能够有所提高。"人之过误宜恕，而在己则不可恕；己之困辱当忍，而在人则不可忍。"② 对别人身上的毛病要尽量宽恕，对自己身上的缺点则刻不容缓地予以纠正；自己受到侮辱，似乎还可以忍耐，而当别人陷入穷困的时候，则应该努力帮助其解脱。

《呻吟语·反己》说："常看得自家未必是，他人未必非，便有长进；再看得他人皆有可取，吾身只是过多，更有长进。"认识到别人都有可学习的长处，看到自己身上还存在着许多缺点，说明你的修养已达到很高的境界了。"只竟夕点检，今日说得几句话，关系身心；行得几件事，有益世道。自慊、自愧，自恍然独觉矣！"晚上睡觉时，最好能够彻夜反省自己：今天我的哪些言行举止有益于身心健康、世道风气。这样不断反省，就会对自己的过失感到惭愧、后悔，从而能够时刻保持清醒的头脑而不会走向错误的边缘。"人人自责自尽，不直四海无争，弥宇宙间皆太和之气矣！担当处，都要个自强不息之心；受用处，都要个有余不尽之意。"③ 每个人都能够自我督察，反思内省，则天下没有纷争，宇宙则充满和顺气息。对于自己所承担的事情，应该自强不息，努力完成；而对于自己所能够享受的服务，则应该留有余地，适可而止。南宋袁采的《袁氏世范·处己》说："人之处事，能常悔往事之非，常悔前言之失，常悔往年之未有知识，其贤德之进，所谓长日加益，而人不自知也。"悔恨胜于趾高气扬的得意，悔恨是进步的表现，因为在悔恨中，人们已经认识自己的错误所在了。人的一生中，如果能做到每天都有所后悔，则必然大有长进。而悔恨又落实在自反上，能够自反的人，他的德性也必然在不自不觉中与日俱增。

二、称人之善

在责己与责人之间，儒家内部也有分别，有的人要求只责己而不责人，有的人则强调应该多责己而少责人；有的人主张可以指责别人，有的人则不愿意指责别

---

① （明）洪应明：《菜根谭·概论》，见王同策注释：《菜根谭注释》，浙江古籍出版社，1989，第82页。

② （明）洪应明：《菜根谭·概论》，见王同策注释：《菜根谭注释》，浙江古籍出版社，1989，第110页。

③ （明）吕坤：《呻吟语·反己》，三秦出版社，2006，第107—108页。

人。但从总体倾向上看，多数儒家学者都坚持，尽量称赏别人的优点与好处，而不愿意多指责别人的错误和缺点。即便在孔子那里，责人与否也有立场变化。《论语·颜渊》中，孔子说"攻其恶，无攻人之恶"，君子只善于攻击自己的过失，而不攻击别人的过失。但在《论语·卫灵公》中，孔子又说"躬自厚而薄责于人"，奉劝人们不要按照自己的能力去要求别人，但孔子并没有说不应该指责别人，只是相对于责己而言，应该尽量少地、温和地批评别人。儒家并没有放弃对别人的批评与指责，甚至还认为，只要是出于善良动机的批评与指责都将有利于别人改正自己的错误。

但《礼记·坊记》似乎就不主张责人，而只强调责己，更愿意把善事、好事让给别人，而把过失、错误留给自己。其曰："善则称人，过则称己，则民不争。善则称人，过则称己，则怨益亡。"又曰："善则称人，过则称己，则民让善。""善则称君，过则称己，则民作忠。""善则称亲，过则称己，则民作孝。"有好事就归功于别人，有过错就归咎于自己，这样人们就不会争执，怨仇就会日益减少，人们就会对君王怀有忠的态度，对父母亲长也能够尽到孝心。洪应明在《菜根谭》中指出："不责人小过，不发人阴私，不念人旧恶，三者可以养德，亦可以远害。"[①]君子应该慎重对待别人的过失、隐私和旧恶，从不轻易去揭别人的伤疤与痛楚。

吕坤在《呻吟语》中说："称人一善，我有一善，又何妒焉？称人一恶，我有一恶，又何毁焉？"[②]称赏别人的优点，于是我也就积了一点美德，所以又何必嫉妒别人的优点呢？宣传别人的缺点，也就等于增加了自己的一份恶行，所以我又何必诋毁别人的缺点呢？于是，君子似乎应该尽量称赏别人，学会表扬别人，鼓励别人。同样，贾木斋在《弟子规》中也奉劝人们："道人善，即是善，人知之，愈思勉。扬人恶，即是恶，疾之甚，祸且作。"君子只道人善，而背后说人坏话、传人之非的人，自己也肯定不是什么好人。与人交往，常常会祸从口出，所以说话一定要慎之又慎，少说为佳，完全有必要保持有限度的沉默，免开尊口一定少惹是非。

吕坤说："平日不遇事时，尽算好人。一遇个小小题目，便考出本态。假遇着难者、大者，知成是什么人？所以，古人不可轻易笑，恐我当此，未便在渠上也。"[③]有的人，平时没有事情的时候，还算得上是一个好人，但一旦遇到一点点小

---

① （明）洪应明：《菜根谭·概论》，见王同策注释：《菜根谭注释》，浙江古籍出版社，1989，第97页。

② （明）吕坤：《呻吟语·补遗》，三秦出版社，2006，第197页。

③ （明）吕坤：《呻吟语·补遗》，三秦出版社，2006，第205页。

问题，马上就暴露出道德修养上的缺陷。假如遇到更难、更大的问题，谁知道会是怎样一副嘴脸呢？所以，不应该轻易嘲笑前人，如果让你自己处在前人的境遇里，你未必会比他们做得更好。"事不到手，责人尽易。待君到手时，事事努力，不轻放过，便好。只任哓哓责人，他日纵无可叹恨，今日亦浮薄子也。"①没有遇到事情的时候，指责别人总是非常容易的。等到事情落在自己头上，如果能够竭尽全力、认真去做也就罢了。但如果只知道喋喋不休地指责别人，即使将来不后悔痛恨，眼下也已经暴露出轻浮、浅薄、尖刻的大毛病了。所以，君子责己，小人责人。君子反思自己，小人则容易怨天尤人，牢骚满腹。实际上，在任何时候，怨恨人不如怨恨自己，求人不如求自己。

自古及今，没有行为上百分之百符合道德的完人、全人，所以就不应该多责备别人。对自己苛刻是应该的，但不能对别人苛刻。《礼记·表记》说："君子不以其所能者病人，不以人之所不能者愧人。"不能因为自己有某方面的能力与特长就批评别人没有，也不因为别人不如自己就讥笑他们。强人所难，本身就不人道。羞辱别人的能力与欠缺，无异于刁难和挖苦别人。所以，王通《中说·魏相》说："君子不责人所不及，不强人所不能，不苦人所不好。"②君子为人，从不抱怨别人能力的欠缺，更不因此而讥讽、嘲笑别人。

三、何以责己与责人

但问题是，如果仅仅强调责己而不责人，那么，人世间就不会有争议与争论，大家都闷在肚子里，德性真理又将何以产生呢？同时，仅有责己而不责人，别人又怎么知道并改正自己的错误呢？所以，部分儒家所倡导的责己又责人的主张也不无道理。指出并批评别人的错误，及时帮助他们改正自己的错误，也属于应当，在可以然的范围之内。朱熹说："自有《六经》以来，不曾说：不责人是恕。若《中庸》，也只是说'施诸己而不愿，亦勿施于人'而已，何尝说不责人？！不成只取我好，别人不好，更不管他？！"③千万不能将恕人之道仅仅理解为不责人的谦谦君子与好好先生。纵容或放任别人犯错误，让其一错再错，越陷越深，这显然已背离了仁

---

① （明）吕坤：《呻吟语·补遗》，三秦出版社，2006，第208页。
② （隋）王通：《中说·魏相》，见张沛：《中说校注》卷八，中华书局，2013，第222页。
③ （宋）黎靖德编：《朱子语类》卷第二十七，杨绳其、周娴君校点，岳麓书社，1997，第629页。

道精神，根本不是宽容，也不符合忠恕的原则。

那么，责己、责人分别用什么样的标准呢？《吕氏春秋·离俗览·举难》说："故君子责人则以仁，自责则以义。责人以仁则易足，易足则得人；自责以义则难为非，难为非则行饰，故任天地而有余。"①批评自己应该以义为标准，这样就很难做出不善的事，自己的行为举止就会非常谨饬、慎重；而批评别人则应该以仁为胸怀，这样别人就会很满意，而取得别人的满意也就能赢得人心。但人的毛病往往在于，责备别人的时候，什么道理都知道；而当自我反省尤其是在实践操作的时候，则什么道理都忘记了。王阳明说："人虽至愚，责人则明；虽有聪明，责己则昏。"对别人是一套，对自己则是另外一套。"彼一念而善，即善人矣；毋自恃为良民而不修其身，尔一念而恶，即恶人矣！人之善恶，由于一念之间。"②实际上，善恶只在一念虑之间，不把自己的仁心良知修炼好，就开始社会交往，则很容易伤害别人。

洪应明在《菜根谭》中指出："责人者，原无过于有过之中，则情平；责己者，求有过于无过之内，则德进。"③对待别人，应该尽量在其所犯的错误中发现优点和长处；而对待自己，则应该努力在取得的成绩中寻找缺点与不足。这样才能够平和性情，增进德业。清代石成金在《传家宝》中说："以爱妻之心爱亲，则大孝；以保家之心保国，则尽忠。以责人之心责己，则寡过；以恕己之心恕人，则全交。"④大凡人都有爱妻、保家、责人、恕己的心意，如果能够以这样的心情去爱亲、保国、责己、恕人，那么，则一定可以尽大孝、尽大忠、少犯错误而与人为善。而这恰恰才是君子之所为。

君子责己的目的在于改过自新。而从方法进路上看，以责人之心责己，则寡过。面对错误与过失，人们首先应该采取一种积极、正确、健康的态度。王阳明说："夫过者，自大贤所不免，然不害其卒为大贤者，为其能改也。故不贵于无过，而贵于能改过。"⑤人都有错，谁能无过呢？圣贤也是人，只要吃五谷杂粮，肯定就

① （秦）吕不韦：《离俗览·举难》，《吕氏春秋》卷十九，杨坚点校，岳麓书社，1988，第180页。
② （明）王守仁：《南赣乡约》，见吴光、钱明、董平、姚延福编校：《王阳明全集》卷十七，上海古籍出版社，1992，第600页。
③ （明）洪应明：《菜根谭·续编》，见王同策注释：《菜根谭注释》，浙江古籍出版社，1989，第158页。
④ （清）石成金：《群珠·四心》，《传家宝》卷三三，金青辉、阎明逊点校，天津社会科学院出版社，1992，第793页。
⑤ （明）王守仁：《教条示龙场诸生·改过》，见吴光、钱明、董平、姚延福编校：《王阳明全集》卷二十六，上海古籍出版社，1992，第975页。

会有过错。但相对于普通人，圣贤的一个大不同之处则在于，圣贤犯错误，能改正，而普通人则不能。有过错却不思悔改，则必然导致更大的过错。孟子就曾批评过那种有错不改、将错就错的小人，"古之君子，过则改之；今之君子，过则顺之"（《孟子·公孙丑下》）。孔子说："过而不改，是谓过矣！"（《论语·卫灵公》）贤人颜回曾经犯过错误，这非常正常，但难能可贵的是他从"不贰过"（《论语·雍也》），颜回善于发现并及时纠正自己的错误，绝不再犯第二次。孔子要求人们"过，则勿惮改"（《论语·学而》），有过错，不要羞于改正。改正错误一向是需要毅力和勇气的。清儒颜元说："吾人迁善改过，无论大小，皆须以全副力量赴之。"①改正错误也需要真心诚意，既然是错误，就应该全面彻底纠正过来，不能羞羞答答、手下留情而余下后遗症。

朱舜水云："藏身以恕，终身可行；任情自恕，安肆日偷。均是圣贤之道，一转移间，遂分'克念'、'罔念'之关。学者果能严于攻己，又能恕以及物，为仁之道，其在是乎？"②用恕道来收敛自身，是一种终身可行的修身方法。用自我宽恕的方式放纵自己的欲望，就会肆无忌惮，苟且偷生。仁道圣德只在转眼之间就分出"克念"与"罔念"。所谓"克念"是指自我克制的念头，而所谓"罔念"则是指不正直、不正当的念头。修习仁道的人应该既严格要求自己，近乎攻击、责难自己，而又能够对他人、别物予以宽恕。

责己的要害在于对人心欲望的制服。儒家首先要求制欲，即限制和约束自己的本能冲动和原始欲望。儒家承认并允许人有欲望，朱熹说："饮食男女，固出于性"，但"性之不止于食色，其有以察之矣"。③所以他并不主张绝欲、灭欲，而强调以道德理性和仁心自觉引导本能、约束欲望。"人欲也未便是不好，谓之危者，危险，欲堕、未堕之间，若无道心以御之，则一向入于邪恶，又不止于危也。"④欲的存在始终是具有正当性的，它能够维持人自身的生命延续。正常的生理需要，应该得到满足。肉体存在也是合理的，人不可能消灭自己。但如果只满足于此，则与动物没有任何差别。人之为人还有更深层的内容。人有礼、有义，需要在人际之间成就自

① （清）颜元：《卜言》，《颜习斋先生言行录》卷上，《颜元集》，王星贤、张芥尘、郭征点校，中华书局，1987，第630页。
② （明）朱舜水：《杂著·恕》，《朱舜水集》卷十七，朱谦之整理，中华书局，1981，第499页。
③ （宋）朱熹：《孟子或问》卷十一，《四书或问》，见（宋）朱熹撰，朱杰人、严佐之、刘永翔主编：《朱子全书》第6册，上海古籍出版社、安徽教育出版社，2002，第477页。
④ （宋）黎靖德编：《尚书一·大禹谟》，《朱子语类》卷第七十八，杨绳其、周娴君校点，岳麓书社，1997，第1805页。

己的价值，所以必须积极涵养，使情欲合理、有则，有序引导，而不使乱发。儒家修身的重要目的就在于自觉培育道德理性，约束人的动物性，而使自己的本能欲望能够听命于道德自觉。

《菜根谭》说："无风月花柳，不成造化；无情欲嗜好，不成心体。只以我转物，不以物役我，则嗜欲莫非天机，尘情即是理境矣！"①饮食男女是人的情欲本能，不可灭绝，属于人的动物性内容，支撑着人的肉体生存。但人之为人又必须对之进行有效的控制与调节，而不能反被其左右，而沦为纯粹的物性存在。人生一世，能够融天理与人欲为一体，即情即性、即性即情是人之为人的最高境界。"己之情欲不可纵，当用逆之之法以制之，其道只在一'忍'字；人之情欲不可拂，当用顺之之法以调之，其道只在一'恕'字。"②情虽非理，欲虽不礼，但均可以被教化、改造而趋近于理、礼，进而纳入正常、人性的轨道。不同于佛家，儒家承认并许可情欲的存在，但始终强调应当对之实行必要的限制与调节，不可纵任、放肆而败坏礼法纲纪。而限制与调节的长效手段则在于始终保持一颗警惕的心，"耳目见闻为外贼，情欲意识为内贼。只是主人公惺惺不昧，独坐中堂，贼便化为家人矣！"③人如果永远处于高度的道德自觉境地，则百害不侵。

所以，儒家又始终强调以理正欲、以理克欲。实际上，理与欲并不对立，理可以与欲水乳交融，理的发生本身就被欲所推动，因而也是欲的产物。儒家实践的工夫强调守诚、持敬，发明本心，培养正气，用道德理性对自然情欲进行自我认识、自我辨析，以达到自我调控、自我监督的目的。正欲、克欲只是以天理压制那些非分的欲望，而最终则达到以理制欲、以理节欲的境界。儒家在天理的指导下，使人欲获得合理的满足。没有人欲也不行，关键是在天理与人欲之间寻求一个合理的张力。

实际上，儒家责己、克己的观念并不应该直接导致天理、人欲的截然对立。这从儒家内部对只任于天理而灭绝人欲的批判中可以获得证明。清儒戴震以对天理、人欲对立的竭力批判而著称。戴震云："天理者，节其欲而不穷人欲也。是故欲不可穷，非不可有；有而节之，使无过情，无不及情，可谓之非天理乎？"④同时他

① （明）洪应明：《菜根谭·续编》，见王同策注释：《菜根谭注释》，浙江古籍出版社，1989，第184—185页。
② （明）洪应明：《菜根谭·应酬》，见王同策注释：《菜根谭注释》，浙江古籍出版社，1989，第19页。
③ （明）洪应明：《菜根谭·概论》，见王同策注释：《菜根谭注释》，浙江古籍出版社，1989，第90页。
④ （清）戴震：《理》，《孟子字义疏证》卷上，何文光整理，中华书局，1961，第11页。

也反对一味纵欲放荡："若任其自然而流于失，转丧其自然，而非自然也；故归于必然，适完其自然。"①道德理性是自然欲望之中的必然之则，以理制欲，并不是消灭欲望，而是在理的统摄下，达情遂欲，使人的欲望获得正当、合理、充分的满足。于是，理欲之间则应该始终维持这样一个张力："节而不过，则依乎天理；非以天理为正，人欲为邪也。"②

四、不责而责

责人是必要的，但君子责人也应该讲究方法。孔子说："朋友切切、偲偲"（《论语·子路》）。为恳求对方改过向善，君子总能够友爱地进行批评与指正。道德真理面前，朋友之间既要有所切磋，而又能和悦相处。韩愈在《原毁》中指出："古之君子，其责己也重以周，其待人也轻以约。重以周，故不怠；轻以约，故人乐为善。"③对自己的要求很严格，这样就不会使自己松懈散漫，麻痹大意了；对别人的要求则应该相对宽松，这样就能够与人为善，和谐交往。石成金在《传家宝》一书中说："攻人之恶毋太严，要思其堪受；教人以善毋过高，当令其可从。"指出别人的缺点，攻击别人的错误，应该首先考虑别人的承受能力。一旦超出了别人的承受能力，则难以达到劝善的目的，甚至还会适得其反。同样，引导人向善，也应该因材施教，有所针对，而不能要求过高，超出了他所能执行的范围。

君子责人绝不能走到刻薄而让人伤心、怨恨的地步。吕坤在《呻吟语·慎言》中说："责人到闭口卷舌、面赤背汗，犹刺刺不已，岂不快心！然，浅隘、刻薄甚矣！故君子攻人，不得过七分，须含蓄以养人之愧，令其自新，则可。"④不留情面地责备别人，直到对方哑口无言、面红耳赤，无地自容，仍还喋喋不休，这样做尽管能够满足一时的痛快，其实也暴露了批评者自己心地狭窄、为人刻薄的一面。所以，君子攻击别人特别注意把握分寸，决不超过七分火候，以便留有余地，使对方感到惭愧，良心发现，从而改过自新。批评别人，以不激起对方的仇恨为边际和极限。指出、批评别人的缺点，并不应该借以显示自己的高明，而应该从善意出发，

① （清）戴震：《理》，《孟子字义疏证》卷上，何文光整理，中华书局，1961，第19页。
② （清）戴震：《理》，《孟子字义疏证》卷上，何文光整理，中华书局，1961，第11页。
③ （唐）韩愈撰，马其昶整理：《原毁》，《韩昌黎文集校注》卷一，上海古籍出版社，1986，第23页。
④ （明）吕坤：《呻吟语·慎言》，三秦出版社，2006，第104页。

治病救人。所以君子责人从不以一种居高临下、盛气凌人的姿态出现在别人面前，而始终让别人感到你是在尊重他、关心他、爱护他、帮助他，而不是嘲弄他、讽刺他、挖苦他，而蓄意把他踩在脚下。责人太盛，容易让人产生反感，甚至铤而走险。

儒家甚至还提倡一种不责而责、无言而劝人进善的美德。"君子有诸己而后求诸人，无诸己而后非诸人。所藏乎身不恕，而能喻诸人者，未之有也。"（《礼记·大学》）君子自己具备的，而后才要求别人做到；自己不沾染的，然后才禁止别人沾染。自己没有忠恕之心，却教育别人厉行忠恕，从来没有这样的事情。但吕坤在《呻吟语·修身》中更进一步地指出："'有诸己而后求诸人，无诸己而后非诸人'，固是藏身之恕；有诸己而不求诸人，无诸己而不非诸人，亦是无言之感。《大学》为居上者言，若是君子守身之常法，则余言亦蓄德之道也。"[1] 为《大学》所主张的"有诸己而后求诸人，无诸己而后非诸人"，是一种藏身之恕，而自己具备了某种品格，却并不因此而苛求于别人；自己身上没有的毛病，也不妄自批评别人，这也应该是一种不言而善的美德。

《论语·卫灵公》载："君子求诸己，小人求诸人。"自己身上所具备的美德，然后才能够要求别人也同样具备；自己身上没有的缺点，然后才能够去批评别人，这固然是保全自己免遭别人怨恨的基本方法。但是，我们并不要求别人跟自己具备一样的美德，也不按照自己的道德标准去批评别人的错误，到了这种程度则更能够让人发出无声的钦佩与感动。《大学》中所说的这句话是为居于上位的君子进言的，如果这是君子修身处世的基本法则，那么其余的话便应该是培养道德的基本方法了。

值得强调的是，儒家责己，在一开始，可能还只是弱势群体的一种自卑而不敢责人的无奈。他们处于社会底层，没有能力发出自己的声音，更没有资格指责别人，特别没有底气去批评处于权贵地位的强势群体的所作所为，甚至还担心因为责人而给自身惹出祸害，所以遇到事情只能忍气吞声，退守、内返，从自己身上找原因。然而，发展到后来，当儒家主动担当起改造社会、改造世道人心的历史使命之后，起码从孔子起，责己就已成为一种高度自觉的道德要求。所以，今天我们追寻的责己，显然是儒家的一种发自内在的主动行为，没有外在强迫，没有装模作样，也不是故意吸引眼球的作秀。

然而，仅有责人还远远不能解决全部的道德问题。在儒家，比责人更高明的方

---

[1] （明）吕坤：《呻吟语·修身》，三秦出版社，2006，第94页。

法则是积极感化别人，正确引导，提前防止他们犯错误。发怒不如说教，说教不如感化。①"智慧长于精神，精神生于喜悦。故责人者与其怒之也，不若教之；与其教之也，不若化之，从容宽大，谅其所不能，而容其所不及，恕其所不知，而体其所不欲。随事讲说，随时开谕。彼乐接引之诚，而喜于所好，感督责之宽，而愧其不材。人非草石，无不长进，故曰：'敬敷五教在宽'②，又曰：'善诱人'③。今也不令而责之豫，不明而责之喻，未及令人，先怀怒意，挺诉恣加，既罪矣而不详其故。是两相仇、两相苦也。为人上者，切宜戒之。"④人的智慧来自精神振奋，而精神振奋又来自心情的喜悦。所以喜欢责备别人的人，与其发怒生气，还不如给予教诲；而与其教诲别人，还不如通过自己的行动去感化别人。以宽让、温和的态度，原谅别人能力上的不足，容忍别人尚没有达到道德的要求，宽恕别人的无知，理解别人所不愿意做的事情，针对每一件小事而进行必要的讲解，随时随地进行开导与规劝，对方一定会被你的真心诚意所打动，自然也会喜欢自己所干的事情，感激你的宽厚，于是便会怨恨自己过去不争气。人不是草木瓦石，只要能够改正，时间久了，自然就会有所长进。所以，《尚书》提出施行五种教化重在宽厚，《论语》中孔子对弟子能够做到循循善诱。但如今，许多人没有下达命令给别人，就要求别人预先有所行动；自己表达不清楚，却要求别人弄明白；还没有指派别人，就先发怒，随意指责别人，怪罪别人却不清楚别人犯了什么错误。这样做的结果只能是双方积怨越来越深，彼此都会受到很大的伤害。特别是那些居处尊位的人，应该尽量避免发生类似的错误。

---

① 《忍经》所载认猪不争、拔藩益地两则故事很能够说明君子高风亮节的感化力量。"曹节，素仁厚。邻人有失猪者，与节猪相似，诣门认之，节不与争。后所失猪自还，邻人大惭，送所认猪，并谢。节笑而受之。""陈嚣与民纪伯为邻，伯夜窃藩嚣地自益。嚣见之，伺伯去后，密拔其藩一丈，以地益伯。伯觉之，惭惶，自还所侵，又却一丈。太守周府君高嚣德义，刻石旌表其间，号曰'义里'。"见（元）吴亮：《忍经》，远方出版社，2004，第20—21、41页。

② 语出《尚书·虞书·舜典》。其文曰："帝曰：'契，百姓不亲，五品不逊。汝作司徒，敬敷五教，在宽。'"所谓"五教"，指五品之教化，即父义、母慈、兄友、弟恭、子孝。

③ 语出《论语·子罕》。其文曰："颜渊喟然叹曰：'仰之弥高，钻之弥坚，瞻之在前，忽焉在后。夫子循循然善诱人，博我以文，约我以礼，欲罢不能。'"

④ （明）吕坤：《呻吟语·教化》，三秦出版社，2006，第172页。

以身体观君子

摘要：历来对君子的考察，多集中于道德与精神的层面，身体只是边缘化的范畴。由于特殊的历史文化，中国君子的身体是一种训练有素的独具魅力的躯体。君子的身体受到权威操控，为适应这种操控，君子学会管理自己的身体，以达到与外界的和谐。君子文化中诸如以己推人、天下大同这样的理念，与身体本位主义哲学观有着千丝万缕的联系，只有回到身体、回到原初，才能帮助我们更加深入地理解君子文化。

关键词：君子；身体；身体哲学

君子是中国人理想的人格范式。历来对君子的考察，多集中于道德与精神的层面，身体是边缘化的范畴，先贤对君子外在形象层面的论述也过于笼统。身体，不只是具象的躯体，它亦受社会方方面面的支配。由于特殊的历史文化，中国君子的身体是一种训练有素的独具魅力的躯体。透过身体，可以分析构成身体的背后成因，理解身体与世界的关系，正如梅洛·庞蒂所说："世界的问题，可以始于身体的问题"。

一、君子身体形象的特点

关于君子形象的描述，有"翩翩君子""文质彬彬，然后君子""谦谦君子，温润如玉"等，不胜枚举。中国传统的儒学、佛学、道学、玄学等不同文化，陶冶培

---
* 牛永峰，安徽社会科学院助理研究员，主要研究方向为文艺美学。

养出不同风格的充满东方魅力的君子形象。

（一）温

儒家的最终理想是推行仁政，身体置于这样一种经世致用的思想中，需要能担当得起重任。君子对内要能提升自己的修养，对外要能游刃有余地处理好与外界的关系。君子处于"君君、臣臣、父父、子子"的关系网络中，需要上能取得君主的信任，下能信服百姓，中能团结同僚，所以君子需要具有相应的身体语言，在表情、谈吐、体态上进行修炼，以达到这样的效果。

"君子泰而不骄"（《论语·子路》）、"温而厉，威而不猛，恭而安"（《论语·述而》）、"君子正其衣冠，尊其瞻视，俨然人望而畏之"（《论语·尧曰》）、"巧言令色鲜仁矣"（《论语·学而》），在《论语》中有许多关于君子身体语言的描述，它们也是历代文人雅士效仿的典范。君子的身体语言讲究内厉色温、不偏不激，呈中和之态，达到"俨然人望而畏之"的效果。所谓"温良恭俭让"，其中的"温"字为君子外观上的既视感。孔子的"君子九思"："视思明，听思聪，色思温，貌思恭，言思忠，事思敬，疑思问，忿思难，见得思义"（《论语·季氏》），其中就蕴含着从人的官能方面考察其道德修为的意图。

《荀子·修身》中这样描写君子应具有的身体语言："君子贫穷而志广，富贵而体恭，安燕而血气不惰，劳倦而容貌不枯，怒不过夺，喜不过予"，要想做到这些，需要"杀势""柬理""好交""法胜理"。这也是君子控制身体的方法，以求能达到"威而不怒""亲而难犯"的效果，从而在等级分明的礼法社会既能取信于君又能服众。

（二）文

君子除了具有"内厉色温"正统庄重的气质，还有一种具有美感的翩翩君子的形象。文学作品中常用美玉、青松、朗月、白鹤等美好事物比喻君子，这种审美特质是中国传统文化中士君子所独具的美感。子曰："文质彬彬，然后君子"，概括出一种君子的形象：文与质相辅，内在与外在结合，质朴与文雅并存，所谓"质胜文则野，文胜质则史"，偏废其中任一端，都不能称作君子。

《说文解字》释"文"："文，错画也"，指交错的笔画，后来指花纹及纹饰。刘勰在《文心雕龙》中充分肯定了"文"的合理性："文之为德也大矣，与天地并生者何哉？"如果说儒家文化赋予君子中正平和、温文尔雅的形象，道家文化中羽化升仙、纵横开阖的瑰丽世界则赋予君子仙风道骨、气度不凡的形象。《庄子》中的"神人"："肌肤若冰雪，绰约若处子，不食五谷，吸风饮露，乘云气，御飞龙，而游乎四海之外"，这样不食人间烟火的形象，是后世在形象上企慕的典范。而屈原诗歌中的"云中君"形象，则充满浪漫主义色彩："浴兰汤兮沐芳，华采衣兮若英。灵连蜷兮既留，烂昭昭兮未央。蹇将憺兮寿宫，与日月兮齐光。"李白《月下独酌》："花间一壶酒，独酌无相亲。举杯邀明月，对影成三人。……我歌月徘徊，我舞影零乱。……"那月下饮酒、赏花、跳舞的诗人，忠于自然本真，有种任性自然、浑然天成的美。

徐复观分析道家文化时说："庄子思想的出发点及其归宿点，是由老子想求得精神的安定，发展为要求得到精神的自由解放，以建立精神的自由王国。"[①] 相对儒家文化，追求精神的绝对自由的道家文化，更接近自由审美的境界，赋予主体活泼的生机，它在儒家"经世致用"之外，另辟一条澡雪精神、无为自在的修身路径。

（三）魏晋风度

魏晋人物是中国传统文化中别样的一个群体。魏晋时期是一个"自觉"的时期，对自我、对身体的探索，达到一个前所未有的状态。这一时期的人物品藻中出现很多对"形"的品鉴。"形"字在《世说新语》中共出现42次，描写"形"的词语有：清、通、简、远、畅、达、俊、美、朗、彻、雅、正、高、亮、秀、润等。

魏晋时期对容貌的追求十分苛刻。不但女人，男人更是要敷粉。人们从"魏文帝疑何晏敷粉"的故事中，可见当时男人敷粉之风的盛行。而"玉人""璧人"是用来形容当时皮肤白皙、容貌姣好的人。蓄须、剃面之美，亦是始于魏晋。此外，这一时期的士人还热衷奇装异服，懂得熏香沐浴。嵇康是当时有名的美男子，《世说新语·时容止》中有多处关于他容貌的记载："萧萧如松下风，高而徐引"，"嵇叔夜之为人也，岩岩若孤松之独立；其醉也，巍峨若玉山之将崩"，"嵇延祖卓卓如野鹤之在鸡群"，"康长七尺八寸，伟容色，土木形骸，不加饰厉，而龙章凤姿，天质自然"，时人对形象的追求与审美可见一斑。

魏晋时期是"人的自觉"的时期，具体表现在对生命个体的重视与尊重，将注意力从形而上的精神层面，转向形而下的本体层面。魏晋士人对人的容貌、体态、生活方式等身体层面充满好奇，并在不断探索与试验中走向极致。"魏晋风度"这

---

① 徐复观：《中国艺术精神》，华东师范大学出版社，2001，第37页。

样的审美观，并不符合统治者与正统儒家思想的要求，这一时期的人物审美如昙花一般，很快就消隐于历史中。但魏晋时期这种"越名教而任自然"、轻礼法而重自我的精神，对后世产生了深远的影响。

二、君子身体的管理

梅洛·庞蒂认为身体是一种活着的语言，是理解的一般工具："身体的表达就是一种言语的表达，因为任何言语都是一种身体行为，是一种身体姿态；而身体与世界的关系构成了语言与世界联系的关键。"[①]君子的身体受到权威操控，为适应这种操控，君子学会管理自己的身体，以达到与外界的和谐。

（一）修身

"修身"是传统典籍中最常用到的关于管理身体的词语。有关"修身"的言论，有"古之人，得志，泽加于民；不得志，修身见于世"（《孟子·尽心上》）、"君子之行，静以修身，俭以养德"（诸葛亮《诫子书》）、"心正而后身修，身修而后家齐，家齐而后国治，国治而后平天下"（《大学》）、"君子之修身，内正其心，外正其容"（欧阳修（《左氏辩》）等，不胜枚举。所谓"修身"是指克服一己之私，经由"克己复礼"，超越自我，上升到"仁"的最高境界。

"礼"是规范人的社会化活动的准则。通过"礼"的规定，约束个人的行为，提高内在修养学识，达到"内圣外王"的要求，才能充分地发挥自己的作用，协助统治者治理好国家。"不学礼无以立"（《论语·季氏》）所以，"礼"是修身成仁的必经路径。在一个人一生的成长过程中，都处在无所不在的"礼"的网络下：从小的接受诗书礼乐的教育、再到长大后的冠礼、宴客、婚丧、嫁娶、祭祀，等等，无所不包在"礼"的约束下。从我国礼仪制度集大成者《礼记》的事无巨细的分类中，就可见礼对个体规划的严密性。

在西方重视自我的语境下，一位美国学者对《论语》里的"修己"两个字充满陌生化的感觉："其实，在'修己'这个词语所出现的《论语》的这一章里，'修己'的'修'字似乎并不是真正地要让'自我'成为对象，而是具有一种更为具体

---

① 转引自（法）保罗·利科：《历史与真理》，姜志辉译，上海译文出版社，2004，第152页。

的目标，诸如'安人的能力'"。① 他所说的"安人的能力"正是孔子所说的：君子"修己以安人""修己以安百姓"。（《论语·宪问》）与西方关注自身完整性的"自我"相比，中国的"修身"着手的是自己，针对的却是他人与社会，以最终实现"修身、齐家、治国、平天下"的目的。

（二）安身

对于传统中国社会的普通人来说，"安身"的意义更为实在。中国人具有超强的适应环境的能力，这与传统文化中对身体的处置——"安身"——的观念不无关系。所谓"安身立命"，就是指身体安顿下来，精神才能有所寄托。

不同于浮士德上天入地的探索精神，不同于撒旦勇于挑战权威的精神，也不同于鲁宾逊蛮地开荒征服环境的精神，中国的谦谦君子稍微呈现出"阴性"的气质。电影《末代皇帝》导演贝托鲁奇曾说："我认为中国人真是令人着迷。他们拥有一种单纯天真。……但同时他们也令人难以置信地世故、优雅和敏锐，……日本人存有男子气概的迷思。他们较为阳刚。中国人正好相反，较为阴柔。有点被动。正如我所言，被动的意思是说他们如此的聪明世故，所以他们不需要阳刚气概。"② 中国人的聪明世故，使之具备"安心"的能力，当心安定下来，身体也就呈现出平和的状态，也就缺乏所谓的阳刚气概。"身体发肤，受之父母，不敢毁伤"（《孝经》），"父母在，不远游"（《论语·里仁》），这些对身体的态度，正是为了使父母安心。"事实上，即使是中国人的'安身'活动亦牵涉到'心'的因素，那就是作为'安身'的一个功能之'安心'。换言之，就是当自己把'身'安放在一个人情的磁力场中的同时，也把自己的'心'寄托在那里。"③

"安身"的最好归宿，是在集体、在人伦环境中，找到安放自身的稳定环境。当一个人安定地属于一个群体，当被一个人情社会所接纳时，他也就真正做到了"安身"。

---

① （美）赫伯特·芬格莱特：《孔子——既凡而圣》，彭国祥、张华译，江苏人民出版社，1988，第 129 页。

② 转引自（美）周蕾：《妇女与中国现代性——西方与东方之间的阅读政治》，蔡青松译，上海三联书店，2008，第 3—4 页。

③ （美）孙隆基：《中国文化的深层结构》，中信出版集团，2015，第 52 页。

（三）舍身

"安身"与"舍身"并不冲突。要做到真正的安身，需要最大限度地扩大这个"人情磁力场"，使整个国家都处在安定、兴旺的状态中，如此才能实现真正的"安心"。如果国家动荡、民生凋敝，无论如何是不可能实现"安身"的，"故推恩足以保四海，不推恩无以保妻子"（《孟子·梁惠王上》）。为实现真正的"安身"，必要时会导致君子的"舍身"。"苟利社稷，死生以之"（《左传·昭公四年》）、"生，亦我所欲也；义，亦我所欲也。二者不可得兼，舍生而取义者也"（《孟子·告子上》）、"长思奋不顾身，以殉国家之急"（司马迁《报任安书》）、"捐躯赴国难，视死忽如归"（曹植《白马篇》），为国舍身是君子的优良品德，在历史上也不乏有人为国捐躯付出生命。君子在"安身立命"的同时，始终有一种使命感，"丈夫贵兼济，岂独善一身"（白居易《新制布裘》）、"安国家、全社稷，君子之事也"（黄宗羲《明夷待访录》），他们不会满足于"独善其身"，以天下为己任，才是君子的最高追求。

君子对待身体的态度不是非此即彼的刚性态度，而是充满韧性的，既能适应复杂多变的局势以"安身"，又保守初心不忘使命而"舍身"。

三、君子与身体本位主义哲学观

西方将身体与精神对立，追求绝对的"理念"，认为只有摆脱了躯体的限制，人才能做到精神的绝对自由，才能更加接近真理。因此，身体在《圣经》中担负着原罪，是人类失乐园的罪魁祸首。而中国的古代哲学，则是从自身开始认识世界，将世界理解成自身身体的延续。中国人不仅非常重视以身体社会化为主要内容的"礼"的学说，还视"依形躯起念"的易学为理解宇宙万物的神秘图谱。君子文化中诸如以己推人、天下大同这样的理念，与身体本位主义哲学观有着千丝万缕的联系，故只有回到身体，回到原初，才能帮助我们更加深入地理解君子文化。

（一）与"天地合一"之身

英文"body"指的是物理意义上的躯体，与精神相对立。而"身"则除了指躯体，还有自我的意思。《尔雅·释诂》释"身"："身，自谓也。"自我成为人与世界的中介，经由主体的亲身体验将我与非我、灵魂与肉体、内在世界与外在世界浑然统一。这里的身体突出肉身的范畴，它与无限的宇宙联系在一起，诚如张载说的那样"天地之帅吾其性，天地之塞吾其体"(《正蒙·乾称》)，达到"天地与我并生，而万物与我为一"(《庄子·齐物论》)的境界。中国古代哲学一直追求能够顺应自然之道、不刻意追求、无为而为的"无我之我"，老子的"涤除玄览"、庄子的"坐忘"、禅宗的"禅定"都是为实现这样的自我而做的努力。唯有这样才能达成人与天地万物的和谐，实现"天人合一"的境界。

中国古代朴素的认知论中，身体处于世界的中心地位。《易经》作为古人理解世界的图式，乃是"依形躯起念"，将身体中的规律推衍至宇宙万物。《易经》中分阴、阳，这正是属于"身体"的概念，阴与阳不同的排列组合，演化成万事万物变化的规律。《易经》云："天地大德曰生"，"天"和"地"象征着易的两极，二者的相互消长构成了生命的律动。《易经》符号系统的所指指向我们的生命，可以帮助解决生命中遇到的问题与困难。如"乾"指向人的"自强不息"，"坤"指向人的"厚德载物"，"否"指向人的"检德辟难"，"剥"指向人的"厚下安宅"等，具有鲜明的生命目的论取向。所以，《易经》中的规律与中医对人体的治疗规律息息相通，"不知易者，不足以言大医"，孙思邈一语道破了易学对医学的指导作用。

这种身体中心主义，还表现在将对身体的认识运用于审美鉴赏中。我国古代文论中有很多与身体有关的语汇，如风骨、肌肤、形神、气韵、肥、瘦、刚、健等。康德、黑格尔等人追问"美"是什么，中国古人则不寻根究底，而是将生命的体验投注到审美运动中，这种浑然质朴的把握美的方式，与西方追求绝对理念的方式构成互补，在今天具有重要的理论意义。

(二)"推己及人"的君子伦理

"仁"字由"二人"会意式造字而成，暗含君子"仁"的理想，必须在他人身上才得实现之意。"己欲立而立人，己欲达而达人"，以对待自身的理念对待他人与外界，这种超越自我"推己及人"的最高境界，就是实现"天下大同"。"天地万物，一人之身也，也之谓大同"(《吕氏春秋·有始览》)，这句对"大同"的解释，就是从身体出发的。无独有偶，《易经》中亦是从身体出发解释"大同"："近取诸身，远取诸物，故曰大同也。"中国人相信，人的身上蕴藏着天地万物之理，而不是如柏拉图般将理念与肉体对立起来。同样，从自身出发，自己不喜欢的就不会强加于他人，所谓"己所不欲，勿施于人"，对他人设身处地地体谅，这种"宽恕"

的德行亦是君子处理人际关系的基本原则之一。"夫子之道，忠恕而已矣"（《论语·里仁》），这里的"恕"说的就是推己及人，如人之心，是君子对待别人的原则。

反观君子的伦理观，自身的意愿与行为皆是来自对完满生命的诉求。追求自身生命的生生不息，并将这种欲求扩大到同族，形成了一种"能近取譬""由己达人""推己及人"的根身主义伦理观。所以在君子文化中，君子非常重视他人的感受，小到个人，大到集体、国家，均以像对待自身一样对待外界为准则。"故人不独亲其亲，不独子其子，使老有所终，壮有所用，幼有所长，鳏寡孤独废弃者，皆有所养。"（《礼记·礼运》）《礼记》中勾勒出的这副"大同社会"的远景，充分体现出君子"体贴""体谅"的伦理特征。

（三）君子形象的实现路径——"践形"

身体本位主义哲学理解世界的途径，必然是身体的行动。儒家文化中"践形"的理念，是指通过亲身行动来尽性，让天性通过身体、通过各种外在的实践得到最大程度的表现。孟子曰："惟圣人然后可以践形"（《孟子·尽心上》），"践形"是将内在道德充斥于外在，表现出不凡的气度，就像孟子的"浩然之气"。孟子的浩然之气来自修炼完备的内心："君子所性，仁义礼智根于心，其生色也，睟然见于面，盎于背，施于四体，四体不言而喻。"（《孟子·尽心上》）而完备的内心，最终需要体现在身体上，正如徐复观所说："孟子的尽心必须落实到践形上面。能践形才能算是尽心。"[①]"践形"是一种充于内而形于外的人格境界，它要求身心合一，将内在修养体现在外在形象中。由此可见，儒家文化中是十分重视人的形容举止的。作为君子，不仅要具备美好的品德，也需要将其经由外在形象表现出来。

通常所说的"践行"和这里所说的"践形"是有区别的。"践行"，强调的是行动，用行动落实主体的"言"与"知"来征服世界。而"践形"，强调的是从完善的内在向外扩充于形，在形体上呈现出一种"圣贤气象"。孟子的"践形"理念，在后世得到认可与发展，如韩愈的"践形之道无他，诚是也"（《答侯生问论语书》），颜习斋的"神圣之极，皆自践其形也"（《存学编》），王夫之的"即身而道在"（《尚书引义》），……他们均从不同层面对"践形"理论作了补充和发展。

---

① 徐复观：《中国人性论史·先秦篇》，生活·读书·新知三联书店，2001，409 页。

理想人格与君子文化

从君子文化看道家与儒家理想人格的相异与互补 *

孙亦平 **

摘要： 道家虽然也像儒家一样，十分关注理想人格的塑造，但与儒家将君子设定为道德楷模，将圣人作为完美的理想人格之典范不同，道家将君子视为随顺自然的生活楷模，掌握道的智慧的圣人是治理天下的高手，而只有"与道合一"的神人、真人才是其所追求的理想人格。儒道两家的君子文化所展现的思想智慧相异而互补，以一种特殊的文化样式丰富了中国人的精神生活。

关键词： 君子；儒家；道家；理想人格

在百家争鸣的春秋时代，"君子"一词与"小人"相对，广见于诸子典籍中，意指那些人格高尚、品行兼优的人。儒家将完美的理想人格定位在"圣人"，但"圣人"过于高大上，一般人难于企及，故要求人们在日常生活中自觉地做君子。如《论语》中多有论及君子之处。道家虽然也像儒家一样，十分关注理想人格的塑造，但与儒家将君子设定为道德楷模不同，道家将君子看作是随顺自然的生活楷模，掌握道的智慧的圣人是治理天下的高手，而只有"与道合一"的神人、真人才是其追求的理想人格。儒道两家的君子文化所展现的思想智慧相异而互补，以一种特殊的文化样式丰富了古代中国人的精神生活，对推动中华传统文化的创造性转化与创新性发展也具有特别的借鉴意义。

---

* 本文为笔者主持的国家社科基金重点项目"江苏道教文化史"（项目批准号：12AZJ002）的阶段性成果。

** 孙亦平，南京大学教授，主要研究方向为宗教学。

一

　　道家出现于中国春秋时代百家争鸣的文化大潮中，其创始人和思想奠基者老子（约前571—前471）主要是从天人一体同源的哲学思考中，提出了以道为本的宇宙观和自然无为的人生论，使人类的心灵不再被神秘的不可知的超自然力量所控制，而是在求道、得道的精神世界跃升中，开始觉醒他是宇宙中的一个存在。老子倡导的道论被誉为"哲学的突破"，在中国文化发展中绵延不绝，其所形成的道家思想与以孔子为代表的儒家思想一起奠定了东方文明的基本内涵。[①] 而老子对君子的认识与论述具有其独特性，值得注意。

　　老子之所以被誉为"东方圣哲"，成为当今世界受到广泛敬仰且最具有魅力的100位历史文化名人之一，是因为其不朽之作《道德经》所表现出的气势恢宏的思想创造和理想人格的设定。据《史记》记载，孔子适周，向老子请教有关古礼的问题。老子在与孔子的对话中，表达了自己对"礼"的看法。孔子闻后，更将老子作为一种行"礼"的象征：

　　　　子所言者，其人与骨皆已朽矣，独其言在耳。且君子得其时则驾，不得其时则蓬累而行。吾闻之，良贾深藏若虚，君子盛德，容貌若愚。去子之骄气与多欲，态色与淫志，是皆无益于子之身。吾所以告子，若是而已。（《史记》卷六十三《老子韩非列传》）

如果说，思想的本质意味着鼓舞和鞭策人走向探索真理之道，成就自己的理想人生，那么，在孔子眼中，老子虽然"容貌若愚"，但因深悟"礼"而拥有"盛德"，故能够在人生道路上与"时"进退，"得其时则驾，不得其时则蓬累而行"，是一位真正的"大智若愚"的君子。

　　孔子回去后对弟子曰："鸟，吾知其能飞；鱼，吾知其能游；兽，吾知其能走。走者可以为罔，游者可以为纶，飞者可以为矰。至于龙，吾不能知其乘风云而上天。吾今日见老子，其犹龙邪！"（《史记》卷六十三《老子韩非列传》）孔子更以"龙"称赞老子之道高深奇妙，犹如乘风飞腾升天之龙，敬佩之情溢于言表。

---

①　孙亦平：《东亚道教研究》，人民出版社，2014，第15页。

《庄子·天运》中对孔老之会加以演绎:"孔子行年五十一而不闻道,乃南之沛见老聃。老聃曰:'子来乎?吾闻子,北方之贤者也!子亦得道乎?'孔子曰:'未得也。'老子曰:'子恶乎求之哉?'"据说老聃长孔子三四十岁,孔子五十一岁时,老聃应该八十多岁。关于孔子与老子之会有诸多不同的记载①,历史的真相究竟如何,一直以来争论不休,这里暂且不论。值得关注的是,老子修道德学问,其学说以隐匿声迹、不求闻达为务,所表现出的那种超世越俗的思想境界,直接影响到道家视域中君子的内涵。道家思想代表着南方楚文化重视个人生命自由的超越主义倾向,其风格与北方齐鲁文化中的儒家集体主义倾向不同,这为以君子为例探讨道家与儒家的理想人格的异同奠定了基础。

二

在"礼崩乐坏"的春秋时代,老子以"联系性思维方式"将宇宙理解为一个大的系统,以哲理诗的形式来描述宇宙的有无变化,自然的递嬗规律,社会的人伦秩序,以及它们的交互作用,由此来彰显生命的价值与意义,建构起一个以"道"为核心的天人一体同源的思想体系。《道德经》中曾三次提及"君子"一词。其中,第二十六章提及"君子"一次,第三十一章提及"君子"二次。从中可见老子笔下的"君子"有如下两个重要特点。

第一,道家所崇尚的君子心中怀有"燕处超然"的人生态度:

> 重为轻根,静为躁君。是以君子终日行不离辎重,虽有荣观,燕处超然。奈何万乘之主,而以身轻天下?轻则失根,躁则失君。(《道德经》第二十六章)

老子通过两种矛盾现象——轻与重、动与静的对立统一关系来说明,如果以厚重作为轻率的根本,静定作为躁动的主宰,那么,君子在两者之间必然是选择根本与主宰的这一边。这是因为失去根本就会轻率,丧失主宰则会急躁。只有抓住了根本,才能超越那些庸碌、躁动、轻率的小人。在老子眼中,君子即使终日乘着载装行李

---

① 详参陈鼓应、白奚:《孔老相会及其历史意义》,《南京大学学报(哲学·人文科学·社会科学版)》1998 年第 4 期。

的车辆行走，一路上有美食、胜景等各种诱惑，却能保持内心的平静而姿态安然地处之。君子的思想境界不仅超越了小人，而且也与那些位高权重的"万乘之主"有着根本的区别。在老子看来，大国君主在治理天下时之所以会出现种种轻率躁动的行为，就在于他们自恃身处高位，而缺乏对"道"的领悟、对"礼"的遵行，故失去了稳重行事的根本而变得轻浮躁动起来，偏离了"尊道贵德"的根本方向。这却是老子欣赏那些具有"燕处超然"心态和能力的君子的重要原因。

第二，道家所崇尚的君子以恬淡清静、爱好和平为最佳处世原则，故有"兵者非君子之器"之说。老子从君子与用兵者的对立中表达了道家"以道佐国"而反对战争的思想。

> 夫唯兵者不祥之器，物或恶之，故有道者不处。君子居则贵左，用兵则贵右。兵者不祥之器，非君子之器，不得已而用之，恬淡为上，胜而不美。而美之者，是乐杀人。夫乐杀人者，则不可得志于天下矣。吉事尚左，凶事尚右。偏将军居左，上将军居右，言以丧礼处之。杀人之众，以悲哀泣之，战胜以丧礼处之。（《道德经》第三十一章）

道家将"道"作为宇宙万物之本，万物都是由道化生，都内含有道的德性，由此而赋予人与万物最基本的生存权利。在老子看来，既然人与万物都应当在道法自然的原则下任性自在、自足其性地存在与发展，那么，杀戮和战争这样造成生灵涂炭的行为当然就是背"道"而驰的了，因此"君子居则贵左，用兵则贵右"。

春秋时期，社会动荡，老子从治理国家的角度特别强调，那些辅助统治者的人，应当"以道佐国"，而不是怂恿统治者以炫耀武力来征服天下。那些用来杀人的不祥之器"非君子之器"，只会给社会和百姓带来深重灾难。"以道佐人主者，不以兵强天下，其事好还。师之所处，荆棘生焉；大军过后，必有凶年。"（《道德经》第三十章）以兵强天下者虽然会取得一时的胜利，但最后必定会得到恶报，因为无道的战争会杀戮大量无辜的生命，凡是军队驻扎过的地方都将会田园荒芜、荆棘丛生，大战过后，必有民不聊生的凶年。这不仅会对社会生产和百姓生活造成极大的破坏，而且还将危及统治政权的稳固。因此，奉道而行的君子反对无道的战争，希望统治者"以道为国"而"不恃军功"。辅佐国主的人臣要以道佐国、戒杀抑兵，厌恶并远离那些勇猛的精兵和锐利的武器，才能保证国家的长治久安。①

三

道家和儒家所设定的理想人格都具有层次性。儒家理想人格主要由圣人、君子、士人三个层次组成，三个层次之间的交叉转化都与君子的上通下达有关。君子来自士人，是与小人相对的优秀者，又可通过践行"内圣外王"之道而上达圣人。故《庄子·天下》曰："是故内圣外王之道，暗而不明，郁而不发，天下之人，各为其所欲焉，以自为方。"这里的"内圣"是指个人内在的道德修养，"外王"是指个人在社会中的事功和作用。在《庄子》看来，"内圣"是"外王"的基础，"外王"是"内圣"的显现，只有二者有机结合，才能构成一个完美的人格典型。

孔子之后，孟子和荀子从不同的角度推展了君子思想。就"内圣""外王"的关系说，孟子比较偏重"内圣"根源于人固有本性的仁、义、礼、智四端的"不忍人之心"。"天下之本在国，国之本在家，家之本在身。"（《孟子·离娄上》）人若能严于自律自修，可使天下人归服，"其身正而天下归之"。"外王"需要建立在"内圣"的基础上，"内圣"又需要建立在修身的基础上："君子之守也，修其身而天下平。"（《孟子·尽心下》）孟子强调修身以德，才能"外王"；只有通过"外王"发挥作用，"内圣"才能最终完成。孟子这一思想直接开启了《大学》将"修身"作为实现君子之道的根本的观念。荀子强调"外王"，在《论语》《孟子》中未曾出现的"圣王"一词在《荀子》中多次出现，由此突出了"圣人"的外在事功。但荀子并没有忽视"内圣"，《荀子·解蔽》曰："圣也者，尽伦者也；王也者，尽制者也。两者尽，足以为天下极矣，故学者以圣王为师。""尊圣者王"既提升了君子的内在品格，也为广大士人树立起儒家所欣赏与追求的人生典范。《大学》通过"三纲""八目"所讲的"大学之道"就是对儒家的君子之道的凝练与概括。

从先秦道家思想的发展来看，真正能够继承老子思想并有所超越和突破的是生活于战国中期的庄子。庄子对老子思想的继承与创造性发展主要体现在他建构了以道为本的宇宙论、以"齐物论"为核心的认识论和以逍遥自在、安时处顺为特色的人生论等。超越和突破的重点在于，庄子提出"道无所不在"思想，并援气入道，促进了老子道论的发展。庄子改变了老子对社会政治的一般性关注，而特别注重人

---

① 孙亦平：《道教文化》，南京大学出版社，2009，第119页。

的精神培养。

《庄子·逍遥游》中列出了四个不同层次的人格类型：

1. 生活在世俗世界的普通人——包括民众、士人、官吏和君主；

2. 我行我素，期望超越世俗荣辱的人——宋荣子之类；

3. 只为社会和大众谋利而不追求个人名誉的人——圣人；

4. 实现了生命自由的人——神人、真人。

在庄子看来，普通人以至圣人，在人格层次中是由低向高排列的，他们的表现形式和完美程度是不同的。庄子着力探讨个体生命存在的意义与价值，将对人生的关怀发展为对人格独立和生命自由的追求，呈现出心灵哲学和境界哲学的特征。一反儒家注重君子的道德品格培养，将圣人作为完美的理想人格之典范，庄子响亮地喊出"圣人不死，大盗不止"的口号，通过对"至人无己，神人无功，圣人无名"的宣说，尤其是对藐姑射神人"肌肤若冰雪，绰约若处子，不食五谷，吸风饮露。乘云气，御飞龙，而游乎四海之外"（《庄子·逍遥游》）的描绘，以及在《大宗师》中对"古之真人"深层次的刻画，将"神人""真人"作为理想人格凸显出来，将老子的清静无为、顺应自然、长生久视等思想具象化，为后来道教建构"得道成仙"的信仰提供了相应依据。

道家和儒家因有着不同的政治理想、哲学致思和道德品格，所倡导的理想人格表现出异趣。

第一，儒家注重培养君子的道德修养，道家注重提升君子的思想境界。儒家将仁义礼智信等思想贯穿于社会生活中，其理想人格的典范是高高在上的圣人，因其太过于高大上，而成为一般人难以企及的人生目标。于是，孔子在《论语》中从不同的角度来说明什么是君子，以为普通人树立一个人生典范："君子有九思：视思明，听思聪，色思温，貌思恭，言思忠，事思敬，疑思问，忿思难，见得思义。"（《论语·季氏》）孔子希望弟子们在日常生活中能够以君子为榜样，努力遵行"四不"原则：一是君子不妄动，动必有道；二是君子不徒语，语必有理；三是君子不苟求，求必有义；四是君子不虚行，行必有正。君子与那些总是从自己的利益出发，不顾一切、不择手段地追求自己想要东西的小人不同："君子喻于义，小人喻于利"（《论语·里仁》），"君子和而不同，小人同而不和"（《论语·子路》），"君子坦荡荡，小人长戚戚"（《论语·述而》），等等。在孔子看来，君子与小人的区别就在于德行的高下。如果说，儒家是从道德修养出发来设定君子，由此来建立自己的理想人格，那么，道家则从崇尚自然无为出发，以厚重、静定之道为根本，通过抱朴守真、虚心守一而努力摒弃种种外在的诱惑，"燕处超然"地保持内心平静，以守住自然之道作为君子追求的思想境界。

第二，儒家树立的君子是内在德性与外在事功的统一，道家老子所说的君子则将奉行"无为而无不为"为行事原则的圣人作为榜样。在儒家看来，"内圣"是从人的内在德性而言的，如孔子提出"为仁由己"[①]，一个人要想成为品德高尚的仁人君子，关键在于自己的努力。"君子博学深谋，修身端行，以俟其时。"（《荀子·宥坐》）君子不仅要注重自身的道德修养，而且还要通过"大学之道"，由己及人，在安邦治国的"外王"方面发挥作用。儒家以"修己"为起点，而以"治人"为终点，故有"修己以敬""修己以安人""修己以安百姓"之语。在儒家看来，内圣是基础，外王是目的，由此将内圣和外王统一起来。然而，在《道德经》中，老子宣讲如何行道时，往往会以"圣人"作为主语，例如："圣人处无为之事，行不言之教"（《道德经》第二章），"圣人之治，虚其心，实其腹，弱其志，强其骨，常使民无知无欲"（《道德经》第三章），"圣人为腹不为目"（《道德经》第十二章），"圣人抱一为天下式"（《道德经》第二十二章），等等。《道德经》五千文中有三十多次提及"圣人"。在老子眼中，圣人因能够依据"道"的原则行事而成为治理天下的高手，在君子与圣人中，更注重弘扬圣人的精神。

第三，儒家的君子在上通下达中为普通的士人树立了一个有血有肉的理想人格，道家则强调君子是士人中行道者，老子以圣人作为君子学习的榜样，但庄子更将实现生命自由的神人和真人作为其所追求的理想人格。孔子有"夫仁者，己欲立而立人，己欲达而达人"（《论语·雍也》）之说，只有在满足自身需要的同时，也要满足他人的需要，才是一个真正的"仁者"，由此将立己作为达己的基础，将达人作为立己的目标，只有在社会治理中达到外王目标的内圣才有意义。"在儒家那里，'己欲立而立人，己欲达而达人'，要求由'修齐'而至'治平'，并认为也只有完成了'治平'，才是真正意义上的个人价值的超脱。这种由个人到社会，又由社会返归个人所体现的现实主义的儒家人文精神，具有积极的现代价值和意义。"[②]道家从生命关怀出发，强调君子应该与内圣与外王兼备的圣人一样，以柔弱、谦下为品格，遵循"无为而无不为"之道，将君子视作随顺自然的生活楷模，掌握道的

---

① 《论语·颜渊》："子曰：'克己复礼为仁。一日克己复礼，天下归仁焉。为仁由己，而由人乎哉？'"
② 洪修平：《中国儒佛道三教关系研究》，中国社会科学出版社，2011，第102页。

智慧的圣人是治理天下的高手，而只有"与道合一"的神人、真人才是其所追求的理想人格。这既与儒家所描绘的"内圣外王"式的理想人格有了鲜明的区别，也与儒家在理想人格上形成了互补的格局。

儒家的君子观从道德修养出发，循序着修齐治平，层层递进，最后由君子成为圣人，以更好地治理天下，表现出强烈的入世精神。道家则以退为进，主张避世逍遥、效法自然，道教更是追求长生久视甚至得道成仙。"儒家要人尽人道，道家则强调法自然。无论是道家还是道教，都想在现实的社会之外另觅仙境，另求逍遥的人生。这样，进可儒，退可道，儒道相合，现实的人生可谓能进退自如了。"①"文化是民族的血脉，是人民的精神家园"，中华民族创造了源远流长的中华文化，儒家和道家共同构建的君子，是真、善、美的统一，也是道德价值、知识价值和审美价值的统一，滋养了一代代中国人的精神世界。

---

① 洪修平：《中国儒佛道三教关系研究》，中国社会科学出版社，2011，第30页。

王安石儒家君子人格特征研究

魏福明[*]

摘要：儒家文化即君子文化，培养君子人格是儒家文化的终极使命。儒家君子人格的本质特征是内圣外王之道，它涉及个体生命的终极意义、自由与责任、出仕与归隐、仕途的升迁与沉浮等问题，体现着士人对道与势、权与变、进与退、理想与现实等人生问题的思考和判断。王安石作为一代大儒，对内圣外王之道亦有深入思考和体认，他穷理尽性，探究性命之理；坚持内圣与外王的统一，反对重内圣轻外王的狭隘心性论立场；从道迹一体、道同而迹不同的本体论原则出发，认为士人在出处进退问题上应通权达变，不可拘泥于一迹；主张士人必须关注人伦日用，以天下为己任，反对遗世独立的人生态度，士人还应关注个体自由，实现为人与为己的内在统一。所有这些，都展现着王安石富有魅力的儒家君子人格特征。

关键词：王安石；君子人格；内圣外王；通权达变

儒家君子人格的本质要求是实现内圣与外王的统一，即实现内圣外王之道。儒家的内圣外王之道涉及个体生命的终极意义、出世与入世、仕途的升迁与沉浮等问题，体现着士人对道与势、权与变以及理想与现实等问题的判断。在这个问题上，儒家的基本主张是：士人应以内在的道德和知识修养为基础，出仕救民，参与政治，汲汲于修齐治平，以奋发有为的人生态度承担责任和道义，实现人生理想，反对出世和归隐，如孔子称："苟有用我者，期月而已可也，三年有成。"（《论语·子路》）孟子言："如欲平治天下，当今之世，舍我其谁也？"（《孟子·公孙丑下》）但儒家思想本身又是复杂的学说体系，在人生道路的选择上，儒家的基本立场尽管

---

* 魏福明，东南大学副教授，主要研究方向为宗教学。

是积极入世的，但也不排斥采取灵活的态度，因时而变，根据实际情况决定进退出处。王安石作为一代大儒，对内圣外王之道表现出一以贯之的追求，但在穷理尽性、出处进退、权时之变、责任与自由等问题上则形成了其独特而深刻的认识，展现出富有魅力的儒家君子人格特征。

一、探究"道德性命之理"

早在 1941 年，贺麟先生就在《王安石的哲学思想》一文中提出："安石是程朱以前对于人性论最有贡献，对孟子的性善说最有发挥的人。"[①]

王安石一生极为推崇孟子。作为政治家的王安石，欣赏孟子的仁政学说，欣赏孟子理想主义的政治情怀；而作为学问家的王安石，则服膺孟子的心性道德学说。孟子主张尽心知性知天，主张先立乎其大者、反身而诚、万物皆备于我以及存心养性事天等一套修养工夫，这对王安石有很大的吸引力。贺麟先生认为："王安石的哲学倾向，最接近孟子的心性之学。"[②]

王安石哲学是典型的性理之学。

王安石在《九变而赏罚可言》一文中说：

> 万物待是而后存者，天也；莫不由是而之焉者，道也；道之在我者，德也；以德爱者，仁也；爱而宜者，义也。……古之言道德所自出而不属之天者，未尝有也。[③]

道（天）是万物"待是而后存"的最高本体，"德"是"道之在我者"，即德是道的主观表现形式，而"仁""义"等具体的道德条目是德的体现，并与本体"天"相贯通。这实际上是说道为仁义的形上本体和终极根据。

王安石在《虔州学记》中说得更加明确：

> 先王所谓道德者，性命之理而已。……而性命之理，出于人心。[④]

---

① 贺麟：《王安石的哲学思想》，见张学智编：《贺麟选集》，吉林人民出版社，2005，第 209 页。
② 贺麟：《王安石的哲学思想》，见张学智编：《贺麟选集》，吉林人民出版社，2005，第 200 页。
③ （宋）王安石：《王文公文集》卷第二十八，唐武标校，上海人民出版社，1974，第 324—325 页。
④ （宋）王安石：《王文公文集》卷第三十四，唐武标校，上海人民出版社，1974，第 401—402 页。

探求性命之理，是王安石哲学的宗旨。这一宗旨，也反映在他的《老子注》中。王安石注《老子》第四十八章"为学日益，为道日损，损之又损之，以至于无为"说：

> 为学者，穷理也。为道者，尽性也。性在物谓之理，则天下之理无不得，故曰"日益"。天下之理，宜存之于无，故曰"日损"。穷理尽性必至于复命，故"损之又损之，以至于无为"者，复命也。然命不亟复也，必至于消之复之，然后至于命，故曰"损之又损之以至于无为"。①

王安石的解释，以《周易·说卦传》所谓"穷理尽性以至于命"的观点为主旨。《说卦传》的这句话在宋代获得了高度的重视，成为宋儒广泛征引的名言，反映了一种时代思潮。

王安石以"穷理"作为"为学"之目的。他所说的理，指事物发展变化的客观规律。如他在《老子》第二章的注释中说："夫美者，恶之对，善者，不善之反，此物理之常。"② 他在第五章的注释中说："天地之于万物，当春生夏长之时，如其仁爱以及之；至秋冬万物凋落，非天地之不爱也，物理之常也。"又说："人事有终始之序，有死生之变，此物理之常也。"③ 可见，"穷理"就是要认识自然界和人类社会之"常理"，即客观规律。

王安石认为"为道"的目的在于"尽性"。所谓"尽性"，是指保全和发挥人的天性。他注释《老子》第五十九章"治人事天莫若啬。夫惟啬，是谓早服"说："夫人莫不有视、听、思。目之能视，耳之能听，心之能思，皆天也。然视而使之明，听而使之聪，思而使之正，皆人也。然形不可太劳，精不可太用。太劳则竭，太用则瘦。惟能啬之而不使至于太劳、太用，则能尽性。尽性则至于命。早复者，复于命也。"④ 按照王安石的意思，目能视，耳能听，心能思，是人受之于天而具有的能

---

① （宋）王安石著，容肇祖辑：《德经·为学日益章第四十八》，《王安石老子注辑本》，中华书局，1979，第43页。
② （宋）王安石著，容肇祖辑：《道经·天下皆知章第二》，《王安石老子注辑本》，中华书局，1979，第4页。
③ （宋）王安石著，容肇祖辑：《道经·天地不仁章第五》，《王安石老子注辑本》，中华书局，1979，第10页。
④ （宋）王安石著，容肇祖辑：《德经·治人事天章第五十九》，《王安石老子注辑本》，中华书局，1979，第51页。

力，可称之为天性。人顺着这种天赋之能力而发挥自己的主观能动性，就能使视明、听聪、思正。但是，人的主观能动性的发挥，必须以不伤害人的天赋之性为前提。因此，所谓尽性，就是使自己的天赋能力得到最完善的发挥。

《老子》将"为学"与"为道"二者对立起来，以"为道"排斥"为学"。而《说卦传》关于"穷理尽性以至于命"的观点，事实上是将"穷理""尽性""至于命"置于一种递进的关系中。既然王安石将"为学"解释为"穷理"，将"为道"解释为"尽性"，那么，此逻辑的结论就是：为学与为道也是递进的关系，而不是互相排斥的关系。但是，王安石对此并未作出明确的说明，而是笔锋一转，以"尽性"消解了"穷理"。他说："性在物谓之理，则天下之理无不得。"这句话如何理解？"性在物谓之理"，是说人与物皆有天赋的属性，在人则称为人之性，则物则称为物之理。人性与物理皆出于天，其理相同，能尽人之性，则能尽物之理，所以说"天下之理无不得"。王安石又说："天下之理，宜存之于无。"其意是说，不能让"穷理"妨碍"尽性"。因为人之性，因物有迁，只有摆脱外物之牵累，才能尽性，所以对万物之理，应该无所计较而存之于无。王安石在解释《老子》第十五章"涣若冰将释"时说："性本无碍，有物则结。有道之士，豁然大悟，万事销亡，如春冰顿释。"① 既然万事销亡，心中当然也不会再计较万物之理。

王安石在《致一论》中有两段话，可以加深我们对"天下之理，宜存之于无"的理解。王安石说："万物莫不有至理焉，能精其理则圣人也。精其理之道，在乎致其一而已。致其一，则天下之物可以不思而得也。"又说："天下之理皆致乎一，则莫能以惑其心也。"② 王安石认为，万物各有其理，众人为万理之分殊所迷惑，而圣人则能从万理之中提炼出一个根本的东西，即"致其一"。这个"一"，也就是"道"。韩非子早就说过："万物各异理，而道尽稽万物之理。"王安石所谓的"致其一"，也就是以道尽稽万物之理。如果掌握了"天下之理皆致乎一"的道理，则不必再从万物具体之理上去穷究，所以说"天下之理，宜存之于无"。

王安石说："穷理尽性必至于复命。"所谓"命"，他在注释《老子》第十六章"归根曰静，静曰复命"时说："命者，自无始以来，未尝生、未尝死者也。"③ 可见，

① （宋）王安石著，容肇祖辑：《道经·吉之善为士章第十五》，《王安石老子注辑本》，中华书局，1979，第 22 页。
② （宋）王安石：《王文公文集》卷第二十九，唐武标校，上海人民出版社，1974，第 339—340 页。
③ （宋）王安石著，容肇祖辑：《道经·致虚极章第十六》，《王安石老子注辑本》，中华书局，1979，第 22 页。

王安石所谓的"命"，具有本体的意义。所谓"复命"，就是复归于人的生命本体。而人的生命本体，也就是宇宙之本体，因此，"复命"就是要达到天人合一的最高境界。至于王安石所谓"然命不亟复也，必至于消之复之，然后至于命"，是说复命不是一蹴而就的，必须逐渐消除本性之外的东西，心中之外物消除一分，本性就复一分，这样不断"消之复之"，才能最后至于"复命"。

王安石在《礼乐论》中还说：

> 故古之人言道者，莫先于天地；言天地者，莫先乎身；言身者，莫先乎性；言性者，莫先乎精。精者，天之所以高，地之所以厚，圣人所以配之。[1]

在王安石看来，道（天地）作为最高本体，与性、与精（即心）是内在贯通的，但最后都落实为"精"，"精"是天地万物的灵魂，是圣人必须具备的，因此，心性论受到王安石特别的关注。事实上，从王安石的著述来看，无论是早期的《淮南杂说》还是后来的《三经新义》，以及晚年的《字说》，无不以义理或性理取胜。

二、内圣外王

王安石对儒家的内圣外王之道表现出一以贯之的追求，并形成了自己的真知灼见。在《大人论》一文中，王安石借阐发孟子的思想表达来自己的观点：

> 孟子曰："充实而有光辉之谓大，大而化之之谓圣，圣而不可知之之谓神。"夫此三者皆圣人之名，而所以称之之不同者，所指异也。由其道而言谓之神，由其德而言谓之圣，由其事业而言谓之大人。古之圣人，其道未尝不入于神，而其所称止乎圣人者，以其道存乎虚无寂窦不可见之间。苟存乎人，则所谓德也。是以人之道虽神，而不得以神自名，名乎其德而已。夫神虽至矣，不圣则不显，圣虽显矣，不大则不形，故曰此三者皆圣人之名，而所以称之之不同者，所指异也。[2]

---

① （宋）王安石：《王文公文集》卷第二十九，唐武标校，上海人民出版社，1974，第337页。
② （宋）王安石：《王文公文集》卷第二十九，唐武标校，上海人民出版社，1974，第338—339页。

这段话是王安石对儒家内圣外王之道最为系统和深刻的论述。"大""圣""神"在孟子那里本为人生道德修养的三种境界，王安石则用来指称理想人格三个层次。在王安石看来，"神"是从道的层次而言的，指圣人能够通达天道；"圣"是从道德层面而言的，指圣人能够体道，并将道之在我者转化为完美的道德人格；"大"是就事业层面而言的，指圣人能够建功立业，造福苍生。这三者所指虽异，但互为表里，一脉贯通，其中"神"以"圣"显，"圣"以"大"形，共同构成了圣人的理想人格。这样，王安石就将孟子所讲的"大""圣""神"纳入了内圣外王的思想体系，这是王安石对儒家内圣外王思想的发挥。

在《老子》一文中，王安石进一步指出："道有本有末。本者，万物之所以生也；末者，万物之所以成也。本者，出之自然，故不假乎人之力而万物以生也；末者，涉乎形器，故待人力而后万物以成也。夫其不假人之力而万物以生，则是圣人可以无言也、无为也；至乎有待于人力而万物以成，则是圣人之所以不能无言也、无为也。故昔圣人之在上而以万物为己任者，必制四术焉。四术者，礼、乐、刑、政是也，所以成万物者也。"① 王安石从哲学的高度区分了道之本和道之末，认为天道为道之本，其根本特性是自然，天道是宇宙的最高本质和超越本体，它是一种潜在的创生本能，它贯彻于万有之中，又具超越万有之性，圣人对此可以无言；而人道为道之末，因涉乎形器，有待人力而成，圣人对此需以万物为己任，故其特点是有为。王安石还明确指出，儒家的礼、乐、刑、政四术只是"涉乎形器"的道之末。王安石没有将儒家的人伦道德视为最高本体，也没有将圣人的使命仅限定为内圣修养，这是王安石的心性论与程朱心性论的根本区别。

由于这一根本的区别，王安石无论在生前还是在身后都备受一些所谓的儒家学者的指责。程颢认为"仁者，以天地万物为一体，莫非己也"②，"仁者，浑然与物同体"③，这是一种主客不分、物我不分的天人不二思想。从此观念出发，二程就说王安石"不知道"④。程颢曾评论王安石的道论说："公之谈道，正如说十三级塔上相轮，对望而谈曰，相轮者如此如此，极是分明。如某则戆直，不能如此，直入塔

---

① （宋）王安石：《王文公文集》卷第二十七，唐武标校，上海人民出版社，1974，第310页。

② （宋）程颢、程颐：《河南程氏遗书》卷第二上，《二程集》，王孝鱼点校，中华书局，1981，第15页。

③ （宋）程颢、程颐：《河南程氏遗书》卷第二上，《二程集》，王孝鱼点校，中华书局，1981，第16页。

④ （宋）程颢、程颐：《河南程氏遗书》卷第一，《二程集》，王孝鱼点校，中华书局，1981，第6页。

中，上寻相轮，辛勤登攀，逦迤而上，直至十三级时，虽犹未见相轮，能如公之言，然某却实在塔中，去相轮渐近，要之须可以至也。至相轮中坐时，依旧见公对塔谈说此相轮如此如此。"[1] 程颢认为王安石的道论区分了主客和物我，割裂了天道和人道，这种"对望"、区分"极是分明"的方法不能识道，而"直入塔中"反而能够见道。

所以程颢认为"介甫只是说道，云我知有个道，如此如此。只他说道时，已与道离。他不知道，只说道时，便不是道也。"[2] 当有人问："介甫言'尧行天道以治人，舜行人道以事天'，如何？"程颐回答道："介甫自不识道字。道未始有天人之别，但在天则为天道，在地则为地道，在人则为人道。"[3] 又说："天地人只一道也。才通其一，则余皆通。"[4]

在《论道篇》中，二程严厉指责了王安石将天道和人道分开的做法，说介甫之学"言乎一事，必分为二"，认为"道一也，未有尽人而不尽天者也"，故王安石"以天人为二，非道也"。[5]

现代的一些学者则步理学家之后尘，要么对王安石的道论视而不见，要么批评王安石哲学杂而不精。其实王安石哲学备受指责和轻视的根本原因，就在于他背离了儒学的心性论传统，因而不合一些所谓正统儒者的口味。例如牟宗三先生就认为："……通过孔子后孟子、《中庸》、《易传》言性命天道之先在背景。由此背景言性是自理或德而言性，是超越之性，是理想主义的义理当然之性，是儒家人性论之积极面，亦是儒家所特有之人性论，亦是正宗儒家之所以为正宗之本质的特征。"[6] 在牟宗三先生看来，心性义理之学为正宗儒家之正宗本质，那么背离儒学心性论传统的王安石之学自然是不值一提的旁门左道了。

李祥俊先生在谈到王安石的人性论时曾指出："王安石的人性论站在人的生命

① （宋）程颢、程颐：《河南程氏遗书》卷第一，《二程集》，王孝鱼点校，中华书局，1981，第5—6页。
② （宋）程颢、程颐：《河南程氏遗书》卷第一，《二程集》，王孝鱼点校，中华书局，1981，第6页。
③ （宋）程颢、程颐：《河南程氏遗书》卷第二十二上，《二程集》，王孝鱼点校，中华书局，1981，第282页。
④ （宋）程颢、程颐：《河南程氏遗书》卷第十八，《二程集》，王孝鱼点校，中华书局，1981，第183页。
⑤ （宋）程颢、程颐：《河南程氏粹言》卷第一，《二程集》，王孝鱼点校，中华书局，1981，第1170页。
⑥ 牟宗三：《心体与性体》上册，上海古籍出版社，1999，第185页。

存在的最高点上，扬弃了前代儒学的各种人性论，但作为生命存在的基础的人性又是大全，是无所不包、无可无不可的，所以它又可以包含前代儒学的各种人性论，认为它们在最高真理的映照下，又各有其位置、各有其价值。"① 笔者以为，李祥俊此论甚精。王安石不仅在生命存在的最高点上，视人性为大全，是无所不包、无可无不可的，而且也同样在宇宙万物的最高点上，视道为大全，为无所不包、无所不在的最高真理，从而扬弃了滥觞于思孟、兴盛于宋明理学的道德心性论倾向，使道在哲学本体论的高度具备了包容各家各派、进而达到绝对真理的可能性，也使儒学获得更大的发展空间。

三、出入自在

孔子在周游列国时，四处碰壁，历经磨难，还动辄遭遇"隐者"如荷蓧丈人、接舆、长沮、桀溺之流的冷嘲热讽（参见《论语·微子》），故孔子晚年虽对儒家的信仰历久弥坚，主张"君子固穷"（《论语·卫灵公》）、"知其不可而为之"（《论语·宪问》），坚信"鸟兽不可与同群"（《论语·微子》），对儒家信仰表现出了一种近乎宗教般的虔诚与执着，但还是不时表现出对隐逸的向往和赞叹。他说："道不行，乘桴浮于海。"（《论语·公冶长》）他还有欲"居九夷"（《论语·子罕》）想法。这都是一种隐者的"避世"心态。他还说：

> 笃信好学，守死善道。危邦不入，乱邦不居。天下有道则见，无道则隐。邦有道，贫且贱焉，耻也；邦无道，富且贵焉，耻也。（《论语·泰伯》）
> 君子哉蘧伯玉！邦有道，则仕；邦无道，则可卷而怀之。（《论语·卫灵公》）
> 邦有道，谷；邦无道，谷，耻也。（《论语·宪问》）

在与弟子们各述其志时，孔子赞赏的不是诸如做官从政的志向，他欣赏（"吾与点也"）的是曾皙的那个近乎隐逸者的志向：

> 暮春者，春服既成。冠者五六人，童子六七人，浴乎沂，风乎舞雩，咏而归。（《论语·先进》）

---

① 李祥俊：《王安石学术思想研究》，北京师范大学出版社，2000，第219页。

孔子主张士人应根据国家的政治状况（"有道""无道"）来决定进退出处。在政治清明的"有道"之世，士人应出相入将；在政治黑暗的"无道"之世，士人应韬光养晦。孟子认为孔子是"圣之时者"。据他说，孔子既不像伯夷那样"治则进，乱则退"，也不像伊尹那样"治亦进，乱亦进"，而是"可以速而速，可以久而久，可以处而处，可以仕而仕"（《孟子·万章下》）。这就是说，伯夷和伊尹都执着于一个机械的规范，而孔子则认为，应该根据具体情况的变化而改变自己的行动。孔子自己也是这样说的。他说："我则异于是，无可无不可。"（《论语·微子》）就是说，他的"可"与"不可"都不是死板的，而是随时变动的，没有固定的"可"，也没有固定的"不可"。不过冯友兰先生认为，孔孟虽然讲"时""中"和"权"，但"基本上是形而上学的"，"本质上还是折中调和"。①

王安石对"权时之变"的认识达到了新的高度，他说：

> 圣贤之言行，有所同，而有所不必同，不可以一端求也。同者道也，不同者迹也，知所同而不知所不同，非君子也。夫君子岂固欲为此不同哉？盖时不同，则言行不得无不同，唯其不同，是所以同也。②

王安石认为道是本质，迹是现象，道决定迹，迹表现道，道同而迹不一定相同，君子首先应同于道，但道因"时"而异，故君子又不必拘泥于特定的迹，若不明此理，追求同迹，反而有悖于道。

王安石对孔子和孟子"高饿显，下禄隐"的观念提出了委婉的批评和质疑，他说：

> 孔子叙逸民，先伯夷、叔齐而后柳下惠，曰："不降其志，不辱其身，伯夷、叔齐也，柳下惠降志辱身矣。"孟子叙三圣人者，亦以伯夷居伊尹之前，而扬子亦曰："孔子高饿显，下禄隐。"夫圣人之所言高者，是所取于人而所行于己者也；所言下者，是所非于人而所弃于己者也。然而孔、孟生于可避之世

① 冯友兰：《中国哲学史新编》第二册，人民出版社，1986，第85页。
② （宋）王安石：《禄隐》，《王文公文集》卷第二十八，唐武标校，上海人民出版社，1974，第331页。

而未尝避也，盖其不合则去，则可谓不降其志不辱其身矣。[①]

王安石认为，孔子在《论语·微子》中对遗民的叙述，以及孟子在《孟子·万章下》中对三圣人的评价，体现了以"饿显"为高、以"禄隐"为下的立场。所谓"高饿显，下禄隐"，是扬雄在《法言》中的概括，他说"古者高饿显，下禄隐"（《法言·渊骞》），意为孔子、孟子以隐居不仕，过贫困生活，因饿死而名扬于世的伯夷、叔齐为高；而以清高自隐，但又在官食禄的柳下惠为下。[②] 王安石明确反对这个观念，并委婉地说，孔孟"生于可避之世而未尝避"，相反倒是汲汲于世，而遇有"不合"则退去，并未机械地执着于"高饿显，下禄隐"。

王安石借助道迹之间的辩证关系，进一步指出"高饿显，下禄隐"观念的错误。他说：

> 由是而言之，饿显之高，禄隐之下，皆迹矣，岂足以求圣贤哉？唯其能无系累于迹，是以大过于人也。如圣贤之道皆出于一而无权时之变，则又何圣贤之足称乎？圣者，知权之大者也；贤者，知权之小者也。昔纣之时，微子去之，箕子为之奴，比干谏而死。此三人者，道同也，而其去就若此者，盖亦所谓迹不必同也。[③]

王安石认为"高饿显，下禄隐"的观念不足以求圣贤义。在他看来，仕与不仕只是"迹"，并无高下之分，而圣贤之"道"是相同的、唯"一"的，故"道"同而"迹"不一定相同，因为迹是道的表现，道表现为迹时会遭遇各种复杂的情况，这就是"时"，故圣贤只有认识"权时之变"的道理才能真正坚持道。

王安石对扬雄的评价也体现了道同迹不同的观念。历史上，扬雄作为一代大儒，却事王莽，作《剧秦美新》，这是对新朝歌功颂德的符命文章。宋明理学家们

---

① （宋）王安石：《禄隐》，《王文公文集》卷第二十八，唐武标校，上海人民出版社，1974，第331页。

② 《法言义疏》云："司马云：'饿显谓伯夷、叔齐饿于首阳之下，民到于今而称之'。按：《论语》云'饭疏食，饮水，曲肱而枕之，乐亦在其中亦'，是高饿显也；'邦有道谷，邦无道谷，耻也'，是下禄隐也。"见汪荣宝：《法言义疏》十七，陈仲夫点校，中华书局，1987，第488—489页。

③ （宋）王安石：《禄隐》，《王文公文集》卷第二十八，唐武标校，上海人民出版社，1974，第332页。

将此视为扬雄的一大污点而肆意褒贬，认为扬雄"规模窄狭"①。程颐从儒家君臣之义出发，攻击扬雄的行为是只知求生不知君父。他说：

> 扬雄去就不足观。如言"明哲煌煌，旁烛无疆"，此甚悔恨，不能先知。"逊于不虞，以保天命"，则是只欲全身也。若圣人先知，必不至于此，必不可奈何，天命亦何足保耶？②

王安石则不以为然，并为扬雄曲意辩护。他在《答龚深父书》中说：

> 扬雄亦用心于内，不求于外，不修廉隅以徼名当世。……扬雄者，自孟轲以来，未有及之者。但后世士大夫，多不能深考之尔。……扬雄之仕，合于孔子无不可之义，奈何欲非之乎？若以深父不仕为过于雄，则自雄以来能不仕者多矣，岂皆能过于雄乎？若以深父之不仕为与雄异，则孟子称禹、稷、颜回同道。深父之于为雄，其以强学力行之所至，仕不仕特其所遭义命之不同，未可以议于此。③

王安石认为，扬雄绝非趋炎附势的小人，他"用心于内"在的道，"不求于外"在的迹，不以外在的迹的不同影响内在的道，故能"不修廉隅以徼名当世"，他的出处行藏，"合于孔子无不可之义"，非俗儒所能知。王安石在《王深父墓志铭》一文中，借悼念好友王深父说："甚哉，圣人君子之难知也！"因为真正的圣人君子"不为小廉曲谨以投众人耳目，而取舍、进退、去就必度于仁义。世皆称其学问文章行治，然真知其人者不多，而多见谓迂阔，不足趋时合变。世皆称其学问文章行治，然真知其人者不多，而多见谓迂阔，不足趣时合变。""至于扬雄，尤当世之所贱简，……其没皆过千岁，读其书，知其意者甚少。则后世所谓知者，未必真也。"④

为什么圣人君子难知呢？王安石认为：

① （宋）程颢、程颐：《河南程氏遗书》卷第一，《二程集》，王孝鱼点校，中华书局，1981，第7页。
② （宋）程颢、程颐：《河南程氏遗书》卷第十八，《二程集》，王孝鱼点校，中华书局，1981，第231页。
③ （宋）王安石：《王文公文集》卷第七，唐武标校，上海人民出版社，1974，第86页。
④ （宋）王安石：《王文公文集》卷第九十二，唐武标校，上海人民出版社，1974，第961页。

> 世之士不知道之不可一迹也久矣。圣贤之宗于道，犹水之宗于海也。水之流，一曲焉，一直焉，未尝同也；至其宗于海，则同矣。圣贤之言行，一伸焉，一屈焉，未尝同也；至其宗于道，则同矣。故水因地而曲直，故能宗于海；圣贤因时而屈伸，故能宗于道。[①]

王安石认为，圣人君子之所以难知的原因就在于"世之士不知道之不可一迹"的辩证法。在此，他再次用"海"与"水"的关系说明道迹关系，指出圣贤之言行因时而屈伸不同，其"宗于道，则同"。

综上所述，王安石大胆推翻了孔子、孟子、扬子等先代圣贤的观点，指出进退、出处都不过是外在的迹，并无高低之分，迹的不同不会影响内在的道的统一性。他对同与不同、统一性与个性、本质与现象的辩证关系有清楚的认识，不以一害多，亦不以多害一。他在维护统一与稳定的同时也大胆容许个性与变化的存在，这是一个了不起的突破。他认为越是圣人，就越能通权达变，依时势而动，可见他心目中的圣人绝非固执保守的腐儒，而是充满活力、善于应变、走在时代前列的改革家。

四、行乎中道

王安石一生追求合乎中道，不走极端，不任性，不偏激，在对待出世与入世的问题上同样如此。他一方面不主张完全放弃世俗生活，像出家人一样弃绝夫妇父子，过一种离群索居的生活；一方面又不赞同完全入世，过一种庸俗的生活。

王安石在早年时期，对佛教的离弃人伦是持批评态度的。作为一个儒者，他只能坚持儒家的基本立场，不可能赞同废弃人伦、遗世独立的做法，认为佛教虽然"实见道体"，却又"差了途辙"，有体无用，与尧舜之道还是不可相比。在《涟水军淳化院经藏记》一文中，他强调佛教得大道之一隅，"有见于无思无为、退藏于密、寂然不动者"，而又暗示其未得道术之大全，于感而遂通、进取有为方面有所不足，批评佛教只知出世，不知入世，只知其体，不明其用，不能于人伦日用之中

---

① （宋）王安石：《禄隐》，《王文公文集》卷第二十八，唐武标校，上海人民出版社，1974，第331页。

体会寂然无为之道。

王安石坚持维护正常的社会关系，反对离群索居、独善其身。在《送潮州吕使君》一诗中，他对韩愈尊礼大颠表示不满，认为"同朝叙朋友，异姓结婚姻"是正常的伦理原则，只能这样"恩义乃独厚"，才能维护彝伦，保证正常的社会关系与人类长久的根本的利益。王安石认为，朋友婚姻之道并不可鄙，不能说出家就高于在家。这一观点可以说是十分可贵的。即使是在倾心佛教的晚年，王安石仍然坚持这一观点，并未由于信佛而完全放弃关注现世人生的立场，因为他是一个具有主见的人，不会随风倒。

王安石不仅对于佛教主张放弃世俗生活有所不满，对于中国传统的以遗世独立为高洁的观点也不赞同。在《涓涓乳下子》一诗中，王安石对于放弃贵族的地位、不接受兄长的馈赠、带着妻子避世隐居、过着织屦为生的贫苦生活的陈仲子表示不满，以为"恩义有相权，洁身非至理"，维护世俗的恩义是最为重要的，单单强调洁身自好是不可取的。

作为一个奋发有为、以经世济民为己志的人，王安石也不可能一味推崇无思无为。司马光曾经以王安石喜欢老子来批评他不能行老子之志，推行无为而治之道，非要搞什么变法，弄得天下骚动。保守派也大讲今不如古，还是祖宗成法最好，只要保守不改就可以天下太平。王安石则对这一说法嗤之以鼻，他在《彼狂》一诗中指出：

> 上古杳默无人声，日月不忒山川平。
> 人与鸟兽相随行，祖孙一死十百生。
> 万物不给乃相兵，伏羲画法作后程。
> 渔虫猎兽宽群争，势不得已当经营。
> 非以示世为聪明，方分类别物有名。
> 夸贤尚功列耻荣，蛊伪日巧雕元精。
> 至言一出众辄惊，上智闭匿不敢成。
> 因时就俗救刖黥，惜哉彼狂以文鸣。
> 强取色乐要聋盲，震荡沉浊终无清。
> 诙诡徒乱圣人氓，岂若泯默死蚕耕。

在这首诗中，王安石表达了自己的社会历史观。他认为，上古社会人与鸟兽相随而行，人类还未完全从自然界独立出来，这一时期的人类与鸟兽尚无根本的差异，处在蒙昧之时，不能说胜过后世。由于人类繁衍过快，生产力的进步赶不上人口的膨胀，导致万物不给，因而产生了争夺和暴力冲突。这个时候圣人伏羲出现了，他制订法令来约束众人，并发明渔网，制造工具，发展了渔业与捕猎业，渔虫猎兽，使得人类的生存得到了保证，但也打破了人与自然的和谐关系。伏羲这么做是迫不得已的，只是为了人类的生存，并非以此炫耀自己的聪明。伏羲对事物进行分门别类，各立其名，并夸贤尚功，分别荣耻，使人们积极进取，建功立业，培植聪明，并且守道德、明廉耻，从而形成了完整的人类社会，与自然彻底分离开来。这尽管是一种进步，却也有副作用，使得诈伪日生，元气日凋，人类距离先天的纯朴越来越远，为物欲所蔽，因而智慧闭匿，一闻至言真理便惊慌失措，不明其意。上智大贤本来不期有成，只是为了因时救俗，出民于水火之中，使之免刖劓之刑。那些不明历史发展的规律、顽固坚持今不如古之谬说的狂人却大放厥词、扰乱人心，文其奸言，肆其诡说，这种人以无为好古自居，却又不能行古之道，不甘心老于耕织、默然一生，如此异论惑世，何如老死蚕耕、不问世事？

这首诗是有感而发的。王安石肯定礼乐文明的合理性，坚决反对历史倒退论，指出上古蒙昧时期并不可贵，圣人制礼作乐、创建文明社会的历史功勋不容抹煞。文明本身就是一种历史进步，离群索居，猿居鹤处，与鸟兽为伍，是一种历史倒退，不值得欣赏，也说不上高洁。积极入世，有所作为，推动社会进步，不是什么罪过，是为了因时之弊、救世之衰，既非自示聪明，又非期有成功。出世未必有德，入世未必有过，这是王安石对当时流行的重古轻今、推崇出世而贬低入世的流俗之言的回答。

王安石讽刺那些流俗之辈惑于物欲，"至言一出众辄惊"，根本听不进去真理，并且晓晓好辩，散布流言，蛊惑百姓，试图将水搅浑，好从中取利。其中"震荡沉浊终无清"等句有强烈的针对性，吕海上疏弹劾王安石，有"方今天灾屡见，人情未和，惟在澄清，不宜挠浊。如安石久居庙堂，必无安静之理"之语，王安石则反唇相讥，指出震荡沉浊、唯恐天下不乱的是那些不惜一切手段反对变法的保守派，他们流言惑众，搅乱民心，试图以此阻止变法，甚至一改儒家卫道士的嘴脸，将佛老也抬出来用于反对新法，鼓吹无为安静，而在新法推行时自己却又不肯安静、不愿无为，而是竭尽全力阻挠新法，千方百计为其制造障碍。

王安石早年为了力救时弊，倡言有为，颇有矫枉过正之嫌。他的本意并不是为了排斥佛老、反对隐逸，只是反对借此为碌碌无为、一无所成辩护的流俗之辈，但其部分议论有些偏激，容易引人误会，因而后来他也作了自我批评。其《杭州修广师法喜堂》云：

> 浮屠之法与世殊，洗涤万事求空虚。
> 师心以此不挂物，一堂收身自有余。
> 堂阴置石双嶻嶭，石脚立竹青扶疏。
> 一来已觉肝胆豁，况乃宴坐穷朝晴。
> 忆初救时勇自许，壮大看俗尤崎岖。
> 丰车肥马载豪杰，少得志愿多忧虞。
> 始知进退各有理，造次未可分贤愚。
> 会将筑室返耕钓，相与此处吟山湖。

据曾巩《元丰类稿·宝月大师塔铭》载，修广字叔微，杭州钱塘人，俗姓王。九岁出家学佛，居本州明庆院。景祐二年（1035），诏赐紫衣，五年（1038），赐号宝月大师。治平年间，为本州管内僧正，熙宁元年（1068）十月卒，年六十一。在这首诗中，王安石对与世迥殊、但求空虚的佛法表现出了欣赏的态度，赞扬修广心不挂物、自由自在的修养和境界，道是一至其处，便觉心胸为开、肝胆豁然，何况天天在此宴坐修禅呢？他对自己早年因勇于救世而对强调出世的佛教有所批评表示了反省，始悟进退出入各有其理，造次区分高下、妄谈贤愚是不对的，吟诵山湖、耕钓为业未必不如立身庙堂，而且这也正是他将要选择的生活。诗中王安石似乎显得有些消极，其实正是他成熟的体现。值得注意的是，王安石晚年的立场也是进退各有其理、不可妄分高下，并未一味推崇出世隐居，他还是以平等的眼光看待二者。

勇于救世、以拯济天下为己任的王安石在现实中多遭挫折，非但无法得到世人的理解，还饱受诬谤，因而"少得志愿多忧虞"，这使他不得不以更加清醒的目光来看待世俗人生，认识到兼济天下与独善其身也是平等的，亦无高下之分。他有《读〈蜀志〉》一诗：

> 千古纷争共一毛，可怜身世两徒劳。

无人语与刘玄德，问舍求田意最高。

据《三国志·魏志·张邈传》，刘备对许汜十分不满，责备他道："今天下大乱，望君忧国忘家，有救世之意，而君求田问舍，言无可采。"后来这一典故常被引用，辛弃疾亦有"求田问舍，羞见刘郎才气"之句，对于乱世之中立志救国救民的刘备表示钦佩和敬仰。王安石则反其意而用之，指出乱世纷争、三家逐鹿，于国于民、于身于世都没有什么好处，只是徒自劳苦而已，可惜无人将这一道理告诉刘备，使他认识到求田问舍并非庸俗，甚至较争夺天下更为高明。

有说此诗于理未安，竟将兴复汉室的大业视之为纷争、轻之如一毛；有说此诗是作者因坚持变法饱受诬谤之后的愤激之语。事实上王安石是站在一个更高的立场上来看问题，自道视之，何得何失，何贵何贱，所谓的是非功业又有什么意义呢？反而不如求田问舍，独善其身，追求个体的生命价值有益。

刘宗周的《圣学吃紧三关》与君子人格的养成

李训昌[*]

摘要:《圣学吃紧三关》是刘宗周中年慎独说的一个重要工夫论文本。刘宗周的圣学"三关"说，作为一种反身向内的"收敛"工夫，从"人己关"的入门工夫，到"敬肆关"的修养方法，再到"迷悟关"的成仁之境，在工夫上构成一个较为完整的系统，对君子人格的养成来说，具有重要的理论指导与实践借鉴意义。不过，对现代社会的君子人格养成来说，刘宗周圣学"三关"说的价值与意义，主要是方法与态度上的。

关键词: 刘宗周；道统；圣学；三关；君子

刘宗周（1578—1645），字起东（一作启东），号念台，浙江山阴（今浙江绍兴）人，学者称念台先生。因晚年讲学山阴城北蕺山，故又称蕺山先生。刘宗周"上承濂、洛，下贯朱、王，间代一人"[①]，是明末理学的殿军，在宋明理学史上具有重要的地位。"刘蕺山之学乃乘王学之流弊而起者"[②]，"始致力于主敬，中操功于慎独，而晚归本诚意"[③]，"提出了以工夫为主的本体工夫一体论"[④]，以本体与工夫的双向保证修正朱子学与阳明学，具有鲜明的躬身践履倾向与特点。刘宗周的《圣学吃紧三关》，作为《孔孟合璧》《五子连珠》的附录，与《人谱》的迁善改过论相表

---

[*] 李训昌，西南政法大学讲师，主要研究方向为中国哲学史。

① （清）刘汋:《蕺山刘子年谱·序》，见吴光主编:《刘宗周全集》第6册，浙江古籍出版社，2007，第51页。

② 牟宗三:《从陆象山到刘蕺山》，见《牟宗三先生全集》第8册，联经出版公司，2003，第365页。

③ （清）刘汋:《蕺山刘子年谱》下卷，见吴光主编:《刘宗周全集》第6册，浙江古籍出版社，2007，第173页。

④ （日）冈田武彦:《王阳明与明末儒学》，吴光等译，上海古籍出版社，2000，第409页。

里，是其中年慎独说的一个重要工夫论文本。在历时近十年的成书过程中，刘宗周对宋明理学的道统论进行了重构。从《五子连珠》的宋五子到《圣学宗要》的宋明五子，刘宗周的慎独说综合朱子学与阳明学，表现出别具一格的理论特质与精神面貌。职是之故，以《圣学吃紧三关》为一个独立的文本，探讨刘宗周慎独说的践履工夫，对理解刘宗周哲学思想的实践面向以及对君子人格的养成来说，就具有特别重要的理论借鉴与实践指导意义。

一、道统与圣学

刘宗周《圣学吃紧三关》之作，从天启六年（1626）到崇祯八年（1635），历时近十载。

> 先是，岁丙寅，寓韩山庄。客有问孔、孟大旨者，予不敏，以求仁之说告之。因一一书之成帙，题曰《孔孟合璧》，又附以《吃紧三关》，言求仁者所必有事也。已而病其割裂，掷之笥中久矣。乃者友人偶窥及，亟有当于心，请曰："此书颇有关系，宜出以示学人。"予谢不敏，乃复裒五子之言仁者以益之，曰《五子连珠》，盖取汉历"日月如合璧，五星如连珠"之义，而《三关》并附以五子之说，遂合为一编。①

崇祯八年本的《圣学吃紧三关》基本分为两个部分：一是摘录孔、孟讲"为仁之事"的部分，以对应《孔孟合璧》；二是摘录周敦颐、二程、张载、朱子宋五子讲"为仁之事"的部分，以对应《五子连珠》。刘宗周的《圣学吃紧三关》，整体上是《孔孟合璧》《五子连珠》的附录。不过，十年之间，刘宗周的一贯思想是：《孔孟合璧》《五子连珠》"言仁"，讲本体，重在"知"的觉解体认；《圣学吃紧三关》言"为仁之事"，讲工夫，重在"行"的躬身践履；两者之间，所谓"求仁者所必有事也"，又是本体工夫合一、知行合一的。"病其割裂"，说明刘宗周在天启五年（1625）初次提出慎独说之后，在本体与工夫的关系上，为其早年的仁说与求仁论思想所限，尚有成局未化之处。"裒五子之言仁者以益之"的"五子"，是宋五子，

---

① （明）刘宗周：《孔孟合璧 五子连珠·小序》，见吴光主编：《刘宗周全集》第2册，浙江古籍出版社，2007，第158页。

与其《圣学宗要》的宋明五子（周敦颐、程颢、张载、朱子、阳明）不同。这又说明从崇祯七年（1634）的《圣学宗要》到崇祯八年（1635）的《五子连珠》《圣学吃紧三关》，刘宗周在何为"圣学"，进而重构宋明理学的"道统"，特别是对阳明学的态度上发生了变化，甚至是一个转折。

天启六年本的《孔孟合璧》与《圣学吃紧三关》，刘宗周以"仁"（仁说与求仁论）为孔孟之道的圣学。他说：

> 孔子之道大矣，然其要旨不外乎求仁。求仁之功，只是下学而上达，其所以告门弟子都是此理。至孟子又推明下学之所自始，要在识其端而推广之，故谆谆道性善，言必称尧、舜，可谓善发圣人之蕴。合而观之，孔、孟之书，往往此略彼详，互相发明，无一句蹈袭，而其学以求仁，则若合符节，故曰："先圣后圣，其揆一也。"后之学圣人者，亦仁而已矣。[1]

刘宗周的仁说与求仁论，延续了其万历四十五年（1617）《论语学案》的说法。在天启五年（1625）提出慎独说后，刘宗周则一直以慎独说为孔孟之道的圣学。如《圣学宗传》说："愚按孔门之学，其精者见于《中庸》一书，而'慎独'二字最为居要，即《太极图说》之张本也。乃知圣贤千言万语，说本体，说工夫，总不离'慎独'二字。"[2] 又如《人谱·证人要旨》（1634）云："学以为人，则必证其所以为人，证其所以为人，证其所以为心而已。自昔孔门相传心法，一则曰慎独，再则曰慎独。"[3] 因此，崇祯八年本的《孔孟合璧》与《圣学吃紧三关》为旧本所局，以仁说与求仁论为圣人之学，亦情有可原。但是，从另一方面来看，在经过慎独说的陶铸后，刘宗周《圣学吃紧三关》的践履工夫明显注入了其慎独说的精神，更加注重心的已发未发、动静等问题，基本上是一种以工夫合本体的本体工夫合一论。因此，崇祯八年本的《圣学吃紧三关》，特别是刘宗周补入的宋五子之说及其按语等，都是在纠正其初稿的"割裂"之病。

---

① （明）刘宗周：《孔孟合璧·孟子大旨》，见吴光主编：《刘宗周全集》第2册，浙江古籍出版社，2007，第173页。

② （明）刘宗周：《圣学宗要·阳明王子·拔本塞源论》，见吴光主编：《刘宗周全集》第2册，浙江古籍出版社，2007，第258页。

③ （明）刘宗周：《人谱·证人要旨》，见吴光主编：《刘宗周全集》第2册，浙江古籍出版社，2007，第5页。

但是，刘宗周崇祯八年（1635）新作之《五子连珠》与补作之《圣学吃紧三关》，选录的"五子"为宋五子，与其崇祯七年（1634）《圣学宗要》的宋明五子不同。刘宗周不选录阳明之言，实质上反映了他对阳明学态度的转变。刘宗周对阳明学的态度凡三变：

> 先生于阳明之学凡三变，始疑之，中信之，终而辨难不遗余力。始疑之，疑其近禅学也。中信之，信其为圣学也。终而辨难不遗余力，谓其言良知，以《孟子》合《大学》，专在念起念灭用工夫，而于知止一关全未勘入，失之粗且浅也。夫惟有所疑，然后有所信，夫惟信之笃，故其辨之切。而世之竟以玄渺称阳明者，乌足以知阳明也与！①

从天启七年（1627）的《皇明道统录》（今不存，仅见《明儒学案·师说》之节录）到崇祯七年（1634）的《圣学宗要》，是刘宗周"中信"阳明学的阶段。②在《圣学宗要》中，刘宗周宋明儒家道统"千古宗传在是"的谱系是：周敦颐—张载—程颢—朱子—阳明。如他所说：

> 孔孟既没千余年，有宋诸大儒起而承之，使孔、孟之道焕然复明于世，厥功伟焉。又三百余年而得阳明子，其杰然者也。夫周子，其再生之仲尼乎！明道不让颜子，横渠、紫阳亦曾、思之亚，而阳明见力直追孟子。自有天地以来，前有五子，后有五子，斯道可为不孤。③

这是刘宗周以其慎独说而判定的宋明五子。刘宗周以阳明直追孟子，可谓表彰阳明不遗余力，甚有盖过朱子之势。但是，仅仅一年之后，刘宗周在《五子连珠》与《圣学吃紧三关》中选录的五子却是宋五子：周敦颐—张载—程颢—程颐—朱子。他说："昔人谓周子至精，程子至正，而予谓纯公尤至醇云。若张子可谓敦笃矣，

---

① （清）刘汋：《蕺山刘子年谱》下卷，见吴光主编：《刘宗周全集》第6册，浙江古籍出版社，2007，第147页。

② 详参高海波：《慎独与诚意：刘蕺山哲学思想研究》，生活·读书·新知三联书店，2016，第436—442页。

③ （明）刘宗周：《圣学宗要·引》，见吴光主编：《刘宗周全集》第2册，浙江古籍出版社，2007，第228页。

朱子几于大矣。论地位，濂溪尽高；论学术，晦翁卓立天下之矩；然以言乎学以求仁，则五子如一辙。"①这是刘宗周以"递溯心源，求仁而已"而判定的宋五子说。刘宗周的宋明五子与宋五子之说，有两个值得注意的方面。一方面，二程之间，重提程颐，表彰程颢。这说明刘宗周的慎独说已完成对朱子学的修正，而越来越归向心学一路。另一方面，不提阳明，重新提升朱子的地位。这说明刘宗周开始修正阳明学，对阳明学的态度由"中信"进入了"终而辨难不遗余力"的阶段。如他说："看来朱子实不支离"②；"以上晦翁诸语，字字轻快。虽后人说良知，说天理，何以加诸"③；"古人只说真知，更稳似良知"④。

其实，在《圣学宗要》中，刘宗周已经开始批评阳明学。如：

> 宋儒看未发气象，未免落在边际，无当于"慎独"之义者。故朱子初不喜其说，退而求之已发，以察识端倪为下手，久之又无所得，终归之涵养一路。其曰"以心为主，则性情之体、中和之妙，各有条理"，正指"独"而言，而不明白说破，止因宋儒看得"独"字太浅，"中"字太深，而误以"慎独"之功为"致和"之功故也。阳明子曰"良知即未发之中"，仍落宋人之见。又云"无前后内外而浑然一体"，庶几得之。第以质之《中庸》，往往似合似离，说中说和，无有定指。⑤

至如崇祯十一年（1638）刘宗周删定《阳明传信录》，崇祯十六年（1643）著《良知说》，均是在批评修正阳明学。崇祯九年（1636），刘宗周提出了他的诚意说，在理论上完成了对阳明学的修正。因此，从《圣学宗传》到《五子连珠》与《圣学吃紧三关》，刘宗周综合理学与心学的路向与格局基本形成：慎独说在修正朱子学，诚意说则在修正阳明学。不过，这已是后话。

---

① （明）刘宗周：《五子连珠·朱子》，见吴光主编：《刘宗周全集》第2册，浙江古籍出版社，2007，第190页。

② （明）刘宗周：《圣学吃紧三关·迷悟关》，见吴光主编：《刘宗周全集》第2册，浙江古籍出版社，2007，第222页。

③ （明）刘宗周：《圣学吃紧三关·敬肆关》，见吴光主编：《刘宗周全集》第2册，浙江古籍出版社，2007，第212—213页。

④ （明）刘宗周：《圣学吃紧三关·迷悟关》，见吴光主编：《刘宗周全集》第2册，浙江古籍出版社，2007，第216页。

⑤ （明）刘宗周：《圣学宗要·阳明王子·拔本塞源论》，见吴光主编：《刘宗周全集》第2册，浙江古籍出版社，2007，第259页。

从《五子连珠》《圣学吃紧三关》来看，刘宗周不提阳明，对阳明学的"辨难"并不是否定阳明在宋明道统中的地位。崇祯四年（1631），刘宗周与阳明后学陶奭龄在越城共举证人之会。二人初会即在本体与工夫的关系上发生分歧，这使得刘宗周不得不重新思考他对阳明学的会通——以其慎独说会通阳明的致良知说，另辟蹊径。因此，刘宗周在《孔孟合璧》结尾处说：

> 昔象山之学，自谓得之孟子。人有诮之者，曰："除了先立乎其大者一句，更无伎俩。"象山闻之曰："然。"近世王文成深契象山，而曰："良知二字，是千圣相传嫡骨血。"后人亦称文成为孟子之学。夫二子皆学孟子，而所得于孟子者仅如此。今不知大与良在何处，学者思之。[①]

"不离求仁，万古宗传。"[②]但刘宗周此言，是颇值得玩味的：是在强调为学（求仁）之"自得"呢？还是对其慎独说的"自信"？刘宗周以其慎独说来接续道统之传，似乎是一种不再依傍程朱陆王的学术自信。后来，黄宗羲说："盖先生于新建之学凡三变：始而疑，中而信，终而辩难不遗余力，而新建之旨复显。"[③]"复显"毕竟还是在依傍，其实说的是刘宗周接续阳明，得圣学之传。不过，黄宗羲之说也不是空穴来风，刘宗周在多处已言及之。黄宗羲《明儒学案》之编，以陈献章—王阳明—刘宗周为明代心学的主线，更坐实了这点。综上所述，从圣学之传的道统论上讲，刘宗周《圣学吃紧三关》的践履工夫，是一种以"求仁论"为表现形态的慎独工夫，本是以工夫为主的本体工夫合一论。但是，作为《孔孟合璧》《五子连珠》的附论，《圣学吃紧三关》所重又在工夫论一边。

二、圣学与三关

在慎独说阶段，刘宗周专门讲践履工夫的著述，除了《圣学吃紧三关》外，还

---

① （明）刘宗周：《孔孟合璧·孟子大旨》，见吴光主编：《刘宗周全集》第2册，浙江古籍出版社，2007，第173页。

② （明）刘宗周：《五子连珠·周子》，见吴光主编：《刘宗周全集》第2册，浙江古籍出版社，2007，第174页。

③ （清）黄宗羲：《子刘子行状》，见吴光主编：《刘宗周全集》第6册，浙江古籍出版社，2007，第43页。

有崇祯七年（1634）的《人谱》。《圣学吃紧三关》的主题是学以成仁，《人谱》的主题则是学以成人，即：

> 《人谱》者，谱人之所以为人也。首《人极图说》，言人心之体分为二五，散为万善，极而至于天覆地载，民胞物与，不外此心之知能。乃其工夫，要之善补过，以异于不思善恶之旨。次《六事工课》，即发明《图说》之意，终之以《纪过格》，言过不言功，远利也。①

在工夫论上，《人谱》与《圣学吃紧三关》注重以工夫合本体的躬身践履，主要是为救正阳明后学"玄虚而荡"或"情识而肆"的流弊。"今之言道者，高之或沦于虚无，以为语性而非性也；卑之或出于功利，以为语命而非命也。非性非命，非人也，则皆远人以为道也。然二者同出异名，而功利之惑人为甚。"② 只是相较而言，《人谱》更能体现刘宗周慎独说工夫论的特点。这是因为，一方面，《人谱》及其后续的《人谱杂记》一、二，是刘宗周工夫论最为详细系统的著述。刘宗周强调在伦常日用中做真切笃实的工夫，《人谱》的迁善改过论步步实历，确实有把柄可循。另一方面，《圣学吃紧三关》不但为旧论所局，在著作体例上亦是一种语录的选录，本身就限制了刘宗周对其求仁论工夫的阐述。但是，《人谱》的迁善改过论，侧重践履工夫的具体方法步骤；《圣学吃紧三关》的"三关"说，则侧重践履工夫的一般进阶枢纽。从为学次第的"吃紧"工夫看，实则《圣学吃紧三关》更具普遍性："三关"是学以成仁必须经过的三个关卡，是优入圣域的必由之路。这又是《圣学吃紧三关》优于《人谱》之处。

刘宗周的求仁论，目的在学以成仁。在刘宗周看来，孔、孟之道"归宗求仁"。"孔子之道大矣，然其要旨不外乎求仁。求仁之功，只是下学而上达。"③仁是人之所以为人者，成人即成仁。《论语》"凡问仁，皆是问仁的人，不问仁的理。若问仁的理，只合人人告以心之德爱之理便了然。不曰仁人，而止曰仁，何也？仁者，人

---

① （清）刘汋：《蕺山刘子年谱》上卷，见吴光主编：《刘宗周全集》第 6 册，浙江古籍出版社，2007，第 106 页。

② （明）刘宗周：《人谱·自序》，见吴光主编：《刘宗周全集》第 2 册，浙江古籍出版社，2007，第 1 页。

③ （明）刘宗周：《孔孟合璧·孟子大旨》，见吴光主编：《刘宗周全集》第 2 册，浙江古籍出版社，2007，第 173 页。

也。是也"。① 故工夫在求仁，"是本心一条真血路打进"②。宋五子虽言人人殊，造诣个个不同，但均以求仁为宗，躬身实践过来。"周子之学，尽于《太极图说》。其《通书》一篇，大抵发明主静立极之意，而宗旨不外乎求仁。仁即极也。窗前春草，点也意思，总在个中。"③ "紫阳之学，切近精实，亦复展开充拓去。循累而进，居然孔子下学上达法门。"④ 刘宗周《圣学吃紧三关》之作，旨在讲明求仁之要在过"三关"："人己关""敬肆关""迷悟关"。"人己关"，求仁工夫在身；"敬肆关"，求仁工夫在"心"；"迷悟关"，求仁工夫在"觉"。三关之间，鞭辟向里，一层深入一层，充分说明刘宗周圣学"三关"说是一种反身向内的"收敛"工夫，与心学一路为近。但是，刘宗周强调"下学上达"，以卑近处、切己处的"下学"工夫入手，又与阳明后学本体派注重"上达"的心上工夫不同。如他说："卑近处是己分上事"，"若不看得在己亲切，如何肯尔尔"。⑤ 这是刘宗周工夫论的一贯特点，与朱子学与阳明学均不相同。

"人己关"，是学以成仁的起点与入门工夫。"学莫先于问途，则人己辨焉。此处不差，后来方有进步可规。不然，只是终身扰扰而已。故拟为第一关，俾学者早从事焉。"⑥ "人己关"在明辨人己之分，是圣学"第一关"。"子曰：'古之学者为己，今之学者为人。'（为是主意。）""子曰：'君子求诸己，小人求诸人。'（求是下手。）"⑦ 儒学是为己之学，以反求诸己为下手处。"为己"是自我实现，所谓"继善成性"，完善人内在的道德禀性，成就理想人格，学以成人。"处处是在己一路"，"方是真为己"。⑧ 故"为己""求诸己"，反身向里，以个人的德性修养为重，是君

---

① （明）刘宗周：《孔孟合璧·论语大旨》，见吴光主编：《刘宗周全集》第2册，浙江古籍出版社，2007，第159页。

② （明）刘宗周：《孔孟合璧·孟子大旨》，见吴光主编：《刘宗周全集》第2册，浙江古籍出版社，2007，第173页。

③ （明）刘宗周：《五子连珠·周子》，见吴光主编：《刘宗周全集》第2册，浙江古籍出版社，2007，第176页。

④ （明）刘宗周：《五子连珠·朱子》，见吴光主编：《刘宗周全集》第2册，浙江古籍出版社，2007，第190页。

⑤ （明）刘宗周：《圣学吃紧三关·人己关》，见吴光主编：《刘宗周全集》第2册，浙江古籍出版社，2007，第198页。

⑥ （明）刘宗周：《圣学吃紧三关·人己关》，见吴光主编：《刘宗周全集》第2册，浙江古籍出版社，2007，第192页。

⑦ （明）刘宗周：《圣学吃紧三关·人己关》，见吴光主编：《刘宗周全集》第2册，浙江古籍出版社，2007，第192页。

⑧ （明）刘宗周：《圣学吃紧三关·人己关》，见吴光主编：《刘宗周全集》第2册，浙江古籍出版社，2007，第197、196页。

子的安身立命之学。与此不同，"为人"则逐物于外，自私用智，一切以功名富贵利害为计度。"病在为人。"① 故"为人""求诸人"，必患得患失，莫逆将迎一生，终究落得个小人下场。在刘宗周看来，人己之辨，也就是义利之辨，更是君子小人之辨。如他说：

> 为己为人，只闻达之辨说得大概已尽。后儒有就中指出许多病痛，往往不离功名富贵四字，而蔽之以利害两言。除却利便是义，除却功名富贵便是道。此种是一是二，辨之最微。学者合下未开孔眼，却将功名富贵认作在己家当，终身干办，何异黎丘丈人认非子以为子乎？若早见此不是自己家当，便须一脚跳出，亟亟觅个安身立命处也。若业已知之而仍不免堕落其中，将奈何？只为己不足，故求助于人，岂知愈求助于人，愈不足于己，此所谓大惑终身不解者。学者便须向不解处做解，痛割一下，始得。立志要矣，善反亟矣。②

以"人己关"为圣学第一关，旨在说明"人己关"是求仁的入门工夫。所谓"千里之行，始于跬步。起脚一差，燕、赵在户"③。否则，终身扰扰，"总是门外汉，何曾入门来"④。因此，刘宗周的"人己关"，主要是在辨别门户，进而使人走上成圣成贤之路。

"敬肆关"，是学以成仁的途径与修持方法。"学以为己，己之内又有己焉。只此方寸之中作得主者是，此所谓真己也。必也主敬乎？是为学人第二关。"⑤ "敬肆关"以主敬为基本的修养方法，是圣学的"第二关"。刘宗周的"主敬"论，明显受其慎独说的影响，是一种心上工夫。如：

> 敬之一字，自是千圣相传心法，至圣门只是个慎独而已。其后伊洛遂以为

① （明）刘宗周：《圣学吃紧三关·人己关》，见吴光主编：《刘宗周全集》第2册，浙江古籍出版社，2007，第196页。
② （明）刘宗周：《圣学吃紧三关·人己关》，见吴光主编：《刘宗周全集》第2册，浙江古籍出版社，2007，第199页。
③ （明）刘宗周：《圣学吃紧三关·人己关》，见吴光主编：《刘宗周全集》第2册，浙江古籍出版社，2007，第199页。
④ （明）刘宗周：《圣学吃紧三关·人己关》，见吴光主编：《刘宗周全集》第2册，浙江古籍出版社，2007，第197页。
⑤ （明）刘宗周：《圣学吃紧三关·敬肆关》，见吴光主编：《刘宗周全集》第2册，浙江古籍出版社，2007，第200页。

单提口诀，朱子承之，发挥更无余蕴。儒门榜样，于斯为至，后之学者，宜服
膺而弗失也。①

承不承认"本心"这一概念，是区分理学与心学的一个重要标志。②刘宗周强调
"真己"的人心主宰，实质上也是一个"本心"的概念，又如他说："心为严师，以
本无不正故"③；"天地是这样，人心是这样"④。只是相较而言，"独体之知"是比"本
心""真己"更为深层的一个心体概念。因此，刘宗周心有所主的"主敬"工夫，
实质上就是他的慎独工夫。在提出慎独说后，刘宗周更关注心的动静、已发未发问
题。如他说："未发属动，已发属静，然总是一个。"⑤刘宗周虽延续了程朱"主一之
谓敬"的说法，但他说的"主一"不是"主一无适"的"专一"，而是贯动静、贯
已发未发（心体流行）的主宰。所以，一方面他说："一者，无欲也"⑥；"敬如何会
间断？"⑦另一方面，他又说："知此则知吾儒专言'敬'字亦有弊。"⑧这方面，刘
宗周受周敦颐的影响要更深些。总而言之，在"敬肆关"中，刘宗周强调的敬肆
之别，也是从君子小人之辨出发的，即："子曰：'君子泰而不骄，小人骄而不泰。'
（只是敬肆之别。）"⑨"敬肆关"作为圣学的第二关，主要强调的是君子入门之后的
修持方法。

"迷悟关"，是学以成仁的目的与成仁之境。"由主敬而入，方能觌体承当，其

① （明）刘宗周：《圣学吃紧三关·敬肆关》，见吴光主编：《刘宗周全集》第2册，浙江古籍出版社，2007，第213页。
② 陈来：《朱子哲学研究》，生活·读书·新知三联书店，2010，第289页。
③ （明）刘宗周：《圣学吃紧三关·敬肆关》，见吴光主编：《刘宗周全集》第2册，浙江古籍出版社，2007，第207页。
④ （明）刘宗周：《圣学吃紧三关·敬肆关》，见吴光主编：《刘宗周全集》第2册，浙江古籍出版社，2007，第203页。
⑤ （明）刘宗周：《圣学吃紧三关·敬肆关》，见吴光主编：《刘宗周全集》第2册，浙江古籍出版社，2007，第205页。
⑥ （明）刘宗周：《圣学吃紧三关·敬肆关》，见吴光主编：《刘宗周全集》第2册，浙江古籍出版社，2007，第202页。
⑦ （明）刘宗周：《圣学吃紧三关·敬肆关》，见吴光主编：《刘宗周全集》第2册，浙江古籍出版社，2007，第209页。
⑧ （明）刘宗周：《圣学吃紧三关·迷悟关》，见吴光主编：《刘宗周全集》第2册，浙江古籍出版社，2007，第218页。
⑨ （明）刘宗周：《圣学吃紧三关·敬肆关》，见吴光主编：《刘宗周全集》第2册，浙江古籍出版社，2007，第200页。

要归于觉地，故终言迷悟。学者阅过此关而学成。"①"迷悟关"以觉悟天命为"知性、知天"的最高境界，是圣学的第三关。"心以知为体，尽其心者，尽其知也。知便知那性，知那天，然工夫须从存养来。存养之极，直到夭寿不贰时，方是知性、知天真切笃实处。故曰：'所立于命也。'是谓行解俱尽。"②"行解俱尽"："行"是存养的修持，"解"是豁然贯通的觉悟；只有存养到极处，才是真切笃实的觉悟；反过来说，觉悟的真切笃实，必以不间断的存养修持为保证。刘宗周的这一说法，实质上具有两方面的意义。一方面，先立乎其大者，以本体保证工夫，这是在纠正朱子学泛观博览之弊。"学者吃紧是理会这一个心，那纸上说底全靠不得。若不先得个本领，虽理会得许多骨董，只是添得许多杂乱，只是添得许多骄吝。"③另一方面，下学而上达，以工夫保证本体，这是在纠正阳明特别是阳明后学本体派"一悟本体，不用工夫"的流弊。如他说：

> 夫子言闻道，引而未发。至孟子言知性、知天，庶几闯入堂奥。然工夫却从存养中来，非悬空揣控，索之于象罔者也。故宋儒往往不喜顿悟之说，良然！良然！或曰："格物致知，《大学》之始事，今一悟为终事，何也？"曰："格致工夫，自判断人己一关时，已用得着矣。然必知止知至以后，体之当身，一一无碍，方谓之了悟。悟岂易言乎？修到方悟到，悟到更无住修法。若仅仅当下一点灵明，瞥然有见时便谓之悟，恐少间已不复可恃。"④

"工夫却从存养中来"，是一边用工夫，一边悟本体，注重"修到"的工夫。"知止知至以后"，是一边葆任本体，一边不间断用工夫，注重"悟到"的本体。"修到方悟到，悟到更无住修法"，是说工夫虽"无住"不间断，但终究以"悟到""了悟"为究竟。因此，"迷悟关"是以"悟到"为成仁之境，以"了悟"为学以成仁的最

---

① （明）刘宗周：《圣学吃紧三关·迷悟关》，见吴光主编：《刘宗周全集》第 2 册，浙江古籍出版社，2007，第 214 页。

② （明）刘宗周：《圣学吃紧三关·迷悟关》，见吴光主编：《刘宗周全集》第 2 册，浙江古籍出版社，2007，第 214 页。

③ （明）刘宗周：《圣学吃紧三关·迷悟关》，见吴光主编：《刘宗周全集》第 2 册，浙江古籍出版社，2007，第 220 页。

④ （明）刘宗周：《圣学吃紧三关·迷悟关》，见吴光主编：《刘宗周全集》第 2 册，浙江古籍出版社，2007，第 226 页。

高境界。刘宗周的工夫论，一边用工夫，一边忘工夫，表现出一种"即修即悟"①、随用随遣的特点。所以，刘宗周说"过此关而学成"的"学成"，既不是不再用工夫，也不是"一悟为终事"，而是"亲体承当""体之当身"的"悟到"。从"悟到"的悟入，到"了悟"的究竟，还需要不间断的"主敬"修持，才能"一一无碍"。总之，在本体与工夫的关系上，刘宗周的《圣学吃紧三关》与其晚年本体与工夫双向保证的本体工夫合一论，似乎还有一段距离。至少，在表述上，刘宗周在这里还有不甚融彻之处。

综合来看，刘宗周的圣学"三关"说，为学以成仁提供了一个循序渐进的进阶，自成一个较为完整的系统。"迷悟关"，是入门工夫；"敬肆关"，讲修养方法；"迷悟关"，是成仁境界。整体上，构成一个本体与工夫双向保证的本体工夫合一论。刘宗周圣学"三关"说的本体工夫合一论，在吸收朱子学与阳明学之长的同时，避开两家之短，可谓别具一格，已开刘宗周综合理学与心学的路向与格局。同时，刘宗周的《圣学吃紧三关》，因其历时近十年的成书过程，特别是作为《孔孟合璧》《五子连珠》的附录，不但为理解刘宗周慎独说的践履工夫，提供一个与《人谱》不同的独特视角，也为说明刘宗周对阳明学态度的转变，将其慎独说发展为诚意说的内在逻辑，提供了一个可以参照的独特文本。

三、三关与君子

刘宗周的圣学"三关"说，从君子小人之辨的角度讲学以成仁的进阶，实质上也是在挺立君子人格的养成。君子的人格理想，是传统儒家基于人的道德理性的人格修养的一个最基本的层次，在其之上还有贤人、圣人等人格理想。②从刘宗周的"迷悟关"来说，君子的人格理想只是"悟到"的层次，远远算不上究竟的"了悟"。但是，刘宗周的圣学"三关"说，作为传统儒家成圣成贤的一套基本方法系统，对君子人格的养成来说，无疑也具有重要的理论指导与实践借鉴意义。另一方面，在现代中国急剧的社会转型和现代化进程中，传统儒家的君子理想与修养方法，为人们提供了一种天人合一、人与自然相统一的内在模式与方法路径。这一模式与路径

---

① （明）刘宗周：《圣学吃紧三关·迷悟关》，见吴光主编：《刘宗周全集》第 2 册，浙江古籍出版社，2007，第 227 页。

② 龚群：《中国的君子人格理想》，《伦理学研究》2006 年第 1 期。

的天道论基础、人性论预设以及伦理本位的社会结构等方面，却正在淡出人们的视野，成为一种与人相疏离、甚至不可理解的思想与方法。因此，对其进行研究与探讨，进而揭示其所具有的普遍意义，无疑对儒家思想在现代社会的新开展来说，同样具有重要的意义。

刘宗周圣学"三关"说的本体论预设与人性论基础，是儒家的天命说与性善论。在宋明理学中，程朱理学与陆王心学是两种典型的"范式"。刘宗周的圣学"三关"说，虽基本延续了其中年慎独说的理论框架，是一种心学的模式与方法，但却处于完成修正朱子学到开始修正阳明学的转折点上。刘宗周正在形成的本体与工夫双向保证的本体工夫合一论，综合两家之长、避开两家之短，对宋明理学来说是一个重要的发展与总结。《圣学吃紧三关》作为《孔孟合璧》《五子连珠》的附录，延续了刘宗周早年的仁说与求仁论：《孔孟合璧》《五子连珠》的仁说，是本体；《圣学吃紧三关》的求仁论，是工夫；这是一种"人同此心，心同此理"的心学"范式"。这一从"本心"的普遍性提出的心性合一论，主要是在补正朱子学工夫论上的支离。刘宗周的慎独说，是一个更具典型性的形态。与此同时，《人谱》的《人极图》《人极图说》与其迁善改过论，则是一种天道论或宇宙本体论的模式与方法：《人极图》与《人极图说》，从"太极"到"人极"，是以天道的二五化生说人心本体（人极）；迁善改过论，则是复还此人心本体的工夫。这就为"本心"的本体论，提供了一个"天道论"的客观过程与依据，进而为读书穷理的工夫奠定了形上学的基础——心的客观规定性。刘宗周从天道论角度提出的理气心性合一论，主要是在补正阳明学。刘宗周的诚意说，是一个更具典型性的形态。刘宗周哲学的最终形态是理气心性的合一与本体工夫的合一。因此，对传统儒家君子人格的养成来说，刘宗周哲学不但为其奠定了一个别具一格的形上学基础，而且也提供了一个别开生面的践履工夫。这是刘宗周《圣学吃紧三关》特别值得肯定的一个主要方面。

从"人己关"的入门工夫，到"敬肆关"的修养方法，再到"迷悟关"的成仁之境，刘宗周的圣学"三关"说，在工夫上构成一个较为完整的系统。人己之分，敬肆之别，迷悟之辨，始终贯穿着一条君子小人之辨的主线。何为君子？传统社会与现代社会有不同的期待与规定。在儒家道德论视域下，刘宗周严防君子小人、严守义利之辨的道德理想主义，与现代社会显得格格不入。在保有传统君子人格的道德内涵的基础上，结合现代社会的政治、法治、伦理等观念，丰富与拓展君子人格的内涵与规定，无疑是传统君子人格在现代社会的必要出路。① 因此，对现代社会的君子人格养成来说，刘宗周圣学"三关"说的价值与意义主要是方法与态度上的。方法上，以工夫保证本体，在日常生活中做真切笃实的践履工夫；态度上，整肃内敛，以庄重专一的态度为人处世、待人接物。更进一步讲，刘宗周的圣学"三关"说，其实可以提升为一个适合现代社会君子人格养成的普遍方法。"人己关"的人己之分，可以发展为一种基于权利与义务的人权与权利观念；"敬肆关"的敬肆之别，可由恭敬的个人私德发展为一种爱岗敬业的社会公德；"迷悟关"的迷悟之辨，可分别发展为向内觉解的灵性修养与向外认知的科学精神。在这些方面，儒家君子人格的现代建构与养成方法，不但要充分吸收西方的现代思想，如黑格尔对道德与伦理的区分，更要密切注视西方后现代思想的新发展，如德勒兹、列维纳斯的"他者"伦理学。唯其如此，才能立足传统，别开生面，重新发展出一种适应现代社会的君子人格论与修养方法。

总而言之，在现代社会中，人们对君子人格的期待与规定，越来越超脱出传统儒家的道德论视域。在君子人格的修养论方面，传统儒家的道德论视域无疑需要作出基本的调整。在根本上，其天道论的基础、人性论的预设、伦理本位的社会结构等，与现代社会的规定与要求来说，是一种异质的关系。但是，就道德作为人之所以为人的一个普遍规定性来说，德性修养依然是现代社会君子人格养成的一个基本方面。而且，在工具理性泛滥的现代社会中，道德理性作为一种价值理性，亦可起到一种解毒剂或清醒剂的作用。这些问题，均是儒学在现代化进程中不可回避而又亟需解决的难题。

---

① 孙钦香：《儒家传统君子人格的现代价值及其困境与出路》，《江海学刊》2016 年第 6 期。

戴震的理想人格及其当代启示

陶 武[*]

摘要：人格是中外哲学家都十分关注的问题。身为乾嘉汉学家的戴震同样致力于儒家理想人格的认同与践行。戴震是在继承、批判和创新中形成自己的理想人格的，这种理想人格既远绍先秦，超越宋儒，又切近现实，光照未来，为我们领略儒家理想人格贡献了一个重要的精神样本，也为我们树立当代理想人格提供诸多有益的思想借鉴。

关键词：戴震；孔子；孟子；理想人格；启示

人格问题一直是古今中外哲学家都非常关注的问题。儒家哲学认为，"人是群体的人，个人应服从家庭和国家，通过'修身、齐家、治国、平天下'（《礼记·大学》）的途径达到人格的完善"[①]。身为乾嘉汉学翘楚，戴震却更为究心义理之学，他对儒家理想人格的思考，对于我们继承儒家思想精华、服务当代国民理想人格塑造具有积极意义。

一、戴震理想人格的主要内涵

理想人格是人们所追求的蕴含于内、形之于外的人生理想特质或最高人生境界。"理想人格可以视为价值理想的具体体现，它以综合的形态展示了人的价值取向、内在德性、精神品质。儒家从先秦开始已考察人格理想问题。"[②]孔子最先讨论

---

[*] 陶武，安徽社会科学院副研究员，主要研究方向为中国哲学史。

[①] 黄希庭：《人格心理学》，浙江教育出版社，2002，第31页。

[②] 杨国荣：《儒家视阈中的人格理想》，《道德与文明》2012年第5期。

儒家理想人格，他提出了圣人、贤人、君子、士、志士、仁人、成人、善人和有恒者等不同人格类型，其中君子与圣人是他最为推崇的两种人格典范；孟子以私淑孔子为荣，他所提出的君子（"大丈夫"）理想人格成为后世儒者希圣成贤的重要目标与阶梯。虽然戴震并无系统的人格理论，但是透过他关于圣人、贤人、君子、智者、愚者、贤者、不肖者、常人和凡民等的诸多论述，可以看到他对于儒家理想人格的继承与发展：既承认圣凡等差、智愚有别，又坚信凡民愚者通过"慎习贵学"仍然可能成为君子与圣贤。

（一）务在闻道、乐于教化的君子风范

就君子人格而言，戴震认为至少包括三个方面的内涵。

1. 君子务在闻道

作为儒家致力推崇的人格典范，君子人格具有丰富的价值取向和精神内涵，从孔子的"君子谋道不谋食""君子忧道不忧贫"，到孟子的"君子深造之以道，欲其自得之也"，人们可以看出先秦儒家对于"闻道"君子的执着追求，戴震同样也把"闻道"作为君子的第一要务。

> 立身守二字曰不苟，待人守二字曰无憾。事事不苟，犹未能寡耻辱；念念求无憾，犹未能免怨尤。此数十年得于行事者。其得于学，不以人蔽己，不以己自蔽，不为一时之名，亦不期后世之名。有名之见其弊二：非掊击前人以自表襮，即依傍昔儒以附骥尾。二者不同，而鄙陋之心同，是以君子务在闻道也。①

在儒家看来，人生在世，立身待人至为重要，孔子"三修"（修己以敬、修己以安人和修己以安百姓）说出此中真谛。戴震也是从立身待人两方面强调君子"务在闻道"的道理。他总结自己数十年人生经验，深感立身和待人之难为，因而告诫人们需要立身一丝不苟，待人真心无憾，而不能图一时和一世虚名；为人需要正直坦荡，坚持真理，既不会因为别人而欺骗自己，也不会因为自身而自我蒙蔽。"不以人蔽己，不以己自蔽"，体现了"闻道"君子和戴震的奋斗目标和思想坚守："不以人蔽己"是说不能迷信权威、株守先儒，因为"先入为主而惑以终身"，戴震正是

① （清）戴震：《答郑丈用牧书》，《东原文集》卷九，见杨应芹、诸伟奇主编：《戴震全书》（修订本）第六册，黄山书社，2010，第371页。

通过考据来证明宋儒之谬，让天下人知晓什么才是真正的古代圣贤立言之意；"不以己自蔽"，是说虽摆脱"依傍昔儒以附骥尾"的窠臼，但却堕入以"未至十分之见"为定论的自我蒙蔽之中，这同样也是真正君子和儒者所应努力避免的。

2. 君子乐于教化

真正的君子应当克己为贵，严以律己。只有"独居思仁，公言言义，动止应礼"，他才不会自我蒙蔽，故而与善相通，通达"仁至，义尽，知天"的精神境界。戴震说：

> 故君子克己之为贵也，独而不咸之谓己。以己蔽之者隔于善，隔于善，隔于天下矣；无隔于善者，仁至，义尽，知天。是故一物有其条理，一行有其至当，征之古训，协于时中，充然明诸心而后得所止。君子独居思仁，公言言义，动止应礼。达礼，义无弗精也；精义，仁无弗至也；至仁尽伦，圣人也。[1]

君子不只胸怀仁爱、死守善道，而且还要友善助人、乐于教化，要努力"以天下之大共正人之所自为"。戴震曰：

> 善，以言乎天下之大共也；性，言乎成于人人之举凡自为。性，其本也。所谓善，无他焉，天地之化，性之事能，可以知善矣。君子之教也，以天下之大共正人之所自为。[2]

戴震从现实个人"举凡自为"讨论人性之善恶。在他看来，作为人本性的"善"应是天下人共同遵循的道德标准，所以人们应通过天地运行与自身的事功和能力去知善识善，这也正是君子之职责，即在保持君子道德品行的同时，更应垂范教化，让天下人都知善、向善和守善。

3. 君子仁欲兼得

君子如何处理富贵、贫贱与仁爱的关系呢？孔子认为：君子须臾不能离开仁，否则便不能成就君子名声；君子并非不可追求富贵、摆脱贫困，但是必须时刻坚守

---

[1] （清）戴震：《原善》卷下，见杨应芹、诸伟奇主编：《戴震全书》（修订本）第六册，黄山书社，2010，第24页。

[2] （清）戴震：《原善》卷上，见杨应芹、诸伟奇主编：《戴震全书》（修订本）第六册，黄山书社，2010，第9页。

道德准绳。戴震继承了孔子思想，认为仁爱与欲望不仅不应分开，相反应该兼而有之，他说：

> 《记》曰："饮食男女，人之大欲存焉。"……是故去生养之道者，贼道者也。细民得其欲，君子得其仁。遂己之欲，亦思遂人之欲，而仁不可胜用矣；快己之欲，忘人之欲，则私而不仁。[①]

为了更好地辨明仁与欲、欲与私，戴震从《礼记》的"饮食男女，人之大欲存焉"中寻找思想佐证。"饮食男女"是"人之大欲"，即天地赋予的生养之道，任何人都无权剥夺。虽然细民（"欲"）与君子（"仁"）各有侧重，各有所求，但不能成为否定"欲"的理由，因为人们在满足自己欲望的同时，不忘记并能满足别人的欲望，这就是一种仁爱的表现。戴震向人们强调说，君子亦是人，君子虽然念念不忘道德学问之事，但也与常人一样有欲有乐。戴震辩证地处理仁与欲的关系，是对宋明理学割裂理欲的有力纠正，为普通百姓追求生活的权利提供理论支持。

（二）仁智中和、自然无失的圣贤境界

戴震总体上继承了孔子的圣人思想，又吸收了《中庸》与孟子的圣人观念，从以下两个方面概括圣人特征。

1. 仁智中和曰圣人

戴震以"观圣人之道"为志业，他用孟子"四端"诠释心目中的圣人理想。曰：

> 是故生生者仁，条理者礼，断决者义，藏主者智，仁智中和曰圣人；智通礼义，以遂天下之情，备人伦之懿。至贵者仁，仁得，则父子亲；礼得，则亲疏上下之分尽；义得，则百事正；藏于智，则天地万物为量；同于生生条理，则圣人之事。[②]

戴震借用孟子的仁义礼智"四端"来诠释"圣人"理想，并在具体内涵方面更加细

---

① （清）戴震：《原善》卷下，见杨应芹、诸伟奇主编：《戴震全书》（修订本）第六册，黄山书社，2010，第27页。
② （清）戴震：《原善》卷上，见杨应芹、诸伟奇主编：《戴震全书》（修订本）第六册，黄山书社，2010，第8页。

化，他说："仁者，生生之德也"（《孟子字义疏证·仁义礼智》），亦即一个人的生存得到满足，推而广之使天下人的生存都能得到满足，这是最为可贵的仁爱；"礼者，天地之条理也"（同上），亦即礼仪形式和度量标准都是圣人根据自然界之条理制定而作为天下和万世的规则；"精义也，断乎亲疏上下，不爽几微"（同上），即对于亲疏远近、上下尊卑都能明确区分，就是对"义"的精通；"举仁义礼可以赅智，智者，知此者也"（同上），即是说，仁义礼与智之间相互包含，不可分离，智本身就是对仁、义、礼的认知与掌握。总之，人伦日用之中的仁、义、礼作为人道中最精美的至高准则，三者集于一身彰显着智、仁、勇三种美德，体现了戴震对孔子君子"三道"（"仁者不忧，知者不惑，勇者不惧"）的回应与认同。

戴震尤其重视"诚"，他在《孟子字义疏证》中专列一节加以讨论，认为"诚"乃是人道（仁义礼）和品德（智仁勇）的有机结合，两者不可或缺。他说：

> 诚，实也。据《中庸》言之，所实者，智仁勇也；实之者，仁也，义也，礼也。……是故善之端不可胜数，举仁义礼三者而善备矣；德性之美不可胜数，举智仁勇三者而德备矣。曰善，曰德，尽其实之谓诚。[①]

"诚"是"仁义礼"善端和"智仁勇"（三达德）的有机融合，也是人们善心、美德和懿行的完美体现。戴震尤其强调"仁智中和"之于圣人的本质意义，指出"无妄"对于"四端"和圣人之事的重要价值。戴震认为，智、仁、勇三者是君子才质之美、德性之核，表现在人伦日用方面对于仁、义、礼的持续学习与极致追求，圣人即是智、仁、勇、义、礼的完满融合。孟子以"我固有之"的"四端"给人类成圣理想增添了某些神秘感，戴震则更强调"学习"之于"成圣"的重要性，他认为"因才质而进之以学，皆可至于圣人"，这就为普通人打开一条希贤成圣的通道。

2. 自然而无失者惟圣人

自然和必然是戴震哲学中的重要概念，他不仅用之来表明其自然观和人性论，也用以阐述自己的圣贤观：圣人是仁义礼智信的化身，体现自然与必然的统一。

> 孟子之言乎自然，异于告子之言乎自然，盖自然而归于必然。必然者，不

[①] （清）戴震：《诚》，《孟子字义疏证》卷下，见杨应芹、诸伟奇主编：《戴震全书》（修订本）第六册，黄山书社，2010，第205—206页。

易之则也，非制其自然使之强而相从也。天下自然而无失者，其惟圣人乎！孔子言："从心所欲不逾矩"，"从心所欲"者，自然也；"不逾矩"者，归于必然也。必然之与自然，非二事也，就其自然明之尽，而无几微之失焉，是其必然也；如是而后无憾，如是而后安，是乃古贤圣之所谓自然也。①

戴震首先分析孟子与告子的两个自然概念的区别，告子之误在于强调"自然"、忽视"必然"，孟子不排斥"自然"且最终归于"必然"，即包括仁、义、礼、智等在内的"不易之则"，这些是告子明确反对的。戴震巧妙地用自然与必然概念精到且透彻地诠释孔子"从心所欲不逾矩"的人生理想，凸显了他对于自然、必然两者关系的精深思考。

戴震在《孟子字义疏证》中立足事理之辩，针对自然与必然的相互关系继续论述道：

天地、人物、事为，不闻无可言之理者也，《诗》曰"有物有则"是也。物者，指其实体实事之名；则者，称其纯粹中正之名。实体实事，罔非自然，而归于必然，天地、人物、事为之理得矣。……后儒从而过求，徒以语其至者之意言思议视如有物，谓与气浑沦而成，闻之者习焉不察，莫知其异于六经、孔、孟之言也。②

凡天地、人物、事为等"实体实事"（"自然"）之中都有"理"的存在，这个"理"实为它们本身存在之"必然"之"则"，而后儒（宋儒）不解其意，超越实际去探求事物背后之原因，将之视为"如有物焉"的实体（"理"），这个被宋儒视为"必然"之"理"由于脱离了万物自身之"自然"，成为犹如老释二家的"真宰"与"真空"，宋儒割裂了自然与必然的关系，已经背离了儒家"六经"与孔孟言论。

犹如天地自然界有它自身条理，人世间也同样存在因为充分体察人间道理而被众人推举的"圣智"者。所谓"圣人"就在于他们能在日常生活中努力按照必然法则立身处世、教化他人。从自然与必然的角度来看，孔子的"从心所欲不逾矩"正

---

① （清）戴震：《孟子私淑录》卷中，见杨应芹、诸伟奇主编：《戴震全书》（修订本）第六册，黄山书社，2010，第60页。

② （清）戴震：《理》，《孟子字义疏证》卷上，见杨应芹、诸伟奇主编：《戴震全书》（修订本）第六册，黄山书社，2010，第163页。

是达到了这种自然与必然、自由与自觉完美结合的天人合一、物我合一的状态，这也正是儒家人格建构的最高理想境界。

（三）关注民生、究心学术的儒者情怀

戴震保持着对儒家君子和圣贤人格的高度认同，而独特的生活经历和人生境遇，则使他同时具有深厚的关注民生、究心学术的儒者情怀，这种情怀体现于他的学术理想和人生归宿中。

1. 关注民生，重视人伦日用

戴震出生于古徽州一个普通商贩之家，父亲出身寒苦，幼年贩负千里，背井离乡。父亲艰苦的商旅生涯，家庭窘困的生活境遇，让戴震早早体尝民生维艰，对于百姓生活有着切身感受，对于百姓自救有清醒认识。他曾说："莫善于在民，莫不善于在官，使民自相补救，卒无胥吏之扰。"①

由此，他尤其赞赏《诗经》所说的"民之质矣，日用饮食"为"道之经也"，把饮食男女的生养之道看作天地产生的本源，他批判宋儒将仁义礼吹捧成为"天理"（"形而上"），却对人伦日用（"形而下"）漠不关心。他说：

> 古贤圣之所谓道，人伦日用而已矣，……宋儒合仁义礼而统谓之理，视之"如有物焉，得于天而具于心"，因以此为"形而上"，为"冲漠无朕"；以人伦日用为"形而下"，为"万象纷罗"。盖由老、庄、释氏之舍人伦日用而别有所〔谓〕道，遂转之以言夫理。……六经、孔、孟之言，无与之合者也。②

戴震认为，宋儒是受老释的误导而割裂天理与人伦日用关系，这种背离人伦日用（生养之道）的做法不但没有继承六经、孔孟之言，相反还是一种"贼道"行为，"是故去生养之道者，贼道者也"（《原善》卷下）。戴震对于宋儒思想的严厉批判，既体现了他内心深厚的为民情怀，也是其无欲则刚、不畏权威、追求真理的精神品质的具体表现。

---

① （清）戴震：《汪慎修先生事略状》，《东原文集》卷十二，见杨应芹、诸伟奇主编：《戴震全书》（修订本）第六册，黄山书社，2010，第411页。
② （清）戴震：《道》，《孟子字义疏证》卷下，见杨应芹、诸伟奇主编：《戴震全书》（修订本）第六册，黄山书社，2010，第200页。

2. 究心学术，致力传经授道

戴震虽"自少家贫，不获亲师"，但他通过自己的聪慧苦读和先贤提点，17岁时便立下"有志闻道"的宏愿，自18岁到福建邵武讲授学童开始，终其一生都是在著述讲学、传经授道中度过的。戴震自22岁撰成《筹算》一卷之后，几乎每年都成书一二种，直至逝世，毕生著作及纂校之书近五十种。[①]

毋庸讳言，戴震一生都以传统儒者方式奔波于科举考场，屡败屡试，历经坎坷，29岁补休宁县学生，直至40岁才乡试中举，41—53岁间参加六次会试，均名落孙山，最终他因在四库馆表现卓异，得乾隆帝恩准奉命与当年贡士一起参加殿试，赐同进士出身，授翰林院庶吉士。戴震在四库馆主要负责天文、算术和地理等书校订工作，他每日兢兢业业，不分寒暑，用功甚勤，积劳成疾，最终病逝于四库馆任上。在四库馆这个汉学家大本营里，戴震以其无与伦比的考据功夫赢得了汉学巨擘的声誉。但如果认为汉学考据是戴震的真正用心所在，则"犹误认轿夫为轿中人也"[②]，戴震真正视为"生平著述之大"的是他那旨在"正人心之要"的《孟子字义疏证》。就在四库馆纂修即将结束之时，他便表示要"乞假南旋就医，觅一书院糊口，不复出矣"（《与段茂堂等十一札》）。戴震之所以"归山之志早定"，既与他父母年迈、不适于北方生活的客观原因有关，更是其传经授道的最终学术旨趣使然。正如段玉裁《戴东原集序》所说：

> 先生之治经，凡故训、音声、算数、天文、地理、制度、名物、人事之善恶是非，以及阴阳气化、道德性命，莫不究乎其实。盖由考核以通乎性与天道，既通乎性与天道矣，而考核益精，文章益盛，用则施政利民，舍则垂世立教而无弊，浅者乃求先生于一名、一物、一字、一句之间，惑矣。[③]

戴震长于考据，开创皖派朴学，成为乾嘉汉学中坚；精于义理，批判程朱理学，实现"哲学中兴"（胡适语）。他终生以一介儒者践行着自己的人生理想，不仅自己究心学术，更以传经授道为志业，一生大部分时间都在从事传道授业解惑的工作，培

---

① 张立文：《戴震哲学研究》，人民出版社，2014，第220页。
② （清）段玉裁：《戴东原集序》，见杨应芹、诸伟奇主编：《戴震全书》（修订本）第七册，黄山书社，2010，第229页。
③ （清）段玉裁：《戴东原集序》，见杨应芹、诸伟奇主编：《戴震全书》（修订本）第七册，黄山书社，2010，第229页。

养了诸如段玉裁、王念孙、孔广森等多位优秀的学术传人。

二、戴震理想人格的内在特征

中国古代并无人格概念，但是中国文化却有着丰富的"成人"观念，称得上是人格概念的中国式表达，如儒家的圣人、君子，道家的至人、真人，以及佛教的佛陀等，都是他们对各自人格理想的追求与向往。与西方理想人格突出理性与法律，强调对自然世界的认知与改造不同，中国传统文化更为关注伦理政治关系，把良好的人伦关系视为立身之本、治国之要。戴震理想人格既有对孔孟儒学理想人格的吸收与继承，也有对宋明理学与老庄释家理想人格的批判，体现了戴震理想人格的传承性、创新性、批判性与超越性等特征。

（一）传承与创新

戴震推崇圣贤人格，与孔孟诸子的理想人格一脉相承。在君子观上，君子人格修养是孔子思想中的重要组成部分，《论语》提及君子的地方多达 121 处。"朝闻道，夕死可矣"，孔子把"闻道"作为自己的终身追求和君子人格的重要内涵。戴震继承了孔子衣钵，他自述"自十七岁时，有志闻道"，把"闻道"作为自己和君子的首要任务。

在圣人观上，戴震吸收孔子关于君子"三达德"（"智仁勇"）的论说，提出"仁智中和曰圣人"（《原善》卷下）的主张，在更高层次上提出仁智中和对于圣人的意义；继而吸收孟子的"圣人，人伦之至也"（《孟子·离娄上》），提出"至仁尽伦，圣人也"（《原善》卷下）的论断，突出守规矩、重人伦对于圣人的价值；借鉴荀子的"圣人者，人之所积而致矣"（《荀子·性恶》），强调"惟学可以增益其不足而进于智，益之不已，至乎其极，如日月有明，容光必照，则圣人矣"（《孟子字义疏证·理》），足见戴震对于荀子劝学思想的认同与继承。

戴震在继承先秦儒家理想人格基础上又不乏创新，如在仁欲关系上，戴震曾说"细民得其欲，君子得其仁"（《原善》卷下），主张"遂己之欲，亦思遂人之欲，而仁不可胜用矣"，为后世人们正确处理仁欲关系提供了范本。戴震对于"欲"的认识非常深刻，他通过对孟子人性论说中的"谓"的创造性诠释（"借口"），表达了他对于人性之"欲"的充分理解和肯定。

"欲"根于血气，故曰性也，而有所限而不可踰，则命之谓也。仁义礼智之懿不能尽人如一者，限于生初，所谓命也，而皆可以扩而充之，则人之性也。谓犹云"借口于性"耳；君子不借口于性以逞其欲，不借口于命之限之而不尽其材。后儒未详审文义，失孟子立言之指。不谓性非不谓之性，不谓命非不谓之命。①

戴震坚持"血气心知即性"立场，认为人是性命合一的，不能将性命割裂开来，每个人既有耳目口鼻之欲，又有仁义礼智之需，不能借口人的自然本性而膨胀欲望，也不可空叹命运而听天由命。戴震通过阐释孟子的性命观强调"君子不以命而自委弃也"，展现了他积极健康向上的思想态度和人生目标。

（二）批判与反思

戴震对于孔孟荀诸子更多是从正面继承他们的思想成果，而对于宋儒和老释二家，戴震则主要从批判视角去反思并深化自己对于理想人格的谋划与思考。

戴震热衷义理之学，这与他内心的治学宗旨密切相关。他说："仆生平论述最大者，为《孟子字义疏证》一书，此正人心之要。今人无论正邪，尽以意见误名之曰理，而祸斯民，故《孟子字义疏证》不得不作。"②戴震正是要从对汉宋诸儒的批判中重新寻回圣人之道，确立人生理想目标。他说：

圣人之道在六经。汉儒得其制数，失其义理；宋儒得其义理，失其制数。……奥奇，山水所有也，不尽之，阙物情也。③

汉儒和宋儒因为各有偏颇而失去圣人之旨，不能赏尽山水之奥奇；戴震希望祛除汉宋诸儒之弊，实现义理、制数和文章三者的综合会通。就宋儒而言，由于"以己之见硬坐为古贤圣立言之意"，以致他们违背了君子之义与圣人之道，造成了"生于

---

① （清）戴震：《性》，《孟子字义疏证》卷中，见杨应芹、诸伟奇主编：《戴震全书》（修订本）第六册，黄山书社，2010，第191—192页。

② （清）戴震：《道》，《孟子字义疏证》卷下，见杨应芹、诸伟奇主编：《戴震全书》（修订本）第六册，黄山书社，2010，第533页。

③ （清）戴震：《与方希原书》，《东原文集》卷九，见杨应芹、诸伟奇主编：《戴震全书》（修订本）第六册，黄山书社，2010，第374页。

其心，害于其政，发于其政，害于其事"的严重后果。戴震说：

> 宋以来，儒者以己之见硬坐为古贤圣立言之意，而语言文字实未之知，其于天下之事也，以己所谓理强断行之，而事情源委隐曲实未能得，是以大道失而行事乖。……圣人之道，使天下无不达之情，求遂其欲而天下治。后儒不知情之至于纤微无憾，是谓理。而其所谓理者，同于酷吏之所谓法。酷吏以法杀人，后儒以理杀人。浸浸乎舍法而论理。死矣，更无可救矣！ ①

宋儒把"理"（"天理"）视为哲学最高范畴，认为它不仅是世界的本源，也是社会生活的最高准则；他们高举理学大旗，试图为人们寻找一条"存理以灭欲"的超凡入圣之道。不过，宋儒之"理"未能参透事物的"源委隐曲"，虽然他们以培养"圣贤气象"为崇高理想，然而殊不知被抬到无上地位的天理，实际已沦为尊者、长者和贵者的"一己意见"，甚至变成"以理杀人"的工具。戴震对程朱"天理"的重新诠释对后者理想人格及其理论主旨的解构产生了深远的影响。

戴震对宋儒与老释的批判常常相伴而行。戴震认为，程朱最为推崇的"天理"不过是释氏"神识"的转语而已，因为朱子本人就说过，"儒者以理为不生不灭，释氏以神识为不生不灭"。戴震以一种强烈的"正吾宗而保吾族"的理论自觉，批评佛家"持其祖父之貌以冒吾宗，而实诱吾族以化为彼族"（戴震《答彭进士允初书》），所以他告诫人们不要被老释的"真人""佛陀"所迷惑，而是要重新回到原始儒家，维护儒家正统理想人格。总体说来，道家漠视现实社会，只为自身长生久视；释家选择逃离尘世，只图自我功德圆满。老释二家这种自我、矛盾的人格理想显然有悖于先秦儒家的修齐治平、希圣成贤的价值追求。

戴震对于宋儒与老释理想人格的认识是深刻的，批评也是独到的，体现了戴震关于理欲之辨的辩证性，彰显了他理想人格中所内蕴的现实性与理想性、继承性与批判性等多重特征。

（三）超越与局限

事实上，程朱理学从创立之初到清中叶已经有六百年，它不仅成为正统意识形

---

① （清）戴震：《与某书》，《戴东原先生文》，见杨应芹、诸伟奇主编：《戴震全书》（修订本）第六册，黄山书社，2010，第478—479页。

态的代表，而且已日益融进人们思想行为之中。"宋儒推崇圣贤气象，以圣贤的人格理想作为自己的人生目标。这种'圣贤气象'体现的价值关怀，既要求能够关怀社会，心忧天下，积极参加治国平天下的经世济民活动；同时也追求老庄道家、魏晋名士的洒落自得、闲适安乐的精神超越。"① 二程与朱熹所极力推崇的"圣贤气象"本应随着时代和社会的变迁而变迁，然而在戴震看来，它们却越来越远离应有的人文关怀和社会道义，变得盛气凌人、道貌岸然，所以戴震才要将被程朱扭曲的"圣贤气象"回归真正的儒家原貌。

戴震赞赏韩愈"求观圣人之道，必自孟子始"的主张，认为必须克服程朱理学中不近人情、脱离现实的历史弊端，实现对儒家理想人格向更高层次的超越。他指出，"程子、朱子之学，借阶于老、庄、释氏，故仅以理之一字易其所谓'真宰''真空'者而余无所易"（《孟子字义疏证·理》），所以程朱理学要想找到通往圣人之道，就"犹航断港绝潢以望至于海"，永远达不到终点。因为站在更高的历史发展阶段，戴震所提出的理想人格具有超越前贤的时代性和进步性无疑是理所当然，但是因为宋儒"借阶"老释就对其大加批判，也难免带有褊狭与局限。任何一个有价值的思想体系都会大胆地吸纳和融合历史与时代各种有益思想资料，从而去伪存真、为我所用，宋儒出入老释、回归儒家，吸收借鉴传统儒家所缺乏的超越思想和抽象，既是有益的，也是必要的，有助于宋明理学的形成和完善。程朱理学历经六七百年，由于思维僵化而落后于时代，人们只能从它自身寻找原因，而不能完全归咎于它的思想来源；同时，戴震将老与释一视同仁地作为批判的靶子，也是不够严谨的，因为老释二家并非相同的思想体系。

三、戴震理想人格的当代启示

综观戴震理想人格的具体内涵和内在特征，可以发现其中蕴含着很多颇富价值、给人启发的思想资源。在理欲观上，戴震不惧程朱理学权威，为被程朱人为割裂的理欲关系正本清源，他所提出的"理者存乎欲"的主张，为正确解决理欲之辨，维护平民利益提供理论支撑；在人格培养上，戴震批评程朱"详于论敬而略于论学"，为人格培养提出"德性资于学问"的修养路径，为蒙昧者点燃希望的明灯；在智愚观上，戴震对于孔子"唯上知与下愚不移"的创造性诠释，表现出学术

---

① 朱汉民：《圣贤气象与宋儒的价值关怀》，《湖南大学学报（社会科学版）》2009 年第 6 期。

下移的平民教育思想。所有这些对于我们如何正确看待和科学处理上述问题，服务当代国民理想人格塑造无疑具有积极意义。

（一）理存于欲：培养理想人格的基本原则

义利之辨可谓传统儒家伦理学的核心问题。"'义利'问题和'理欲'问题都是中国伦理学史上的重要问题。在先秦时代，儒墨两家关于义利问题提出了相互对立的观点。在宋明时代，理学家与反对理学的思想家关于理欲问题展开了激烈的辩论。"① 不满于程朱"存天理，灭人欲"的理欲对立论调，戴震所提出的"理存于欲"主张显然更为符合"圣贤之道"与现实生活。

> 常人之欲，纵之至于邪僻，至于争夺作乱；圣人之欲，无非懿德。欲同也，善不善之殊致若此。欲者，血气之自然，其好是懿德也，心知之自然，此孟子所以言性善。②

人有各种物质和精神欲望并不可怕，关键是将欲望保持节而有度，程朱虽然也并未否定人类自然欲望，但"存天理，灭人欲"却为上位者割裂理欲、压抑下位者提供了理论借口。程朱的失误在于混淆"欲"与"私"之别，将两者划作等号，这是戴震极力反对的。他说：

> 欲之失为私，私则贪邪随之矣；情之失为偏，偏则乖戾随之矣；知之失为蔽，蔽则差谬随之矣。不私，则其欲皆仁也，皆礼义也；不偏，则其情必和易而平恕也；不蔽，则其知乃所谓聪明圣智也。③

又说：

> 圣贤之道，无私而非无欲；老、庄、释氏，无欲而非无私；彼以无欲成其

---

① 张岱年：《中国伦理思想研究》，上海人民出版社，1988，第124页。
② （清）戴震：《理》，《孟子字义疏证》卷上，见杨应芹、诸伟奇主编：《戴震全书》（修订本）第六册，黄山书社，2010，第169页。
③ （清）戴震：《才》，《孟子字义疏证》卷下，见杨应芹、诸伟奇主编：《戴震全书》（修订本）第六册，黄山书社，2010，第195页。

自私者也；此以无私通天下之情，遂天下之欲者也。①

也就是说，真正的圣者是"通天下之情，遂天下之欲者"的"无私"者，而非程朱所谓"无欲"者。戴震的这一思想应该与其出身小商贾之家密切相关，他备尝生活艰辛，对于社会的卑者、幼者、贱者保持一种天然的同情心态，由此对那些尊者、长者、贵者等"治人者"发出"以理杀人"的呐喊与控诉。在君子的位与德之间，戴震更倾向于功德圆满的后者，他说："圣人治天下，体民之情，遂民之欲，而王道备。"（《孟子字义疏证·理》）真正的圣人并非高高在上，不食人间烟火，而是体察民情、满足民需的王道守卫者。宋儒鼓吹的"存天理，灭人欲"由于违背人伦日用和圣人"体情遂欲"的主张，理当受到来自学界与社会的严厉批评。而戴震所作的"欲不可穷，非不可有；有而节之，使无过情，无不及情"②的谆谆告诫，经过创造性转化，可以成为今天我们正确看待理欲关系、培养理想人格的基本原则。

（二）德性资于学问：培养理想人格的有效路径

程朱虽以抗拒佛道、复兴儒学为己任，但他们是在"出入于老、释者几十年"之后才回归儒家，实则也吸收和融合了诸多佛道思想。在戴震看来，二程自家体贴的所谓"理"字也是由佛道所谓"真空""真宰"变易而来，最为程朱理学所推崇的儒家理想人格（圣贤气象和孔颜乐处）也不是先秦儒家本来面目。《中庸》"尊德性而道问学"的君子理想也常被后世儒家各取所需为我所用，与陆王心学极力倡导"尊德性"不同，程朱理学虽然有意在"尊德性"与"道问学"之间保持平衡（如"涵养须用敬，进学在致知"），但总体上仍然偏重于前者。"圣贤论天德，盖谓自家元是天然完全自足之物，若无所污坏，即当直而行之；若小有污坏，即敬以治之，使复如旧。"③程子将"天德"视为"天然完全自足之物"，人们只需"敬以治之，使复如旧"即可；朱子接续程子，在对《论语》首章和《大学》"在明明德"的阐释中都强调人们要"复其初"。对于程朱主张的居敬穷理以"复其初"的圣贤

① （清）戴震：《权》，《孟子字义疏证》卷下，见杨应芹、诸伟奇主编：《戴震全书》（修订本）第六册，黄山书社，2010，第212页。
② （清）戴震：《理》，《孟子字义疏证》卷上，见杨应芹、诸伟奇主编：《戴震全书》（修订本）第六册，黄山书社，2010，第160页。
③ （宋）程颢、程颐：《河南程氏遗书》卷第一，《二程集》，王孝鱼点校，中华书局，1981，第81页。

之路，戴震批评他们是"详于论敬而略于论学"(《孟子字义疏证·理》)。余英时对此评论说："程、朱皆以'尊德性'为第一义，而以'道问学'为第二义，故'敬'在'学'之前。他们'详于论敬而略于论学'，自不足怪。"① 戴震尤其重视学习对于人们克服不足、增进智慧、实现道德至善的重要作用，他说："惟学可以增益其不足而进于智，益之不已，至乎其极，如日月有明，容光必照，则圣人矣。……人之异于禽兽者，虽同有精爽，而人能进于神明也。"(《孟子字义疏证·理》)戴震强调学习对于人之为人和成圣成贤的重要性，虽然"圣人而下，明昧各殊"，但"问学"却是使人通向圣贤之德的必由路径。

由于戴震对于"道问学"的强调，实现了儒学从"尊德性"向"道问学"的转向，戴震由此被后世学者称之为"儒家智识主义极盛时代的哲学代言人"②。当然此种说法即使成立，我们也不能就认为，戴震重视"道问学"而否认"尊德性"，因为"尊德性"是个人所要追求的目标，而"道问学"只是实现目标的工具。人的德性养成犹如人体增长一样都需要养分，德性的提升显然离不开学问增长。他说：

> 试以人之形体与人之德性比而论之，形体始乎幼小，终乎长大；德性始乎蒙昧，终乎圣智。其形体之长大也，资于饮食之养，乃长日加益，非"复其初"；德性资于学问，进而圣智，非"复其初"明矣。③

"德性始乎蒙昧，终乎圣智"，通向"圣智"之路不在于程朱所说的"复其初"，而在于人们后天的"慎习贵学"。"德性资于学问"，戴震为我们寻找了一条培养理想人格的有效路径。

(三)圣人亦人：培养理想人格的信心源泉

儒家文化以培养儒家理想人格为鹄的，由于受孔子"生知""学知""困知"以及"困而不学，民斯为下"观点的影响，不管是先秦儒家的"修己以安人"，还是

① 余英时：《论戴震与章学诚：清代中期学术思想史研究》，生活·读书·新知三联书店，2000，第24页。

② 余英时：《论戴震与章学诚：清代中期学术思想史研究》，生活·读书·新知三联书店，2000，第30页。

③ (清)戴震：《理》，《孟子字义疏证》卷上，见杨应芹、诸伟奇主编：《戴震全书》(修订本)第六册，黄山书社，2010，第165页。

宋明理学的"涵养须用敬"，都不免带有精英文化的倾向。作为传统文化主干的儒家文化，如何对待"困而不学"者的教化呢？孔子因说过"唯上知与下愚不移"（《论语·阳货》），历史上屡遭"愚民"诟病，但戴震并不作如此观，他说：

> 生而下愚，其人难与言理义，由自绝于学，是以不移。然苟畏威怀惠，一旦触于所畏所怀之人，启其心而憬然觉寤，往往有之。苟悔而从善，则非下愚矣；加之以学，则日进于智矣。以不移定为下愚，又往往在知善而不为，知不善而为之者，故曰不移，不曰不可移。虽古今不乏下愚，而其精爽几与物等者，亦究异于物，无不可移也。①

"人虽有智有愚，大致相近，而智愚之甚远者盖鲜。"（《孟子字义疏证·性》）即使承认有"生而下愚"者，但也源于他们"自绝于学，是以不移"，如果"悔而从善，则非下愚矣；加之以学，则日进于智矣"。在此，戴震不仅是为孔子言论作辩解，也为"生而下愚"者寻找到一条"日进于智"、改善命运的光明大道，而这条道路就是"学习"。之所以如此，是因为戴震坚持"圣人亦人"的圣人观，他说：

> 圣人亦人也，以尽乎人之理，群共推为圣智。尽乎人之理非他，人伦日用尽乎其必然而已矣。②

在戴震心目中，"圣人"也是人，是能够完满践行做人道理的人，亦即在人们日常生活中自觉遵守必然法则的人。戴震既为人们培养理想人格树立了"圣人"高标，也为"下愚之人""日进于智"指明方向与道路。可见，戴震所追求的理想人格体现了理想与现实的结合、目标与路径的统一。反观历史，孟子曾说过"尧舜与人同耳"，朱子也曾将之解释为"圣人亦人耳"，他们无疑是戴震理想人格的思想源头。不过戴震对于"慎习贵学"的强调更像是对孔子"好学"精神的回归。芸芸众生，生而圣人者能有几何？大多数都是普通的凡客，身为凡人甚至愚人也并不可怕，因为"人之幼稚，不学则愚；……学以养其良，充之至于贤人圣人"（《孟子字义疏

---

① （清）戴震：《性》，《孟子字义疏证》卷中，见杨应芹、诸伟奇主编：《戴震全书》（修订本）第六册，黄山书社，2010，第183页。

② （清）戴震：《理》，《孟子字义疏证》卷上，见杨应芹、诸伟奇主编：《戴震全书》（修订本）第六册，黄山书社，2010，第162页。

证·性》)。戴震所倡导的"圣人亦人"以及"下愚之人""加之以学，则日进于智"等主张，给那些"下愚之人"以巨大的精神动力与思想鼓舞，也是戴震留给后人非常宝贵的精神财富。

追求什么样的人生价值，实现什么样的理想人格，一直都是中国先贤哲人孜孜以求的重大理论与现实问题。戴震在继承、批判和创新中形成自己的理想人格，既远绍先秦、超越宋儒，又切近现实、光照未来，这种追求人生境界、关注百姓生活、究心家国天下的理想人格为我们领略儒家理想人格贡献了一个重要的精神样本，也为我们树立当代理想人格提供了有益的思想借鉴。

论王船山对君子的呼唤与期待

吕锡琛[*]

摘要： 处于"天崩地解"、人心涣散的明末清初，为了拯救文化危机，王船山不仅以"六经责我开生面"的理论勇气，穷精竭虑对传统文化进行总结和创新，为世人树立了高尚的君子形象。他更将希望的目光投向了士林，深刻反省明末空谈心性的空疏学风，呼唤和期待广大士人修德正身，"匡维世教"，读书穷理，经世致用，"参变知常"，"不丧所依"，成为代表社会良心和坚守正义的君子，担负起振兴中华和重建民族文化的重任。时至今日，这些真知灼见对于我们整肃学风、修身律己、推动中华优秀传统文化创造性转化和创新性发展仍具有振聋发聩的意义。

关键词： 王船山；君子；匡维世教；经世致用；参变知常

君子是儒家所追求的理想人格，在中国历史上，君子是建设社会精神文明、优化道德风俗的中坚力量，君子的主体是具有深厚文化涵养和高尚道德节操的士人。

处于"天崩地解"、人心涣散的明末清初，王船山从历史事实和经验教训中看到了士人的重要地位，将其视为影响国家兴亡的重要力量。他说："匡维世教以救君之失，存人理于天下者，非士大夫之责乎？"^①他置疑"唯君相可以造命"的观点，认为士人虽然"权藉"不如君相，但并非不能在历史进程中有所作为。他指出："唯君相可以造命，岂非君相而无与于命乎？修身以俟命，慎动以永命，一介之士，莫不有造焉。"士人应当发挥自身的主观能动性，努力进行自我修养和提升，

---

* 吕锡琛，中南大学教授，主要研究方向为中国古代思想史。
① （清）王夫之：《读通鉴论》卷二十七，中华书局，1975，第979页。

静以待时，如此，即使是"一介之士"，也必然能够"莫不有造"，有所作为。①

船山笔下的"修身以俟命，慎动以永命"的"一介之士"也就是具有崇高道德和社会责任感的君子。王船山期盼"一介之士"发奋图强，起而"造命"，发挥"纠风俗、正人心"的道德教化作用，担当起振兴民族的大任。正是怀着这种强烈的社会责任心，船山就士风的整肃、士人的责任担当、修身持志等问题进行深刻的思考。其中不少真知灼见对于今天建设君子文化仍富有启迪。

一、对明末士风的反省

整肃士风，激浊扬清，是培养和造就君子的社会土壤，故王船山将整顿士风作为自己的重要使命。

我们知道，随着封建制度的腐朽没落，明代的世风浇漓，士习败坏，嘉靖以后，不少"王门后学"身居要职，逐渐形成了空谈心性而不探讨实际学问、不研究现实问题的空疏学风。人们指责说，当时的士大夫"置四海之困穷而不言，而终日讲危微精一之说"②；"问钱谷不知，问甲兵不知"（《明史》卷二五二《吴甡传》）；"平日袖手谈心性，临危一死报君王"。这些话语真实地揭示了明朝末期脱离社会实际、空谈心性道德、毫无应事才能的虚浮士风，也折射出颓败的士风摧残人才、贻误国家的恶果。明清之际，不少思想家都曾对这种空疏士风所造成的严重危害予以深刻的反省，顾炎武指出："刘石乱华，本于清谈之流祸，人人知之。孰知今日之清谈，有甚于前代者。""以明心见性之空言，代修己治人之实学，股肱惰而万事荒，爪牙亡而四国乱，神州荡覆，宗社丘墟。"③

王船山不仅指责王学末流的空疏，更看到了这种空疏学风与当时的八股取士制度相结合而对士风人心所产生的腐蚀作用。他指出："万历中叶，姚江之徒兴，剽窃禅悟，不立文字，于是经史高阁，房牍孤行，以词调相尚。取士者亦略不识字，专以初场软美之套为取舍，而士气之不堪，至此极矣！"④

---

① （清）王夫之：《读通鉴论》卷二十四，中华书局，1975，第864页。
② （清）顾炎武：《与友人论学书》，《亭林文集》卷三，《顾亭林诗文集》，华忱之校点，中华书局，1983，第40页。
③ （清）顾炎武著，（清）黄汝成集释：《夫子之言性与天道》，《日知录集释》卷七，上海古籍出版社，1985，第538页。
④ （清）王夫之：《噩梦》，王伯祥校点，中华书局，1956，第19页。

　　船山进一步看到，王门末流所导致的不仅是学风的空疏和人心的浮躁，更严重的是它冲击和破坏了"士志于道"的儒学传统，干扰了士人们追求和体认儒学中一以贯之的"天德王道"等伦理道德精神。他忧心忡忡地指出，不少士人"但取经中片句只字与彼相似者以为文过之媒，至于全书之义，详略相因，巨细毕举，一以贯之而为天德王道之全者，则茫然置之而不恤。迨其徒二王、钱、罗之流，恬不知耻，而窃佛、老之土苴以相附会，则害愈烈，而人心之坏，世道之否，莫不由之矣。"①

　　对那些不问国事、以科举作为个人追逐功名利禄手段的士人，船山亦予以贬斥说："国家以学校为取舍人才之径，士挟利达之心，桎梏于章程，以应上之求，则立志已荒而居业必陋。"②船山将这种人称之为"俗儒"，他批评说："俗儒者，以干禄之鄙夫为师者也，教以利，学以利，利乃沁入于人心，而不知何者之为君父。"③仅仅怀着"利达之心"而求学的士人必然为私利所障，从而一叶障目，不见泰山，不可能有大志向、大气度，不可能在学业上真正入其堂奥，成就大器。这种唯利是图的士人在未入仕途时，只会埋头于八股时文以期获功名，一旦功成名就步入仕途，则必将热衷于营私纳利，将国家、民族利益置之度外，甚至做出有损于国家、民族的事来。船山痛斥这些弃公求私、见利忘义的小人，目的在于警醒士人从见利忘义的歧途上返归，真正认识到小我之命运与国家民族利益紧密相连，研读儒家经典不仅只是求得个人的功名利禄，而是"辨其大义，以立修己治人之体也；察其微言，以善精义入神之用也"④，即遵循圣贤之言以修养个人的心性道德，成就君子人格，进而纠风俗、正人心，才能实现修齐治平的君子理想。

　　王船山无法从根本上改变八股取士之弊端以解决士风人心的问题，而试图通过弘扬儒家伦理道德来实现复兴民族的愿望，这当然难免流于片面。但是，作为一介书生的王船山不忘使命，在士风颓唐的形势下，尽己所能，他的呼唤仍然不乏历史意义和现实启示。

---

　　① （明）王夫之：《礼记章句》卷三十一，见（明）王夫之，船山全书编辑委员会编：《船山全书》第四册，岳麓书社，1992，第 1246 页。
　　② （清）王夫之：《读通鉴论》卷十七，中华书局，1975，第 558 页。
　　③ （清）王夫之：《读通鉴论》卷十七，中华书局，1975，第 559 页。
　　④ （清）王夫之：《读通鉴论》卷十七，中华书局，1975，第 594 页。

二、读书穷理，经世致用

船山力图对明末的恶劣士风加以"厘正"，改变"经史高阁，房帏孤行"的风气，他虽然难以实现制度层面的"厘正"和改革，但却就此进行过思考并提出建议。他提出的途径之一，是对士人"导以读书穷理之实"，通经史以致用，对科举考试的内容进行改革。他主张："书义而外，论以推明经史，而通其说于治教之详，策以习天人治乱、礼乐、兵刑、农桑、学校、律历、吏治之理。"①不仅要掌握经书中的基本内容，而且要注意理论联系实际，在论、策中着重阐发政治治理和道德教化的道理，探讨社会的治乱、礼乐、兵刑、农桑、学校、律历、吏治等各个领域的实际问题，扫除那种"浮辞靡调，假于五经、四书而不知其所言者何谓"的科场积弊，改变"国无可用之士，而士益偷则盛贼"的颓局。②

他以梁元帝读书万卷却亡国以终的史实告诫人们："帝之自取灭亡，非读书之故，而抑未尝非读书之故也。取帝之所撰而观之，搜索骈丽、攒集影迹以夸博记者，非破万卷而不能。于其时也，君父悬命于逆贼，宗社悬丝于割裂，而晨览夕披，疲役于此，养不能振，机不能乘，则与六博投琼、耽酒渔色也，又何以异哉？"③作为一国之君，处于"君父悬命于逆贼，宗社悬丝于割裂"的危急时刻，梁元帝却置国事而不顾，其晨览夕披所致力的不过是"搜索骈丽"，"以夸博记"，如此读书和治学，实际上与六博投琼、耽酒渔色一样，都是玩物丧志之举，梁朝之亡，与元帝这种不务实事的学风不无关联。

船山进而指出，宋元之世，读书不联系实际的儒生同样是读书误国之人，他们"名为儒者，与闻格物之正训，而不念格之也将以何为"；他们只知道"数五经、语、孟文字之多少而总记之，辨章句合离呼应之形声而比拟之，饱食终日，以役役于无益之较订"，而根本不涉及"身心""伦物"和"政教"。船山认为，似这般读法，虽"读书万卷，止以导迷，顾不如不学无术者之尚全其朴也。"④

因此，船山继承并发展了汉代以来"通经致用"的学术传统，将经世致用奉为自己的治学目标。他强调，《周易》就是"以天道治人事"的书，包含了天地人物

---

① （清）王夫之：《噩梦》，王伯祥校点，中华书局，1956，第 19 页。
② （清）王夫之：《噩梦》，王伯祥校点，中华书局，1956，第 19 页。
③ （清）王夫之：《读通鉴论》卷十七，中华书局，1975，第 593 页。
④ （清）王夫之：《读通鉴论》卷十七，中华书局，1975，第 593—595 页。

之通理，可运用它来"崇德广业"。故船山治《易》从不脱离社会生活，他援《易》说史，引《易》论今，以《易》中之辩证智慧分析时势变化，指导自己的行动，并运用《易》中的朴素系统论思想以谐调社会各阶级、各部门的关系，根据《易》理提出了匡时救世的主张。

船山在晚年将更多的时间和精力用于钻研史书，试图从中窥察前代兴败存亡和是非得失，寻求治国平天下之道。他精心撰写了《读通鉴论》《宋论》这两部论史著作，旨在总结历史经验教训，尤其是明亡的教训，为后世提供振兴民族的借鉴。船山认为，编写史书首先应该注意总结"经世之大略"以示来者。他说："所贵乎史者，述往以为来者师也。为史者，记载徒繁，而经世之大略不著，后人欲得其得失之枢机以效法之无由也，则恶用史为？"① "史之为书，见诸行事之征也。则必推之而行，战而克，守而固，行法而民以为便，进谏而君听以从。"② 故修史者应注意对历史上的政、军、刑、农等方面的具体措施进行总结，为后世提供经验。同样，读史书的目的也是为了资治，如果仅仅沉醉于书中的优美文笔和动人情节，而忘记读史资治这一根本目的，"此之谓丧志"，"无益于身心也"。③ 读史若不求"资治"，则虽读破万卷，不过示人以博学，资言谈之助而已。他举例说，有些儒生，平日侃侃言史，"临事而仍用其故心"④，岂不是毫无意义？

船山还批评一些士人脱离现实、"以学识为学识"的治学方式，认为这与沉溺于声色犬马而玩物丧志的行为并无二致。他说："玩物丧志者，以学识为学识，而俟一贯于他日者也。若程子之读史，则一以贯乎所学所识也。若不会向'一以贯之'上求入处，则学识徒为玩物。"⑤

船山虽然倡导通经致用，但不同于工具主义的态度。他指责那些对儒经"薄取其形迹之言而忘其所本"的做法，认为其虽然遵循经中的某些语句，"取法以为言行"，但却只是缘饰经术以谋私利或自矜，未抓住修身之根本，故只是"乡原"而已。在船山眼中，隋朝重臣苏威和北宋功臣赵普正是这样的人。苏威在隋朝灭亡后，先后归降宇文化及、李密、王世充，后来又求见秦王李世民和唐高祖李渊，是个不守臣节的典型；而赵普则是策动陈桥兵变的主谋。苏威自称"读《孝经》一

---

① （清）王夫之：《读通鉴论》卷六，中华书局，1975，第156—157页。
② （清）王夫之：《读通鉴论》卷末，中华书局，1975，第1110页。
③ （清）王夫之：《俟解》，中华书局，1959，第2页。
④ （清）王夫之：《读通鉴论》卷末，中华书局，1975，第1113页。
⑤ （清）王夫之：《读四书大全说》卷六，中华书局，1975，第426页。

卷，足以立身治世"，赵普则说自己"以半部《论语》佐太祖取天下"。王船山对此很不以为然，指责他们"挟圣言以欺天下，而自欺其心"，"威之柔以丧节，普之险以敦伦"，"以全躯保妻子之术为立身扬名之至德，以篡弑夺攘之谋为内圣外王之大道，窃其形似，而自以为是"，①这种窃名欺世的伎俩，只不过是伪托圣人之言以售其私罢了。

可见，船山的通经致用主张，并非只是局限于对某部儒经进行断章取义的简单应用，而是倡导士人全面地学习、研究和把握中国传统文化的精蕴，经世致用，促进社会人伦秩序的重建和优序良俗、道德人格的养成，完成复兴民族的大任。这对我们今天建设君子文化亦是富有意义的主张。

三、参变知常，不丧所依

在清朝贵族实行民族压迫之时，王船山继承了儒学宗师孔孟发扬的"重义轻利""士志于道"等传统，强调作为士人应该守气节、讲操行。他的思绪穿越了千年的时空隧道，提出了身处不同的历史环境和社会地位时士人应该如何立身处世这一具有普适意义的问题，这也正是培养造就君子人格的核心议题。

他要求士人设身处地思考：如果自己生在三代或者汉、唐、宋朝，应当怎样自处？生在秦朝或隋朝，应当怎样自处？生活在南北朝、五代或辽、金、元朝，当怎样自处？生活在当世，又该怎样自处？如果位居卿相王侯或者遭到杀身之祸时应该怎样对待？如果穷困坎坷、饥寒交迫，或者功盖当时、名满天下，又该如何面对？如果不荣不辱，终天年于阎巷田畴，应该怎样对待？身处迥然相异的历史时代和天壤之别的人生境遇，人们面对的是千差万别的道德情境，应该如何进行道德选择？如何才能坚守儒者所追求的"志于道，据于德，依于仁，游于艺"的道德理想呢？船山道出了一段语重心长的论述：

> 岂在彼在此遂可沉与俱沉，浮与俱浮耶？……岂如此如彼，遂可骄、可移、可屈耶？参之而成纯之一又审矣。变者岁也，不变者一也。变者用也，不变者体也。……无恒之人，富而骄，贫而诌，旦而秦，暮而楚，缁衣而出，素衣而入，蝇飞蝶惊，如飘风之不终日，暴雨之不终晨，有识者哀其心之死，能

① （清）王夫之：《读通鉴论》卷十九，中华书局，1975，第625页。

勿以自警乎！^①

这一段文字是船山对庄子"参万岁而一成纯"一语的阐衍。"参万岁"，意为参糅历史的长久变化与曲折沉浮；"纯"，精粹不杂之意，指不为纷乱和差异所扰乱。庄子此语的原意是说，圣人不要忙于争辩是非差别，而要参糅漫长复杂的历史变化与沉浮，浑成一体而不为纷乱和差异所困扰。这是与庄子的"齐万物""齐是非""恢恑憰怪，道通为一"等思想相联系的一个命题。船山却在相当大的程度上赋予这一命题以新的含义。他认为，虽然时代和形势是变化的，但君子却不能朝秦暮楚，而应该持守自己坚定不移的志向和操守，只有这样，才不会为万变不齐的世风所颠倒。他说："天运之变，物理之不齐，升降污隆治乱之数，质文风尚之殊，自当参其变而知其常，以立一成纯之局而酌所以自处者，历乎无穷之险阻而皆不丧其所依，则不为世所颠倒而可与立矣。"^②

正是从这种观点出发，船山对历史上那些朝秦暮楚之人，痛加鞭笞："且易一主，夕易一主，稽首匍伏，以势为从违而不知耻，生人之道蔑矣。"^③对于历事刘宋诸王而自诩"一心可事百君"的张岱，船山更是给予严厉的批判。他说："一心而可事百君，于仕为巧宦，于学为乡原。斯言也，以惑人心、坏风俗，君子之所深恶也。"船山认为，张岱与五代时的冯道一样，全不讲道德操守，"游其心以逢君"，一心"保其禄位"，"全躯保荣利"，这种唯利是图之士人必将助桀为虐，"乱臣贼子夷狄盗贼亦何不可事"？因此，船山对其严加痛斥，指其"为君子之所深恶"！^④

我们今天从历史发展的全局来看，船山全然否定冯道、张岱等人数易君主的行为当然不无偏颇。因为五代时期政局动荡、朝廷更迭，冯道先后仕于唐、晋等四朝十帝，却以"忠于国"自居，以安民养民为念，认为忠于国家比忠于君主个人更为重要，而当时人们亦对其忠于国家、安民养民的行为予以认可，故清代史评家赵翼称，冯道"无官谤，无私过"，无论是贤者还是不肖之人对其"皆颂之"，^⑤充分肯定冯道的政绩和忠德。明代异端思想家李贽亦认为，当时"君不能安养斯民，而后臣独之安养斯民，而后冯道之责始尽"，"虽历四姓，事一十二君并耶律契丹等"，

① （清）王夫之：《俟解》，中华书局，1959，第10—11页。
② （清）王夫之：《俟解》，中华书局，1959，第10页。
③ （清）王夫之：《读通鉴论》卷十一，中华书局，1975，第345页。
④ （清）王夫之：《读通鉴论》卷十五，中华书局，1975，第513—514页。
⑤ （清）赵翼：《廿二史劄记》卷二十二，中国书店，1987，第442页。

但却让"百姓卒免锋镝之苦",故肯定冯道的"安养之力"。^①这些评价应当是比较中肯的。

但是,处在故国败亡和民族高压政策下,作为身受明亡之痛的一介孤臣,王船山认识到,如果让"一心可事百君"的观念蔓延,必然"廉耻丧,忠孝亡,惑人心,坏风俗,至此极矣"^②!上述"全躯保荣利"的人生哲学将成为民族败类屈膝投降的借口,"利在此而此为主矣,利在彼而彼为主矣"^③。如果这些嗜利之人充斥于世,则民族振兴是没有希望的。作为民族志士,船山清醒地意识到这一危险,怎能不愤而加以斥责呢?因此,他以民族振兴、反清复明为己任,力图弘扬"历乎无穷之险阻而皆不丧其所依"^④的高风亮节,"饥寒可矣,劳役可矣,褫放可矣,囚系可矣,刀锯可矣。而食仁义之泽,以奠国裕民于乐利者,一俟其自然而无所期必"^⑤。船山所推崇的这种高尚情操,正是君子人格的集中体现。

王船山历经"天崩地解"之政治变故,又面临"廉耻丧,盗贼兴,中国沦没"的精神层面和社会层面双重危机,为了拯救危机,他不仅身体力行,以"六经责我开生面"的理论勇气进行穷精竭虑的艰苦创造,同时还将希望的目光投向了士林,对历史上特别是对明末的士风进行深刻的反省,呼唤和期待广大士人修德正身,"匡维世教","一介之士莫不有造",成为代表社会良心和坚守正义的君子,担负起时代的重任。时至今日,这些真知灼见对于我们整肃学风、修身律己、推动中华优秀传统文化创造性转化和创新性发展皆具有振聋发聩的启迪意义!

① (明)李贽:《藏书》卷六十八,见漆绪邦、张凡注:《藏书注》,张建业主编:《李贽全集注》第八册,中华书局,社会科学文献出版社,2010,第693页。
② (清)王夫之:《读通鉴论》卷十五,中华书局,1975,第513—514页。
③ (清)王夫之:《读通鉴论》卷二十四,中华书局,1975,第846页。
④ (清)王夫之:《读通鉴论》卷十五,中华书局,1975,第513—514页。
⑤ (清)王夫之:《读通鉴论》卷二十五,中华书局,1975,第900页。

现代新儒家对理想人格的重构

张　倩[*]

摘要：现代新儒家面向现代社会生活，回应如何沟通科学与哲学、智性与德性等问题，援引西方哲学，重新解释中国心性之学，成为其重构理想人格的基础；进而，以"知识分子"来对接"士"、读书人，发挥"士志于道"的文化传统，并强调日常生活中的职业道德建设，使得以身载道的君子传统在现代社会获得新的生长点。现代新儒家的这种探讨，是他们在专业性、技术性日益增强的现代社会中，为传统智慧寻求载体而作出的努力。尽管这种努力尚显粗糙，不少问题有待细化，却代表了现代新儒家对新文化的方向和载体的关注。

关键词：现代新儒家；理想人格；知识分子

理想人格的建构可以体现一个学说的精髓所在，它展示理论、理想对现实生活的观照。在中国思想史上，诸家思想在讨论理想人格建构时把目光放在了"人道"的层面，却也没有完全脱离"天道"的背景，儒学亦是如此。孔子以"君子有三畏：畏天命，畏大人，畏圣人之言"（《论语·季氏》）的判断，在"知"与"畏"之间，撑开了一个必然性原则与人之主体能力的空间，君子通过学习、修养，"下学而上达"，能够志于道、安于仁、居于义、立于礼。君子是儒家理想人格中的枢纽，可以从地位高贵、品德高尚以及德位皆有几个角度理解，兼涉才能、意志、知识、行为等各方面。与"圣人"相较，君子更接近人的日常生活，是"现实的理想人格"。[①]基于此，君子人格对士人的影响也更加具体，在中国思想史上呈现出比

---

* 张倩，华南理工大学副教授，主要研究方向为中国哲学史。
① 蒋国保：《儒家君子人格的当代意义——以孔孟为论域》，《道德与文明》2016 年第 6 期。

较强的连续性。但是，随着传统的知识阶层——士人群体的没落，具备现代知识的人成为代替"士"的群体。在士人生活中确立的君子理想人格，作为一种价值理念，则构成了中国"实质性传统"①的重要内容，对于知识分子而言依旧发挥着影响。现代新儒家面向现代社会生活，回应如何沟通科学与哲学、智性与德性等问题，援引西方哲学，重新解释中国心性之学，成为其重构理想人格的基础；进而，以"知识分子"来对接"士"②、读书人，发挥"士志于道"的文化传统，并强调日常生活中的职业道德建设，使得以身载道的君子传统在现代社会获得新的生长点。

一、重构理想人格的内在依据：从德性优先到德智并用

在《论语》中，君子更加侧重道德高尚的一面。志于道、安于仁、居于义、立于礼都是君子的基本品质。根据社会的状况决定自己的行动，自觉承担社会责任，寻求个体行为与社会发展动态的平衡，是对君子行为的最高要求。这是基于此，"忧道"成为君子的重要表现。③ 顾红亮把君子之"忧"解读为忧患和忧虑，"一方面，成就君子不是一个纯粹的推理的过程，而是一个伴随着焦虑、担忧的内在修行过程，展开于日常生活之中，这体现了平庸性；另一方面，在成就君子的过程中，真正值得忧患和忧虑的是我的思想与行为是否偏离了人道，我的日常活动是否具有天命的终极意义，这体现了终极性"。④ 君子的平庸性与终极性，统一于日常生活之中；高明、神圣的道德本体与平庸、世俗的日常行为，直接统一。从周敦颐开始，"孔颜乐处"成为宋明理学重要的讨论内容，也是宋以来士人所追求的精神境界。晚明时期中国商业获得较快发展，出现一批商业城市和早期的市民阶层，追求个性、提倡情感、欲望满足的平民人格逐渐取代君子人格。在近代化的进程中，理想人格的建构问题成为儒学自我更新的重要问题。

---

① 美国著名文化学家希尔斯在《论传统》中讨论过此"实质性传统"的问题，其可以概括为三个方面：崇尚过去的成就和智慧，对宗教和家庭的感性、对祖先和权威的敬重，对家乡的怀念之情等。

② 士包含君子，有时又与君子相通。在《荀子》中，直接使用"士君子"的说法，彰显士与君子的品格的一致性。这种思路为后世所沿用。

③ "君子忧道不忧贫"（《论语·卫灵公》），"德之不修，学之不讲，闻义不能徙，不善不能改，是吾忧也"（《论语·述而》），都是君子对"道"而有之"忧"。而面对生活中具体的事物，君子则不忧。"君子不忧不惧"（《论语·颜渊》），"君子道者三，我无能焉：仁者不忧，知者不惑，勇者不惧"（《论语·宪问》），则是从日常事务的角度展开的论说。

④ 顾红亮：《对话哲学与〈论语〉的关系性君子观》，《孔子研究》2009 年第 6 期。

　　现代新儒家一方面要说明现代化不仅仅是西化，需要体现中国自身的特殊性，另一方面也要回应，如何从中国传统资源中寻求到支撑现代化的核心因素和内在动力。"为人之学""生命的学问"是他们梳理传统儒学的基本思路，他们强调从人之为人的根据出发，结合现代社会的生活方式，再造理想人格。具体而言，即是从心性本体与现代社会生活如何关联这一问题的讨论入手，说明人的努力方向，说明中国传统的基本价值与中心观念在现代化的要求之下如何调整与转化。现代新儒家学者对这一问题的回答，包含着多种向度：一是以牟宗三、唐君毅为代表的，先形上地论证心性本体、彰显儒学德性优先的特质，再关注日常生活世界的思路；二是以徐复观、余英时为代表的，反对以抽象思辨来论证心性之学，主张从生活方式中寻找中国文化的价值系统，从现实生活实践中确立人的价值与尊严。

　　对人的道德理性的信任是现代新儒家讨论人的价值依据的基础。牟宗三正是以此为起点，建构了一个"依道德进路对万物的形上的说明"①的道德形上学。唐君毅以"道德理性"为人的活动依据，强调人的各种活动的内在统一，建构了一个文化哲学体系。"人类一切文化活动，均统属于一道德自我或精神自我、超越自我，而为其分殊之表现。""一切文化活动，皆不自觉的，或超自觉的，表现一道德价值。道德自我是一，是本，是涵摄一切文化理想的。文化活动是多，是末，是成就文明之现实的。"②徐复观以"心"为人的价值依据，以"心的文化"描述中国文化的特质，以修养工夫为了解心之呈现的根本方法，认为"人生价值的根源在心的地方生根，也即是在具体的人的生命上生根。具体的生命，必生活于各种现实世界之中"③，强调回到儒学工夫与本体不离的传统，彰显人的价值和尊严。余英时则强调中国文化价值系统的内在超越特征，以此为基础，强调人的身心安顿、个体责任。

　　以上所论现代新儒家学者中，唐君毅和牟宗三是强调德性优先的代表。牟宗三用"自我坎陷"来解决道德理性如何成就科学知识的问题，强调德性主体的自我限制和自我否定；④唐君毅在确立文化活动的德性基础之后，用道德本体的"全幅展开"说明科学知识是良心本体的充实和拓展，良知本体包含科学、民主、自由的"种子"。这种德性优先于理智的立场，很难有效回答德性如何成就知识，形上本体

---

① 牟宗三：《现象与物自身》，台湾学生书局，1984，第39页。

② 唐君毅：《文化意识与道德理性》，台湾学生书局，1986，第5、6页。

③ 徐复观：《心的文化》，见李维武编：《徐复观文集》（修订本）第一卷，湖北人民出版社，2009，第24页。

④ 牟宗山：《现象与物自身》，台湾学生书局，1984，第122—123页。

如何与现实具体活动相关联等问题，因而这种德性优先的本体立场，很难有力地支撑现代理想人格的架构。

与两者不同，徐复观则认为，孔子思想中的理性是具体生命的理性，是在具体的现实生活中实现的；儒学是从道德理性、仁性来阐发人性的，这不能成就科学。科学是构成整全人性必不可少的内容，也是儒学自我更新的必要内容。"则中国尽可由现代科学的刺激而益可见人性之全，不仅科学的迎头赶上为必要；且又尽物之性，由成物之功，使人性中之道德性，益可客观化到物的上面来，落实到物的上面来，而更能收道德性在人伦日用中的功效，与道德性以不断的充实。"①徐复观强调道德理性不能涵括科学，且需要科学来丰富和拓展理性的维度，进而使人的发展更加全面。这种思路在成中英等第三代现代新儒家中更为常见。成中英用"意志"与"理性"的差别性统一来说明德性与智性的差异与互通。在成中英看来，"意志"是行为的导向，可以分为情感和欲望；"理性"则是获取科学知识的能力。"理性"与"意志"各自独立，却具有内在关联，共同构成生命。"生命包含了理性的动向与知识的动向，意志的动向分化为情感的动向和欲望的动向，分别为实现知识、价值和欲望。""知识对价值的重要性正如价值对知识的重要性，乃两相依持，不分轩轾。"②

经过了近百年的发展，就目前的情况而言，现代新儒家对于传统儒学的解释思路与阐释重点都发生了变化，强调儒学的现代重建必须认知现代生活，必须切入现代生活，对过于内化的心性儒学有相当的批判和扬弃。其对于理想人格的讨论，内蕴于这种思路的变迁之中，基本立场从德性优先，转向了德智并用，强调仁智双彰的重要性。这有助于回应理想人格中如何减少狭义道德束缚，提高人们对科学的兴趣和对国家、民主的理性认知，同时也奠定了新的理想人格的精神基础。

二、重构理想人格的载体：援引知识分子理论

现代化作为世界性的历史过程，其核心在于工业化推动下的人类社会的全面变革，是科技理性渗透到社会生活方方面面的过程。中国从农业文明向现代文明转

---

① 徐复观：《儒家精神之基本性格及其限定与新生》，见李维武编：《徐复观文集》（修订本）第二卷，湖北人民出版社，2009，第37页。

② 成中英：《中国文化的现代化与世界化》，中国和平出版社，1988，第222、235页。

型，必须要重视和学习现代科学知识。在理想人格建构中，也必须要用现代科技理性和人文理性共同塑造人的主体性，培育人的主体意识、科学思维和分析精神，把当代的契约观念、法制观念、主体意识、民主观念、效益观念融入人的价值领域。现代新儒家在重构理想人格时，以知识分子为载体，援引西方的知识分子理论，更新对理想人格的理解。

"知识分子"问题是近代西方世界兴起的理论讨论。一般而言，"知识分子"一词出现于 19 世纪中期的俄国，专指 19 世纪 30 至 40 年代把德国哲学引进俄国的一批人，他们与主流社会疏远，具有强烈的批判精神。"知识分子"作为一个群体而出现，是在 19 世纪末的法国，以左拉、雨果为代表，依旧是以批判社会不公、维护正义为核心诉求。在援引"知识分子"这一说法时，现代新儒家们把中国古代社会的"士"称为传统知识分子，把五四前后的知识分子称为现代知识分子，一方面梳理传统知识分子与现代知识分子之间的断裂与连续，另一方面彰显现代知识分子的责任与使命。

"士"以君子为理想，现代新儒家在讨论"知识分子"时，未能完全脱离君子人格的影响。沟通君子理想与"知识分子"情怀，是现代新儒家重构理想人格的基本思路，也是他们立足心性之本，融通西方理想主义的体现。在唐君毅、徐复观的文集中，多处直接使用"知识分子"这一说法，以指称"士""读书人"，从对知识分子的分析中，讨论中国的文化传统及其发展。这可以看作是从广义上使用"知识分子"。与之不同，余英时曾著专文分析中国古代"士"群体与西方近代"知识分子"群体的相似性与差异处。他指出："根据西方学术界的一般理解，所谓'知识分子'，除了献身于专业工作以外，同时还必须深切地关怀着国家、社会以至世界上一切有关公共利害之事，而且这种关怀又必须是超越于个人（包括个人所属的小团体）的私利之上的。"① 这可以看作是从狭义上界定知识分子。该文虽然成文于 20 世纪 80 年代，却代表了现代新儒家对于"知识分子"和"士"之间的关联的看法，成为其重构理想人格的理论基础。余英时这个界定，对于中国学术界的知识分子研究产生了重要影响，很多学者讨论此类问题都借鉴此说。

此外，徐复观和唐君毅在讨论知识分子时，均从广义的角度入手，却各有侧重。徐复观从当下知识分子的现实状况入手，虽然也指出了知识分子追求理想、勇

---

① 余英时：《引言——士在中国文化史上的地位》，《士与中国文化》，上海人民出版社，2003，第 2 页。

于担当、敢于批判的一面，但更多的是揭示知识分子自私、堕落的一面。而唐君毅则更多从理想层面入手，强调知识分子的社会责任，彰显知识分子积极向上的品质。徐复观和唐君毅对知识分子的研究，共同构成了知识分子研究的整个视域，最终指向中国社会、中国文化发展的前途问题：只有知识分子真正在知识、道德、能力等方面有充分的提升，真正对中国自身的文化传统有切实的了解和把握，才能实现中国社会、中国文化的自我更新。

在徐复观看来，真正的"士"是真正具有反省精神、对皇权保持着批判，不把读书作为利禄工具的读书人。他们能够"对皇帝而凸显出天下，对朝廷而凸显出社会、地方，对科举功名而凸显出人格、学问"[①]。以孙中山为首的辛亥革命，是中国第一次以知识分子为首的革命，说明中国知识分子性格开始变化。但是，中西知识分子因所处的社会条件不同，中国知识分子有其独特性："欧洲由中世纪向近世的改变，冒险的商人是走在知识分子的先头，而由商人为主干的新兴市民阶级的力量，也远大于作为市民阶级组成之一的知识分子的力量。中国则只是由知识分子带头，社会变化的程度远落后在后面。这便一方面说明知识分子向前冲的力量有限，一方面说明知识分子没有新兴的客观底社会要求以其作为向前冲的根源以及由此根源而来的规约性。"这就导致知识分子的性格出现了三种形态：一是"以个人小利小害为中心的便宜主义"；二是"貌为恭顺，可以揣摸，百说百从，百呼百诺；但实则一事不办，一事无成"；三是"捕捉机会，肆行敲诈，获取报酬"。[②] 这种分析，解释了中国现代知识分子品性复杂的原因。

唐君毅认为"反求诸己"的精神是儒家君子人格最根本的特征，这种精神"表示一种精神上之最高的凝聚，从整个的外面世界，收归自己，即使自己过失，呈露在知过的自己之前"[③]。他进而认为，反求诸己精神的缺失是近代以来中国知识分子产生精神病痛的原因，挺立这种精神是建设中国文化之必须。而中国人文精神之未来发展亦系于"确认中国人德性生活之发展，科学之发达，民主建国之事之成功，及宗教信仰之确立，乃并行不悖，相依为用者"[④]。他认为，反求诸己精神可以使人

---

① 徐复观：《中国知识分子的历史性格及其历史的命运》，《论智识分子》，九州出版社，2014，第42—43页。
② 徐复观：《中国知识分子的历史性格及其历史的命运》，《论智识分子》，九州出版社，2014，第44、47页。
③ 唐君毅：《中国人文精神之发展》，台湾学生书局，1989，第237页。
④ 唐君毅：《中国人文精神之发展》，台湾学生书局，1989，第7页。

在思想复杂、充满矛盾冲突之处稳定自己，使人的精神凝聚，撤退于自己之内；可使人之精神，于一切为必然之中保持自有和超越；可以使人在面对他人之批评与指责时无所寄心。在民主政治生活中，其根本精神亦包含着"对我以外之他人之从政能放心。此正是相信性善论者之所当至"①。通过文化教养来促进反求诸己精神的推扩，加强世人对人性本善且能不断扩充为善能力的信心，是唐君毅观照中国人的现代发展、中国文化现代化的基本立足点。

整体而言，现代新儒家以"知识分子"为主要载体来重构儒学理想人格，强调知识分子对"公共利益"的关注，并以此展开社会批判。之所以如此，一个重要的原因在于："天下为公"作为中国精英思想中的价值支撑，在中西文化交流、中国文化自我更新的过程中，一直处于最为核心的地位，与现代文明的根源性内容直接对接。随着教育的不断发展，越来越多的人进入知识分子行列，越来越多的人具有清醒的公民意识，这为我们改造传统士君子阶层的经邦济世精神提供了新的思路。

现代新儒家们多从士"志于道"的传统，说明"士"与"知识分子"的契合处，但是对于"士"与"知识分子"的异质性讨论不足，造成这种研究的说服力不够充分。一方面知识分子们继承了儒家士人精神中的参与意识、责任意识和批判意识，以文化传承和发展的中坚力量自期，但他们又因失去了在文化领域内的话语权和主导功能而丧失了其应有的社会功能，其在价值导向方面的作用也相应失效。另一方面，在现代生活中，传统儒学所熟悉的日常生活领域渗透进大量的商业因素，理论很容易被附加上各种复杂的样态。当下若能清晰揭示出传统士人与现代知识分子在传承文化理想、引领社会价值方面的差异，则对于我们建构中国文化的载体有积极意义。

三、重构理想人格的现实基础：以职业道德为重点

在 20 世纪初，梁启超已经开始重视"公德"塑造，认为公德是中国国民普遍缺乏的道德，也是中国社会、国家衰落的根本原因。他把公德建设作为"新民"的核心，提出的公德建设的思路是在私德醇美的基础上塑造公德。"或容有私德醇美而公德尚多未完者，断无私德浊下而公德可以袭取者；……公德，私德之推也。"②

① 唐君毅：《中国人文精神之发展》，台湾学生书局，1989，第 307 页。
② 梁启超：《论私德》，见李兴华、吴嘉勋编：《梁启超选集》，上海人民出版社，1984，第 249 页。

把个人道德作为公德建设的基础，公德要在固有的道德传统中生长、衍生出来，在今天看来具有更强的合理性。其中的关键问题就是传统的个人道德中的私德与现代的社会公德如何转换。其中的核心问题是个人如何脱离身份意识的局限，形成独立的人格。徐复观则明确提出，以职业道德为基础，推进公德建设。这是现代新儒家重构理想人格思想的一个基本内容。

以教化为核心的儒家文化理念，因任民众生活的样态、形式，与之保持着一种相辅相成的关系，形成大传统与小传统交融的特征，在"百姓日用而不知"中传播核心价值观。君子理想不仅是精英对自我的期许，也是普通大众向往的目标。"大人之学"的教化关联于民众社会生活的内容，主要是依存于世俗社会的礼仪、礼俗；而传统社会以经典传习为主的教育系统，则使士人（知识阶层）成为儒学教化理念之"以身体道"的群体，这使儒家理想与社会生活、民众生活形成一种良性的、相融互动的关系，因而使中国历史悠久的传统文化具有一种自身创造转化和发展的活力。但在中国现代社会，儒学关联于现实政治制度的解构，儒学和传统研究完全被纳入西方式知识化、专业化的教育体系，退居学院化知识性一极；作为中国社会民众生活样态的传统礼仪礼俗，遭到严重破坏，不再具有它在自然历史因革连续性中承载完整文化信息的作用。当代中国社会处于一种民众生活"无靠"而理论"游谈无根"的状态。[①]在这种转变中，理想人格的建构就更加需要关注人现实的生活、工作状态，从中寻求新的生长点，真正实现"人当是人，中国人当是中国人，现代世界的中国人应当是现代世界的中国人"[②]的文化理想。

这种思路，在早期的新儒家学者中也有体现，只是未能充分展开。贺麟在1941年写作《儒家思想的新开展》一文时就指出，工业化的中国社会，儒者应有新的气象，中国人也应当有儒者气象。"在工业化的社会中，须有多数的儒商、儒工以作柱石，就是希望今后社会中的工人、商人，皆成为品学兼优之士。亦希望品学兼优之士，参加工商业的建设，使商人和工人的道德水准和知识水平皆大加提高，庶可进而造成现代化、工业化、文明化的新文明社会。"[③]徐复观则更加直接地指出，职业道德是近代道德的最具体的内容，而知识分子职业道德缺失，成为制约中国现代发展的重要原因。他曾言："一种使现代化迟滞不前的重大原因，乃在于

---

① 李景林：《儒学关联于民众生活的现实载体》，《河北学刊》2004 年第 11 期。
② 唐君毅：《人文精神之重建》，台湾学生书局，1989，第 4 页。
③ 贺麟：《儒家思想的新开展》，《文化与人生》，商务印书馆，2015，第 12 页。

知识分子，缺乏真正地职业观念，因而缺乏真正地职业道德。"而所谓职业道德，
"是在自己职业的本身，于有意无意之中，承认它具备有无限的价值。认为实现职
业的价值，即是实现自己人生的价值，因而把自己的生命力，完全贯注于自己的职
业之中，把职业的进步，当作自己人生的幸福"①。职业道德是社会公德的最基本内
容之一，以知识分子为主要载体的理想人格建构虽然超越职业束缚，但其职业道德
建设的基础地位、底线作用是明确的。个人在职业道德的建设中，可以脱离血缘束
缚，在人格独立、身份平等的基础上获得真实的生命体验，享受自由选择的乐趣，
并完成个体的责任。这种自由选择、共同订立规则、遵守规则的体验，有利于培养
人的契约精神。就此而言，这也是克服传统知识分子曲己从君、曲己颂圣弱点的入
手处。

在提倡职业道德建设的同时，现代新儒家学者对于分工过于细化带来的弊端也
有清醒的认识。通过对其的批判，可以更好地促进职业道德建设。唐君毅就指出，
现代社会分工的发展，使得人们越来越被束缚在自己的工作、生活的空间之内，难
以从社会分工中的某一点上发现自己活动的价值与人类生活全部价值之间的关系，
这导致人的物化和平面化。这是现代人为何难以承认普遍理想，进而确信道德理性
的原因。为解决这一问题，须减少文化活动的种类，使人们在"同一或类似之形式
下，可有各级工夫之深浅之活动"②。现代社会分工的发展，还造成一个弊端：人与
人之间成为平等的分工合作关系，竞争、合作关系使得相互之间的爱敬、欣赏、赞
美之情难以真正确立，人们的精神世界缺乏纵向提升的空间而趋于平面、分散。③
情感的缺失在唐君毅看来是一个根基性的问题；解决这个问题，需要发挥古典式的
师友伦理的"纵的经道精神"，使之与现代社会之分工合作的"横的纬道精神"相
结合。在这样的思路下，从道德情感的启发入手，由情感而理想，由理想而理性，
唐君毅通过文化批判，以人与人之间真诚的情感交流为依据，完成了他对文化建设
思路的探讨。他重视礼乐生活的意义，以使人的生活达到"每个人之生活的重心，
在了解真理，欣赏美，实践道德上的善，而与天合德，与神灵默契"④。

---

① 徐复观：《我们在现代化中缺少了点什么——职业道德》，见李维武编：《徐复观文集》（修订
本）第一卷，湖北人民出版社，2009，第150、151页。

② 唐君毅：《民主理想之实践与客观价值意识（上）》，《中华人文与当今世界》，台湾学生书局，
1988，第117。

③ 详参唐君毅：《民主理想之实践与客观价值意识（上）》，《中华人文与当今世界》，台湾学生书
局，1988，第126—128页。

④ 唐君毅：《人文精神之重建》，台湾学生书局，1989，第45、47页。

在职业道德建设中，鼓励每个人做好自己的本职工作，忠于职守，不缺位，不越位，踏踏实实参与社会建设，通过自己的切实努力，来赢得社会的承认。这正是人们在现代生活中成就独立人格的基础。从纯洁社会空气、建设良好文化生态的角度看，倡扬老老实实做事，堂堂正正做人，安分守己，尽忠职守的精神，对于安顿个体心灵，消解当前急功近利的社会心态，化除因责任缺失导致的社会问题，具有重要的意义。从个体角度而言，个人在遵纪守法的前提下，通过辛勤劳动、创新进取来提高生活水平，享受物质成果和文化成果，提升个人综合素质，工作上积极进取，生活上知足常乐，成就自我的同时帮助他人，这也是每个人的义务。

现代新儒家在理想人格建构中，积极沟通古今、中西，这是他们在专业性、技术性日益增强的现代社会中，为传统智慧寻求载体而作的努力。尽管这种努力尚显粗糙，不少问题有待细化，却体现了他们对新文化的方向和载体的关注。

"王"抑或"霸"？

——中西理想人格观与政制观之比较

孙 伟[*]

摘要： 无论是早期儒家还是古希腊的哲人，对于理想人格和政制的设计一直是他们哲学和政治学思想的核心内容。荀子虽承继了早期儒家对于王道和仁政的诉求，并且也承认霸政在当时的积极作用，但并没有解决如何实现最高理想政制的问题。早期柏拉图在《理想国》中也对哲学王或贤人政制的政治理念寄予厚望，但如何实现这一最高政制理想也面临现实的挑战。在这一现实与理想背离的形势下，后期柏拉图在《政治家篇》《法律篇》中修正了对最高理想政制的设计，使之融入了法律的因素。荀子也通过对圣王之治中法律规范功能和教化功能的强调，隐设了对于儒家最高理想政制的修正。这种对于法律重要性的认识使得柏拉图和荀子将自己的最高理想政制建立在坚实的现实法律基础之上，从而也为实现最高理想的人格和政制提供了一条途径。

关键词： 王霸；贤人制；荣誉政制；法律；荀子；柏拉图

对于早期儒家和古希腊哲学家而言，他们的道德哲学无疑都围绕着具有最高理想性质的"圣人"而展开。而这一最高的道德理想放在政治哲学中就是所谓的"王道"或"哲学王"。然而，对于东西方伦理思想来说，如何将这一最高道德和政制理想在现实中实现，才是二者都需要真正面对的理论和实践问题。面对现实的道德和政治环境，作为最高理想的"圣人"或"王道"究竟能否实现？如果很难实现，

---

* 孙伟，北京市社会科学院研究员，主要研究方向为中国哲学史。

会有其他方式来替代吗？如果能够实现，又要通过何种途径呢？带着这些问题，我们选取了具有代表性的两个人物——荀子和柏拉图，通过审视和比较他们在王霸乃至法律方面的观点，我们可以反观他们对于人格塑造的设想并由此而找到解决上述这些问题的途径。

一、荀子的"王"与"霸"

关于"王"和"霸"的争辩一直是早期儒家哲学所关注的重心。尽管孔子希望统治者能够培养自己成为仁爱的君主，但他也注意到成为仁爱圣王的难度。他说："如有王者，必世而后仁。"（《论语·子路》）修身以成仁是一个需要在很长时间内努力实践的艰苦过程，而这一过程很难在一个人有限的生命中完成。因此，对孔子来说，即便是古代著名的统治者，如尧和舜，也很难称作"仁"或"圣"（《论语·雍也》）。孔子也否认自己是一个圣人。他说："若圣与仁，则吾岂敢？抑为之不厌，诲人不倦，则可谓云尔已矣。"（《论语·述而》）既然实现仁和成就圣人的过程如此艰难，那为什么孔子还能坚持追寻这一目标呢？对孔子来说，道德和政治的最终理想就是将道德修养与国家治理结合在一起。尽管实现这一目标的过程充满了艰难险阻，路途遥远而不知其最终结果，但实现圣王的过程本身就是很可贵的，因为它积累了很多宝贵的经验，而这些经验可以被视为对自我的持续发展和完善。对孔子来说，最重要的事情不在于最终结果，而在于过程本身。

孔子并没有期待每一位统治者都能成为圣王。他甚至承认那些被后世儒者斥责为"霸"的统治者正是以他们自己的方式成为好的君主。[1] 其中一例便是齐桓公，他在管仲辅佐之下成为春秋五霸之一。[2] 正如傅斯年先生所说：

> 孔子之宗教以商为统，孔子之政治以周为宗。以周为宗，故曰："如有用我者，吾其为东周乎。"其所谓"为东周"者，正以齐桓管仲为其具体典范。

---

① "子曰：'管仲相桓公，霸诸侯，一匡天下，民到于今受其赐。'""子曰：'桓公九合诸侯，不以兵车，管仲之力也。如其仁！如其仁！'"（《论语·宪问》）

② 关于"春秋五霸"，学术界一直以来有两种观点：一种认为五霸是齐桓公、宋襄公、晋文公、秦穆公和楚庄王；另一种认为是齐桓公、晋文公、楚庄王、吴王阖闾和越王勾践。尽管两种观点不尽相同，但都认为齐桓公是春秋五霸之一。

故如为孔子之政治论作一名号，应曰霸道，特此所谓霸道，远非孟子所界说者耳。[①]

与孔子相比，孟子对待"霸"的态度似乎不那么灵活。孟子强调说，好的政府只在于"王"而不在于"霸"。[②]孟子说："以力假仁者霸，霸必有大国；以德行仁者王，王不待大。"（《孟子·公孙丑上》）对孟子来说，统治者必须要培养自己成为足够仁慈的人才能进而转化人民的道德，他也才能成为真正的"王"。否则，如果一个不道德的统治者只是使用暴力来掠夺人民的土地，他就不能使人民心甘情愿地臣服于他。孟子甚至认为管仲的成就是微不足道的（《孟子·公孙丑上》）。对于孟子的观点，美国学者史华兹作如下理解：

> 只有完全为正确的东西所激励的人，才能在长远的意义上造就出一个优良的社会，哪怕偶尔也会出现管仲那样的著名人物，他们能够取得某些符合仁德的成果，而不论其动机和手段。看来他们似乎能够"借用"仁德成果。然而，此类不具备仁道动机的仁道成果有可能像浮尘一样，转瞬即逝。[③]

因此，孟子谴责"五霸"是"三王"的冒犯者，因为他们只会用暴力去攻击其他国家，而不会在治理国家时推展仁政。但"五霸"也要比他那个时代的其他诸侯强得多，因为他们至少遵守盟约，制止邪恶和不道德的行为以维护国家之间的和平，而其他诸侯国则背弃盟约，无休无止地互相攻击。孟子认为，尽管在霸政统治下的人民也可能会受益于此，但他们不可能拥有那种在王道的统治下才可能具有的道德转化。孟子说："霸者之民驩虞如也，王者之民皥皥如也。杀之而不怨，利之而不庸，民日迁善而不知为之者。夫君子所过者化，所存者神，上下与天地同流，岂曰小补之哉？"（《孟子·尽心上》）然而，孟子对这个问题的观点并不总是完全一致的，他似乎也为霸政保留了一些空间。孟子说："尧舜，性之也；汤武，身之也；五霸，

---

① 傅斯年：《性命古训辨证》，广西师范大学出版社，2006，第121页。
② 关于孟子"王""霸"的观点，宋儒有很多争论。以司马光、苏辙和陈亮为代表的一方主张孟子的"王"与"霸"没有太大区分，"王""霸"的不同只是程度上的不同；然而，以王安石、张九成和朱熹为代表的另一方则主张，"王""霸"在本质上是不同的。在笔者看来，后者的观点似乎更加可信，因为孟子作为一个在道德和政治上的理想主义者理所当然地认为"王"是最终的理想，而"霸"则没有如此让人敬仰的道德属性。关于这场争论的细节，请参见黄俊杰：《孟学思想史论》卷1，东大图书股份有限公司，1991，第443—452页；卷2，"中央研究院"中国文哲研究所筹备处，1997，第143—155页。
③ （美）本杰明·史华兹：《古代中国的思想世界》，程钢译，江苏人民出版社，2004，第276页。

假之也。久假而不归，恶知其非有也。"（《孟子·尽心上》）这似乎在说明，如果春秋五霸只是借用道德的名义而行事的话，随着时间的推移，这些春秋的霸主们也有可能会由于这种长期的"道德借用"而逐渐转化自己成为道德的君主。

在《孟子·梁惠王》一章中，孟子试图说服梁惠王和齐宣王与普通人民分享自己所拥有的物质利益和其他利益，即使他们自己也希望拥有这些物质利益。对孟子来说，即便一个统治者在私欲上是不道德的，只要他肯与普通民众共享他的物质利益，他就可能会被转化成为一个仁爱的君主。对于孟子的道德理想来说，这显然是一个折衷和妥协的方案。

与孟子相比，荀子对于仁政的态度似乎并没有如此乐观。对于荀子来说，人性如果没有遏制就会产生恶的后果，统治者也不例外。在这个意义上，我们最好现实一些，而不要对统治者期待过多。这就导向了一种对"霸"的积极态度。在一生的不同阶段，荀子关于王霸问题的观点有一个变化的过程。在写作《仲尼》篇时，荀子好像只主张"王"而谴责"霸"。荀子说："仲尼之门，五尺之竖子，言羞称乎五伯。是何也？曰：然！彼诚可羞称也。"（《荀子·仲尼》）在此时，荀子是谴责"霸"的，因为"霸"在治理国家时不遵循道德原则。荀子宣称可以成为统治者榜样的是"王"。荀子说："彼王者则不然：致贤而能以救不肖，致强而能以宽弱。"（《荀子·仲尼》）在荀子的早期观点中，统治者只有遵循着道德原则和儒家之道，才能被称为"王"，才有可能成为所有统治者的道德模范。

荀子的后期经历和政治时局的变动使他对于"霸"的思考愈加成熟，进而对"霸"持一种更加肯定的态度。在《王霸篇》中，荀子首先区分了三类统治者："故用国者，义立而王，信立而霸，权谋立而亡。"（《荀子·王霸》）在荀子看来，一个能够将礼诉诸政治实践的统治者可以被看作是王。这类统治者是荀子的政治和道德理想，而这一理想的现实原型就是商汤和周武王。然而，即便一个统治者不能按照礼的原则来行动，只要他能在一个国家中建立统治秩序，并在友邦中建立相互的信任，也能被看作是一个次好的统治者——"霸"。荀子说："德虽未至也，义虽未济也，然而天下之理略奏矣，……虽在僻陋之国，威动天下，五伯是也。"（《荀子·王霸》）对荀子来说，尽管春秋五霸没有达到统治者所需要的最高美德，但通过在友邦之间建立相互的信任，并壮大自己的国家，他们也能使自己的子民受益。这里，荀子并没有谴责"五霸"或否认他们的功绩。荀子只是谴责了第三类统治者（"权谋立"），这类统治者一点也不能使人民受益，自己也会很快灭亡。

在《强国篇》，荀子结合"王"与"霸"的区分讨论了秦国的局势。当被问及他对秦国的印象时，荀子在肯定了秦国政府的一系列政绩后，批评秦国缺乏儒者："则其殆无儒邪？故曰：粹而王，驳而霸，无一焉而亡。此亦秦之所短也。"（《荀子·强国》）秦国的缺点在于它没有将儒家之道应用于统治中。很显然，荀子理所当然地认为"王"要比没有经过儒家道德培养的"霸"更加令人敬仰。然而，"霸"在战国后期为时代所亟需，因为他能为人民提供一个稳定的社会和国家。事实上，在荀子看来，"霸"也许是战国后期为实现王政的准备阶段。在荀子的时代，没有强有力的"霸"的统治，一个国家就不能在乱世生存，更不用说统一整个帝国。另外，通过"霸"的统治，人民也能够从国家的强盛和繁荣中获得利益。

然而，荀子并没有明确地提出"霸"能否向"王"进行转变。对于荀子乃至整个儒家来说，如果王政或仁政的理想过高而难以实现，次好的政制"霸"或许也是一个可以接受的选择。然而，虽然有"霸"作为替代性的选择，但如果最高的仁政理想无法实现，现实的"霸"也无法实现向"王"的转变，就必然会使儒家的政治理想乃至伦理基础面临严重的挑战。

在分析荀子对这一问题的解决方案之前，我们不妨先将目光转向与先秦儒家具有相似时代背景的古希腊，看看那里的哲人们是否会有对这一问题的解决方案。

二、柏拉图的"贤人制"与"荣誉政制"

要探讨柏拉图的政制观，就必须要了解其产生的古希腊哲学思想背景。古希腊的伯利克里时代是雅典的黄金时代，但随着伯罗奔尼撒战争的开始和延续，雅典逐渐从繁荣走向衰落。随着战争的延续，各城邦内部的钩心斗角和烧杀抢掠行为成为当时的普遍现象，人们的传统道德观念也在迅速地瓦解。《伯罗奔尼撒战争史》的作者修昔底德说道：

> 过去被看做是不瞻前顾后的侵略行为，现在被看做是党派对它的成员要求的勇敢；考虑将来而等待时机被看做是懦夫的别名，中庸思想只是软弱的外衣；从各方面了解问题的能力只表示他完全不适于行动。……阴谋成功是智慧的标志，但是揭发一个正在酝酿中的阴谋显得更加聪明一些……[1]

① （古希腊）修昔底德：《伯罗奔尼撒战争史》，谢德风译，商务印书馆，1997，第237页。

这样，传统的美德被视作软弱无能的表现，阴谋诡计和烧杀抢掠则成为智慧与勇敢的代名词。苏格拉底一生所要奋斗的目标就是要匡正古希腊当时的道德现状，挽救希腊人的精神世界于颓废之中。在这个大前提下，苏格拉底对于政治和国家的理想一定是基于他的道德理想之上的。在《高尔吉亚篇》中，苏格拉底认为，社会道德秩序的稳定是城邦兴盛的基础，而政治家的任务就在于改善人们的灵魂，培植好公民。在这个意义上，伯利克里并不懂得道德是政治的根本，他将雅典公民变得骄纵、懒惰和野蛮。[①]因此，一个真正的政治家应该本身就是一个道德高尚的人，他能够通过改善人们的灵魂、培养人们的品德来稳定社会政治秩序。

在这个基础上，苏格拉底认为最好的政府应当是经过民选而产生的，由贤能且富有知识的统治者组成，这种政府就被称之为 aristocracy[②]，也就是贤人政制。苏格拉底认为，公民是生而平等的，都是城邦所生的子女，公民之间只有美德和智慧上的差异，并无其他优劣之分。因此，苏格拉底反对僭主制，认为它是根据政治地位和财产选拔管理。在这点上，苏格拉底的贤人政制和孔孟荀所主张的以尧舜禹为代表的禅让王制非常类似。他们都主张让具有美德且有能力的人担任统治者，这一统治者并不是世袭得来的，而是通过民众的选举或推选产生的。而在另一方面，苏格拉底所反对的僭主制与孔孟荀所反对的"霸"之间也有很多相似之处。

柏拉图的政治理想和苏格拉底一样，都是要建立由哲学家担任统治者的国家，也就是贤人制（aristokaratia / aristocracy）。[③]统治者应当是具有良好品德的人，能够在统治中照顾最大多数人民的利益。在哲学王之下，依次有四种类型的政制：一是荣誉政制（timocracy），二是寡头政制（oligarchy），三是民主政制（democracy），四是僭主政制（tyranny）。在柏拉图眼中，从贤人制、荣誉政制、寡头政制、民主政制再到僭主政制，它们是在逐渐走下坡路。贤人制对应的统治者是贤人王者，荣誉政制对应的统治者是爱荣誉的人，寡头政制对应的是热爱财富的寡头，民主政制对应的是专注自由的平民，而僭主政制对应的统治者则是僭主。最好的统治者当然

---

① （古希腊）柏拉图：《柏拉图全集》第1卷，王晓朝译，人民出版社，2002，第412—413页。

② Plato, *Plato: Complete Works*, ed. John M. Cooper, Indiana polis/Cambridge: Hackett Publishing Company, 1997, p. 954. 文中本书引文除非特别说明，均为自译。

③ Aristocracy 一词经常被翻译为"贵族政治"或"好人政治"（如郭斌和、张竹明译：《理想国》，商务印书馆，1986，第314页）该词希腊文原意是出身好的人担任统治者，但如果只从贵族出身的意义上来理解，则与柏拉图提到的世袭王族政治相悖，因而还是应当从好的品格或道德高尚的意义上来理解这个词。参见汪子嵩等：《希腊哲学史》第2卷，人民出版社，1993，第1092页。

是贤人王者，就是具有智慧和美德的哲学王。这和孔子、孟子以及荀子所主张的王道颇为相似。对他们而言，一个国家的统治者本身就应该具有高尚的品德和过人的智慧。从个体修养的角度来说，个人的品德是与国家的政治紧密相连的。如果一个人本身是具有美德的，那么由他来统治国家就必然会造福于人民。因此，无论在西方古希腊哲学中，还是在先秦儒家哲学中，个体的伦理总是与现实的政治紧密相连。伦理与政治的一体化，是二者的一个重要共通点。

对于次等的政体选择来说，柏拉图认为荣誉政制是相比其他制度来说更好的制度。荣誉政制的特点是爱好荣誉和战争，重用勇敢和善于战争的人，这与先秦儒家们所讨论的霸政似乎也有相似之处。霸政的主要特点也是崇尚武力和荣誉。先秦儒家虽然反对霸政，但并不完全否认霸政所能带来的一些积极意义和影响，比如孔子对于管仲辅佐齐桓公抵制戎狄的称赞等等。① 对于后期的儒家，比如荀子来说，霸政可能发挥的作用就更加大了。除了能够成为稳定社会秩序的一种方式以外，霸政还很可能成为实现王政的一种方式。因此，我们可以发现，无论是古希腊的柏拉图，还是中国古代儒家如孔子和荀子，他们都没有否认"霸"或"荣誉政制"在国家统治中可能产生的积极作用。

最坏的政体，柏拉图认为是僭主政制。对于柏拉图来说，僭主政制就是暴君统治，完全没有可取之处，是迟早要灭亡的。这种政体与先秦儒家所分类的相对应的政体模式应该是如桀纣之类的暴君政体。对于先秦儒家来说，桀纣之类的暴君政体只会考虑统治者的利益，而使人民陷于水火之中。对于孟子来说，诛灭这样的暴君，是人人可为之的，是"诛一夫"，而非"弑君"。对于荀子来说，这样的暴君所统治的国家就是"亡国"，迟早要灭亡。

虽然对于柏拉图来说荣誉政制是一种次好的政体选择，但它也很难实现向最高等级政制的转变。亚里士多德就敏锐地指出：

……当他（指柏拉图——引者注）说到僭主政体时，变革好像就此停止了似的；他从没有说明僭主政体是否也有变革，如果也有变革，他也没有说明这些变革的原因或它们究将变为哪种政体。……实际上，一个僭主政体可能转变为另一形式的僭主政体，……一个僭主政体也可转变为寡头政体，……

① 参见《论语·宪问》："微管仲，吾其被发左衽矣。"

一个僭主政体也可转变而为平民政体，……而且，也可一变而成贤人政体（aristocracy）。①

对于亚里士多德来说，就连最低层级的僭主政制都有可能实现向贤人政制的转变。既如此，那对于相对较好的荣誉政制（斯巴达式城邦）来说，似乎就更有可能实现向最高等级政制的转变。但对于《理想国》时期的柏拉图而言，他并没有提及这种转变的可能性。这样就会造成与儒家同样的在理论和实践上的解释困境，即贤人制的理想政制是否设计得过高而难以在现实中实现？如果这一最高理想难以实现，那次等的政制有可能向这一最高政体转变（正如荀子所提到的"霸"向"王"的转变）吗？如果没有这种转变的可能性，那最高理想只能是一种空中楼阁或者"天空之城"吗？在柏拉图后期的《政治家篇》和《法律篇》中，我们似乎可以看到柏拉图力图解决这一困境的努力。

三、王政何以实现？

在《政治家篇》中，我们发现柏拉图关于理想政制的思想发生了变化。柏拉图依然承认政治家必须要具有正义和理智的品德以及在此基础上形成的政治技艺。柏拉图说：

> 有着真知识的人，真正的政治家，会在许多场合允许他的行为被他的技艺所支配，而不是只注意那些成文的法规。每当他相信有某些比他先前写给民众的指示更好的尺度，而他又无法亲自到场控制民众时，他会这样做的。……所以，个人或群体拥有法典，但想要对之作某些改变，因为他们作为真正的政治家认为这种变化是一种改进，与遵循法典并不相悖。②

然而，更重要的是，柏拉图在这里意识到这种政治家出现的难度。他说：

> 我们还要实事求是，与蜂群产生蜂王那样的自然过程不同，国王并不会以

---

① （古希腊）亚里士多德：《政治学》，吴寿彭译，商务印书馆，1965，第310—311页。
② （古希腊）柏拉图：《柏拉图全集》第三卷，王晓朝译，人民出版社，2003，第155页。

这种自然的方式在城邦中产生——他的身体和心灵都格外卓越，马上就能掌管各种事务。因此，人们只好聚集起来，制定成文的法律，尽快追踪那正在逝去的真正的政制。①

对柏拉图来说，由具有美德的政治家来实施统治当然是最好的选择。这样的一种符合道德和理智的统治仍然是关于国家治理的最高理想，"有着最严格的公正和最完善的幸福"②。但假如在现实中没法找到这样优秀的政治家，那就要进行次好的选择，这就是法律的统治。柏拉图进而按照统治者的人数多少和是否遵循法律统治将政制分成了三种类型，分别是君主制和僭主制、贵族制和寡头制、法律民主制和非法律民主制。而在这所有六种政制中，最优秀的无疑是第一种，因为君主制是"由一个人进行统治，并且这种统治能够保持在法律的规则中，也就是说依据被我们称作法律的成文法则来治理，那么这种统治是所有六种统治中最优秀的。……君主制作为六种政制中的第一种，生活于其中是最好的——除非第七种政制有可能出现，我们必须高度赞扬这种体制，就像位于凡人中的神，这种体制高于其他所有体制。"③

柏拉图在《政治家篇》中关于法律的观点在后来的《法律篇》中得到了延续和深化。在《法律篇》中，柏拉图又设想了一个理想的政体形式。首先，这个政体由一个年轻的"独裁者"（dictator）绝对控制。这个统治者应当敏于学习，具有良好的自制力和记忆力，以及勇敢和天生的高贵品格。其次，这个统治者还需要有"好运"能够在他的那个时代与一个知名的立法者相伴，并能够时时见到他。这样一个政体是一个理想政体。次好的政体则是合法的王制，再次则是类似于民主制的政体形式。寡头制是居于第四位的政体形式。④

显然，柏拉图在这里设想了一种和《国家篇》中的理想政体不一样的政体模式。在这种政体中，哲学王不再存在，居于统治地位的是具有统治能力和高贵品格的"独裁者"。当然，柏拉图虽然强调独裁者的个人统治能力，但并没有忘记这个独裁者所应具有的美德。他说：

当一个独裁者想要改变国家的道德现状时，他并不需要自己花费多大的力

①（古希腊）柏拉图：《柏拉图全集》第三卷，王晓朝译，人民出版社，2003，第157页。
②（古希腊）柏拉图：《柏拉图全集》第三卷，王晓朝译，人民出版社，2003，第157页。
③（古希腊）柏拉图：《柏拉图全集》第三卷，王晓朝译，人民出版社，2003，第159—160页。
④ 汪子嵩等：《希腊哲学史》第2卷，人民出版社，1993，第1115—1116页。

气或时间来去做。他只需要成为第一个走这条路的人就可以了，而在这条路上他可以督促民众来去做。也就是说，他只要通过自己的行为来为民众做出道德的榜样就可以了。他必须要赞扬一些行为并且谴责另外一些行为，在每一个领域他都必须要使违背道德的人被鄙视。[①]

从上面这段话中，我们可以看出国家的统治者不仅需要高超的统治能力，而且还需要具有能为民众做出表率的道德素质。这很容易使我们联想起孔子对于统治者所应具有素质的那段著名的话："子欲善，而民善矣。君子之德风，小人之德草。草上之风，必偃。"（《论语·颜渊》）很显然，对于孔子来说，统治者必须要具有高尚的品德来作为民众的表率。只要统治者本身具有高尚的品德，民众自然会仿效君子的行为，从而逐渐转变自己的品格，使之趋向于道德。在这一点上，柏拉图和孔子是非常相似的。

然而，柏拉图《法律篇》中所设想的理想君主并不只是具有美德，而是除了要具有必要的统治能力和个人素质，还必须要懂得如何将法律运用于国家治理之中。在柏拉图后期的观点看来，法律在国家治理中至关重要。他说：

> 当法律从属于某个权威而没有独立性时，城邦离毁灭就不会太远了；而如果法律成为政府的主人，政府是它的奴隶时，那么城邦就会充满了希望，人们就会得到神所能赋予一个城邦所有的祝福。[②]

在这里，柏拉图基本上将法律视为一个城邦统治中最根本的原则。和统治者个人的品德比起来，似乎法律更为重要。柏拉图甚至说："一个国家所能享用的福庇是直接与这个国家所施行的法律和秩序的程度相关的。"[③]这显示了柏拉图思想从《国家篇》中的人治到《法律篇》的法治的发展。柏拉图研究学者安德烈·拉克（André Laks）就认为：

[①] Plato, *Plato: Complete Works*, ed. John M. Cooper, Indianapolis/Cambridge: Hackett Publishing Company, 1997, p. 1398.

[②] Plato, *Plato: Complete Works*, ed. John M. Cooper, Indianapolis/Cambridge: Hackett Publishing Company, 1997, p. 1402.

[③] Plato, *Plato: Complete Works*, ed. John M. Cooper, Indianapolis/Cambridge: Hackett Publishing Company, 1997, p. 1453.

从某种意义上说，《法律篇》既是《理想国》、又是《政治家篇》的续篇。就修正而论，这两篇对话的地位是不同的。就《理想国》来说，变化是明显的，因为善人的共同体、哲学王、激进的新开端的必要性，所有这些在那篇对话中非常突出的特征，在《法律篇》中都全面削弱了。……在《政治家篇》中，法律或者是作为专业政治家手中有用的权宜之计，或者是在缺少真正政治家的情况下，作为无意识的第二好的选择，而在《法律篇》中，法律是神灵理性的体现……①

我们可以看到，柏拉图在《法律篇》中设想的理想政体似乎是在贤人制的基础上融合了法律的因素。一个统治者不仅需要在德性上具有表率作用，更要在法律的运用和实施中发挥重大作用。对于后期的柏拉图而言，法律甚至可以超越美德，成为国家统治的首要因素。

一个共同体如果不是由神来统治，而是由人来统治，那么其成员就不可能摆脱邪恶和不幸。我们应当竭尽全力……应当规范我们的私人家庭和公共社会，使之服从我们中间的不朽成分，并把法律的名称给予这种理智的约定。②

在这里，柏拉图似乎并不仅仅将法律看做是一种对于美德政制的修正，而是类似于神的统治者。法律能够克服人性的弱点，使人能够追寻自身存在的神性不朽的成分。从这里可以看出，柏拉图应该不仅仅将法律看做是一种手段和工具，而是具有目的性的最终理想。通过这样一种融合了法律和美德的理想政制设计，柏拉图提出了如何实现理想政制的方案。如果一个统治者能够首先实现法治，即便自身还不能实现德性的完满，那也就具备了实现最高理想政制的基础。因而，法治是最高理想政制实现的关键性条件。这无疑是对《理想国》政制观的重大修正。在《理想国》中，最高理想政制就是建立在纯粹美德基础之上的。通过这种从德性到法治的改变，柏拉图力图使自己的最高理想政制建立在坚实的现实法律基础之上，从而也就

① （英）克里斯托弗·罗、马尔科姆·斯科菲尔德主编：《剑桥希腊罗马政治思想史》，晏绍祥译，商务印书馆，2016，第263页。
② （古希腊）柏拉图：《柏拉图全集》第三卷，王晓朝译，人民出版社，2003，第473页。

为实现最高理想政制提供了一条途径。

我们可以发现，柏拉图是通过修正最高理想政制的方法来使得自己的政治理想能够得以实现。当然，从儒家的角度来看，这种修正似乎是对现实的一种妥协。最高理想难以实现难道就可以不去实现吗？这种最高理想一定要与现实妥协，加入现实的法律因素吗？这些或许都可以成为儒家对柏拉图政制观的质问。

我们知道，对于孔子来说，统治者的个人品德应当始终高于法律，而法律只是在不得已的情况下才会介入国家的统治之中。孔子说："道之以政，齐之以刑，民免而无耻；道之以德，齐之以礼，有耻且格。"（《论语·为政》）孔子认为，"德"和"礼"不仅有规范人民行为的功能，而且还能激发出内心的羞耻感，而这正是培养人民道德的重要方式。相反，政体制度和刑罚制度只不过是使得人民免于被惩罚而已，只是一种最低的要求。刑罚只能迫使人们去依据法律行事，而不能引发内在的羞耻感。尽管刑罚在控制犯罪和保障生活安宁方面发挥着重要作用，但却与道德修养无关。这样，对孔子来说，法律和刑罚在引导人们进行道德修养、成为仁爱的人，从而保持良好的社会秩序方面远不如礼有用且有效。因此，在统治中应用礼并最终放弃使用刑罚才是孔子所真正希望的。孔子说："听讼，吾犹人也，必也使无讼乎？"（《论语·颜渊》）在孔子看来，礼应当优先于刑罚，没有礼的约束，刑罚就可能被滥用。孔子说："礼乐不兴，则刑罚不中；刑罚不中，则民无所措手足。"（《论语·子路》）

然而，对于荀子来说，"法"开始变得尤为重要。"法"是国家统治的根本法则，是与礼共同维护社会秩序的必不可少的工具。如荀子说道："出若入若，天下莫不平均，莫不治辨，是百王之所同也，而礼法之大分也。"（《荀子·王霸》）荀子甚至还认为，法律不仅拥有维护社会秩序的功能，还有移风化俗、改良人心的社会道德教化功能。荀子说：

> 古者圣王以人性恶，以为偏险而不正，悖乱而不治，是以为之起礼义，制法度，以矫饰人之情性而正之，以扰化人之情性而导之也，始皆出于治，合于道者也。（《荀子·性恶》）

显然，荀子在这里提到的"圣王"与仁政有着密切的联系，而恰恰又是"圣王"制定了礼义法度。这就等于说，仁政本身就包含了礼义法度。如果仁政本身就包含了礼义法度以教化世风人情，这也就与柏拉图所说的包含法律的最高理想政制相类似了。比起柏拉图，荀子似乎对法律的分析更为深入。通过法律，我们不仅可以实现我们想要的秩序和规则，而且还会教化人心，使之逐渐趋善，从而成为实现仁政的一种方式和途径。这样，荀子通过对圣王之治中法律双重功能的设定，隐含了对于儒家最高理想政制的修正。

当然，虽然荀子强调了法律的作用，但他也同时认为，如果没有道德完美的君子，法律也无从施展。所以荀子说：

> 法者，治之端也；君子者，法之原也。故有君子，则法虽省，足以遍矣；无君子，则法虽具，失先后之施，不能应事之变，足以乱矣。不知法之义而正法之数者，虽博临事必乱。（《荀子·君道》）

这就是说，在荀子看来，如果统治者没有美德，那无论法律如何完美，都不能治理好国家。这显示了荀子虽对最高理想政制进行了修正，但在这种包含了美德与法律的最高理想政体中，美德和法律的地位是不同的。统治者虽能够通过法律来实施对于秩序和德性的诉求，但其前提必须是统治者具有足够的美德来免于对法律的滥用。

与之类似的是，柏拉图虽然将法律看做是实现最高理想政制的首要途径，但他也同样强调实施法律的人必须具有与之相称的资格和条件。柏拉图说：

> 如果一个组织良好的国家在立法中取得了伟大成就，但却把极为优秀的法律交给那些不合格的官员去执行，那么这些法律再好也不会起什么好的作用，不仅是这个国家会成为人们的笑柄，而且这样的社会肯定会发现它的法律是最大的伤害和不幸的源泉。①

当然，柏拉图在这里所说的"不合格的官员"应该并不是荀子所说的道德意义上的君子，而是指在法律方面得到很好的训练和教育的人。②

因此，对柏拉图来说，法律占据绝对的优先地位。也就是说，如果没有法律，

---

① （古希腊）柏拉图：《柏拉图全集》第三卷，王晓朝译，人民出版社，2003，第507页。
② （古希腊）柏拉图：《柏拉图全集》第三卷，王晓朝译，人民出版社，2003，第507页。

即便统治者的道德再美好也无济于事。这其实就是说，法律制度是国家统治中不可缺少的先决条件。而对荀子来说，君主的美德才是国家统治中不可缺少的条件。虽然二者都没有否认法律和美德在国家统治中的作用，但对法律和美德的地位和作用的认识显然是不同的。这一点也是古希腊政治学和儒家政治学的不同之处，也显示了西方古典政治学理性主义与中国古代儒家政治学道德主义的分歧所在，而古代西方与中国在政治制度设计与安排上的差异可能正由此产生，并逐渐演化为政治学发展的两大不同进路。

当然，虽然二者的思路不尽相同，但柏拉图和荀子实现最高理想政制的方式都牵涉到了法律。由此可见，法律在建立现实之邦国乃至"理想国"之实现方面无疑起着举足轻重的作用。

君子文化的当代实践

中华君子的当代视域

何泽华　何善蒙　彭　鹏[*]

摘要：在我国丰富的优秀传统文化当中，君子是中华民族最深层次的精神追求，也是中华民族独有的"精神标识"的典型代表。君子文化是轴心时代中华文明的一大贡献，历经千年的发展，做人做君子，成为中华儿女在理想人格上的最大共识。中华君子文化是实现传统文化现代转型的着力点，可以对现代性问题进行有力的回应。在当今社会，对于中华君子文化的研究宣扬，是扩大中华民族文化影响力，提高民族文化自信的必然举措。

关键词：君子；理想人格；现代性

最近几年，习近平总书记多次在重要场合强调要重视传统文化，挖掘和宣扬传统文化的精髓，以回应当前国内和当今世界所面临的问题。2018年8月22日，新华社发表了习近平总书记在全国宣传思想工作会议上重要讲话的新闻通稿，习近平总书记指出，"中华优秀传统文化是中华民族的文化根脉，其蕴含的思想观念、人文精神、道德规范，不仅是我们中国人思想和精神的内核，对解决人类问题也有重要价值。要把优秀传统文化的精神标识提炼出来、展示出来，把优秀传统文化中具有当代价值、世界意义的文化精髓提炼出来、展示出来"。习总书记强调传统文化的重要性，同时也指明发展中华优秀传统文化的方向。在我国丰富的优秀传统文化当中，君子是中华民族最深层次的精神追求，也是中华民族独有的"精神标识"的典型代表。君子作为中国传统社会一种评价人的美称，对于中华民族的民族精神的

---

　　* 何泽华，浙江大学君子文化研究中心研究员；何善蒙，浙江大学教授，主要研究方向为中国哲学史；彭鹏，浙江大学讲师，主要研究方向为中国哲学史。

培塑有着极深的影响。"正人君子"是对于一个人的人格品质的极大肯定。"君子"作为一个极具中国特色的名词范畴，对于它的研究解读，具有极其重要的时代意义。对于传统君子思想的解读挖掘，可以为回应现代性问题提供很好的思想资源，也可以对国际社会所流行的"中国威胁论"进行有力的反驳与回应。同时，"做人做君子"的思想也是中华文明的普遍价值取向，有利于加强国家的凝聚力、向心力，可以为国家统一搭建良好的精神桥梁。

一、君子是轴心时代中国思想的一大贡献

公元前 800 到前 200 年，是世界文明发展史上不寻常的一个时代，马克斯·韦伯、塔尔科特·帕森斯等人称这一时期的文明成果为"哲学的突破"，所谓"哲学的突破"即对构成人类处境之宇宙的本质产生了一种理性的认识，从而对人类处境及其基本意义获得了新的理解。而德国存在主义哲学家雅斯贝斯称这一时期为"轴心时代"，他认为，这一时期的思想成就为世界文明进程提供了理性认识世界的基本框架，对于世界文明的发展起着根基性的作用。雅斯贝斯认为，"人类一直靠轴心时代所产生的思考和创造的一切而生存，每一次新的飞跃都回顾这一时期，并被它重燃火焰。自那以后，情况就是这样。轴心期潜力的苏醒和对轴心期潜力的回归，或者说复兴，总是提供了精神的动力"。在雅斯贝斯看来，"轴心时期"在文明领域"超越的突破"，表现为以理性对抗神话，将人从上帝、诸神的神话的信仰统治中解放出来，轴心时代与前轴心时代文明的基本关系是对立、反抗、断裂、突变。

但与世界其他文明相比，中国的文明演进别具特色，轴心时期与前轴心时期的文明发展其基本的关系是连续性的，而非断裂性、对抗性的。虽然在前轴心时期，中国的上帝信仰对于人文秩序的建构起着决定性的作用，但是人文的觉醒也已在悄然进行，特别是周王朝建立之后，以德配天思想的兴起，使得人的理性的觉醒、人对于自主行为的反思与把握成为人神对话中的重要组成。伴随着西周礼乐文明秩序的建立，中华君子思想正式登上了历史的舞台。

"君子"一词，其出甚早，殷周之际，已为时人所普遍使用。如《尚书·大禹谟》载："反道败德，君子在野，小人在位，弃不保"，《尚书·泰誓下》载武王曰："我西土君子，天有显道，厥类惟彰"，《尚书·旅獒》记成王时之太保曰："狎侮君

子，罔以尽人心"，《尚书·无逸》载周公曰："君子所其无逸"，武王、太保召公、周公之称人为"君子"，此皆可证明"君子"一词最晚于殷周之际已经出现。君子在先秦早期典籍当中具体含义为何，有两种比较有代表性的观点：其一，以君子指国君或王侯之子；其二，以君子指自天子以至于诸侯卿大夫之有位、有德者，为其通称。早期君子源初之意当指国君、王侯之子，但随着血脉关系的不断扩散，君子又成为自天子以至于诸侯、卿大夫之通称，君子有"位"，是君子之显性特色。中华君子在前诸子时期，指的是"贵族君子"。

贵族君子作为一个群体，在周王室建立之后，设有专门的教育机构和教学内容，对其进行培养教育。《礼记·学记》载："古之教者，家有塾，党有庠，术有序，国有学。"西周学校分为国学和乡学两种，国学又分为大学和小学两个阶段，其教育的主要对象是国子，即王侯卿大夫之子弟，而所谓"国子"无疑与君子早期的含义有着相通之处，因此，对于国子的教育，无疑即是对于君子的教育。据《周礼》记载，负责教育国子的职官有大司乐、师氏、保氏，其中师氏教国子三德三行，"师氏掌以媺王诏，以三德教国子，一曰至德，以为道本；二曰敏德，以为行本；三曰孝德，以知逆恶。教三行，一曰孝行，以亲父母；二曰友行，以尊贤良；三曰顺行，以事师长。"（《周礼·地官·师氏》）保氏教国子六艺六仪，"保氏掌谏王恶，而养国子以道，乃教之六艺：一曰五礼，二曰六乐，三曰五射，四曰五驭，五曰六书，六曰九数。乃教之六仪：一曰祭祀之容，二曰宾客之容，三曰朝廷之容，四曰丧纪之容，五曰军旅之容，六曰车马之容。"（《周礼·地官·保氏》）

周王朝建立之前，非常注重"贵族君子"的德行培养，"以德配位"既是周王室沟通天命以保王位的指导思想，又是周王室设官命爵的一个重要方式，《礼记·祭统》谓："古者爵有功而禄有德"。前诸子时代，对于以有位为基本特色的"贵族君子"关于"德"的探讨，已经非常丰富，《尚书》《逸周书》《周礼》《左传》《国语》《礼记》中对于相关君子德行的探讨皆有记载，陈来先生曾将这些文献中的德行分为三类进行：

第一类属于个人品格。有四德：直、宽、刚、简（《尚书·尧典》）；九德：宽、柔、愿、乱、扰、直、简、刚、强（《尚书·皋陶谟》）；三德：正直、刚克、柔克（《尚书·洪范》）。

第二类是社会基本人伦关系的规范。有五教：父义、母慈、兄友、弟恭、子孝（《左传·文公十八年》）；七教：父子、兄弟、夫妇、君臣、长幼、朋友、宾客

（《礼记·王制》）；八政：夫妻父子兄弟君臣（《逸周书·常训》）；十伦：君臣之义、父子之伦、贵贱之等、亲疏之杀、夫妇之别、长幼之序、上下之际（《礼记·祭统》，与社会德行无关者未列）；四道：亲亲、尊尊、长长、男女有别（《礼记·大传》）；五达道：君臣、父子、夫妇、兄弟、朋友（《礼记·中庸》）；三行：孝行、友行、顺行（《周礼·师氏》）；六行：孝、友、睦、姻、任、恤（《周礼·大司徒》）。

第三类是前两类结合的产物，其中既有个人品格，如温直刚柔，也有人伦性道德，但其中普遍性的道德价值反映为德性的要求增多。如六德：中、和、祗、庸、孝、友（《周礼·大司乐》）；六德：知、仁、圣、义、忠、和（《周礼·大司徒》）；三达德：智、仁、勇（《礼记·中庸》）；四德：精、忠、孔、信（《国语·周语上》）；四德：忠、信、礼、义（同上）；九德：孝、悌、慈惠、忠恕、中正、恭逊、宽弘、温直、兼武（《逸周书·宝典》）；九德：忠、信、敬、刚、柔、和、固、贞、顺（《逸周书·酆保》）；九行：仁、行、让、言、固、始、义、意、勇（《逸周书·文政》）；九守：仁、智、固、信、城沟、廉、戒、竞、国（同上）。

这三类德行又可分为两大类，一类是立基于家庭和家族及至宗族关系的人伦规范，主要是家庭道德；一类是个人德行，主要是向统治者提出的个人的品格要求，其中包含着一般人格理想的意义。由上述材料，我们可知前诸子时代关于"贵族君子"德行的探讨，已经涵盖了以儒家为代表的诸子百家探讨君子之德的绝大多数德目，成为儒家等探讨君子之德的直接思想来源。由此可知，我国的君子思想源远流长，对于德行的培养，早在孔子之前，已成为"贵族君子"培养的重点。置之于"轴心时期"的大视域之下，君子思想无疑是中华文明对于人类文明的一大贡献。

从轴心时期中华君子的这一特点来看，它和我们通常所说的代表西方文化的绅士、骑士，代表日本文化的武士，都有着非常明显的差异。无论是绅士、骑士，还是武士，主要都是一个身份的概念，也就是说，虽然这些形象也都有一定的文化、价值内涵，但是从总体来说它们都主要表现为一个特殊的社会阶层。而君子的概念则不同，它除了是社会身份的象征之外，还包含着极为丰富的道德内涵，而且在后来的发展演变中，道德的内涵逐渐取代了身份的象征，这对于君子的传承和发展来说，影响至为深远。而反观绅士、骑士和武士，由于价值的内涵不那么明显，或者说不具备普遍性的特质，最终都随着相应的阶层的消解而逐渐淡出了其主流的文化传统。从这个角度来说，中华君子的概念，是轴心时代中国思想的一大贡献，也是中国哲学的突破的标志性形象。

二、百家争鸣与中华君子人格的确立

在前诸子时代，典籍当中有关君子之记载，多是围绕君子如何循礼修身、治国理政而展开，其关注的核心问题是"君子当如何？"。学校对于"贵族君子"的培养，注重德行礼仪、治国安邦之道的教导，对于"什么是君子？"这一问题，并没有予以关注。在这一时期，有位为君子，是对君子身份判断的基本标准。君子作为一种理想人格形态，尚未涉及。

春秋战国时期，周王室逐渐丧失对诸侯国的统治力，上下失序、礼崩乐坏成为当时社会的严重问题，围绕着如何应对这种局势，诸子蜂起，百家争鸣。借君子之名立说，是诸子百家的一种普遍做法。他们对于"什么是君子？""如何做君子？"这些问题的不断探究，使得中华君子的人格形象得到多方面的诠释。君子之道渗透到了社会生活的方方面面，上到治国安邦，下到修身齐家、动静语默、衣食住行等，皆有法度仪则含于其中。

百家争鸣时期，儒、墨、道、法等诸家都给予君子极为深刻的关注，这主要是出于当时社会价值亟需重建的现实需要。在社会制度、价值的重建过程中，必须有一个足以依赖的阶层，才能保障具体措施的实现。基于前轴心时代传统的影响，以君子来承担现实社会的道义，也是诸家的共识。儒家也探讨君子人格，且是其中影响最为深远的一家，以孔子以代表的先秦儒家学者，围绕着对君子思想的阐发，力图为礼崩乐坏的社会重开一片天地。正是通过对君子思想的不断探讨，君子经过儒家的诠释解读，其显著特征实现了由"位"向"德"的转变。君子也成为一种理想人格，为儒家所尊奉。在君子由以"位"为显著特征，转向脱离"位"的束缚，以德为本，成为一种独立的理想人格形象的转变过程中，孔子、思孟学派及荀子都作出了重大的贡献。

（一）德位分离，德的凸显

孔子是儒家君子思想理论的开创者和集大成者，仅《论语》一书中，"君子"一词就出现 107 次。孔子论君子，有指地位而言，亦有指品性而言，或两者兼而有之。孔子的君子形象有两个突出的特点，既是道德修养的楷模，也是治国理政的主体和承担者。对于"什么是君子？"，孔子并没有给出一个确定的评判标准，而是在不同的境遇对于君子当如何进行分说。如子路问君子，孔子答之以"修己以敬""修己以安人""修己以安百姓"（《论语·宪问》）。孔子的君子思想涉及范围很广，但归根结底是以仁义礼智为其精神内核。在孔子看来，君子既指向个体的品性，又指社会政治地位，但是最终必须以德性为本，以仁义为君子不可动摇的行为指导原则。他说："君子去仁，恶乎成名。君子无终食之间违仁，造次必于是，颠沛必于是。"（《论语·里仁》）又说："君子之于天下也，无适也，无莫也，义之于比。"（《论语·里仁》）在孔子看来，坚守道义、守礼、谦逊、诚信是君子必不可缺的品质，他说："君子义以为质，礼以行之，孙以出之，信以成之，君子哉！"（《论语·卫灵公》）在孔子的君子小人之辨思想当中，"君子喻于义，小人喻于利"（《论语·里仁》）是孔子区分君子、小人的最核心之标准，儒家思想的义利之辨亦是立基于此。

在中华君子人格的理论中，孔子的主要贡献在于在君子包含"德""位"，开始了"德""位"分离，以"德"为本，通过君子、小人之辨等一列君子形象的描述，塑造了中华君子人格形象以仁义为本质特征的精神内核，他对于君子形象的一系列描述，如"君子不器""君子坦荡荡""君子矜而不争""君子谋道不谋食"等，成为中华君子形象的典型特征。

由于孔子对于君子形象、君子之道的阐述寄寓了他对于拯救世道人心的期待，所以孔子理想的君子的人格形象虽然以"德"为本，但世俗社会政治地位的高低，仍然是君子身份判定的一个标准。孔子对于门人弟子的培养，也以入仕为目的，所谓"学而优则仕，仕而优则学"。在孔子这里，君子作为一种人格形象，仍然受到世俗政治地位的束缚，并没有获得人格的真正独立。

（二）德行两分，德的内化

孔子之后，以子思、孟子为代表的思孟学派，对于"什么是君子？"从德性、心性论的角度作了更进一步的诠释。在儒家君子人格的独立性的诠释这一块，思孟学派的主要贡献在于寻求"德"的内在依据，实现了"德"的内化，并剥离世俗政治爵位名利对于君子人格评判的影响，挣脱了"位"对于君子身份认定的束缚，从理论上完成了君子作为一种理想人格的独立性证明。关于"德"的内化问题，郭店楚简《五行》中，被当前学者普遍认同为子思所作的"经"的部分，有过最早的表述："仁形于内谓之德之行，不形于内谓之行。义形于内谓之德之行，不形于内谓之行。礼形于内谓之德之形，不形于内谓之行。智行于内谓之德之形，不形于内谓之形。圣形于内谓之德之形，不形于内谓之（德之）行。德之行五和谓之德，四行和谓之善。善，人道也；德，天道也。五行皆形于内而时行之，谓之君子，士有志于君子道谓之志士。善弗为无近，德弗志不成，智弗思不得。"子思提出以仁义礼智圣是否"形于内"作为区分"德之行"与"行"的标准。在这里"德之行"是发自德性的道德行为，"行"则泛指合乎道德原则的行为。其实质是用"德之行"和"行"来区分符合外在的世俗评判标准的善行，是否为内在的德性发动。也就是说，有内在的德性支持则是德行，没有则只是一种行为而已，即使它合乎外在的道德原则的判断，也不能称之为德行。

"德"与"行"有别，汉代郑玄也有过说明。他说："德行，内外之称，在心为德，施之为行。"（《周礼注疏》卷十四）目前学界基本认为，在孔子以前使用"德行"的观念，有时简称为"德"，但"德行"的观念不区分内在和外在，笼统地兼指道德品质和道德行为，重点在道德行为。而子思已经认识到一个人是否有德性，并不能仅从外在的行为上判断，而是要从他的内在动机上进行考量，人不仅要在行为上符合仁义礼智圣，更要使行为真正发自作为自己内在德性的仁义礼智圣，这样的人才是真正的君子，也即文中所定义的"五行皆形于内而时行之，谓之君子"。子思明分德与行的思想，为孟子所继承。他曾说："舜明于庶物，察于人伦，由仁义行，非行仁义也。"（《孟子·离娄下》）。孟子之后，显于外在的合于道德原则的行为，有没有内在德性的支撑，成为区分"真君子"与"伪君子"的一个原则性标准。

但是德性是不是天赋，究竟德"形于内"是自然的禀赋，还是君子修身的结果，究竟内在德性是修成的，还是天赋的，《五行》的作者并没有明说。德性是不是内在于人的，这一问题在孟子那里才得到肯定的回应。孟子认为人皆有仁义礼智"四端之心"，而"仁义"皆是内在于人的，明确反对告子的仁内义外之说。在孟子看来，人人不仅皆有仁义礼智"四端之心"，而且还有良知良能，他力倡性善论。在孟子看来，成就理想的君子人格，就在于自觉地存养其四端之心，让自身先天即具有的良知良能充分主宰自己的日用伦常。

总而言之，思孟学派注重对先天德性的培育扩充，以君子为理想人格形象。在君子人格独立性这一问题上，他们主张将"位"从君子思想中剥离出来。孟子认为"爵"有"天爵""人爵"之别。"天爵"是上天赋予人的仁义礼智之心性，这种爵位有普遍性与恒常性。"人爵"则是世俗政治社会中的上位者赐予臣下的爵禄之位，上位者能予能夺，因而不具有恒常性。所谓的"人爵"，亦即是前诸子时期贵族君子所具有的基本特性，"贵族身份"，亦即世俗的爵禄之位。孟子的君子人格，在"天爵"的关照下，最终摆脱了世俗之"位"的束缚，而获得了独立性，使得"人人成为君子"有了心性论、天命论的保证。孟子又以"良心"之存放为核心展开"人禽之辨"，使得"人人当为君子"成为一种不可否定的应然的理想人格追求。孟子以"富贵不能淫，贫贱不能移，威武不能屈"为大丈夫的品格，而这实质上亦是孟子剥离世俗的名利羁绊，对傲然挺立的君子人格的直观描述。

（三）位的剥离，"积礼义以为君子"

荀子依然以道德人格为君子的主要特征，他说："所谓君子者，言忠信而心不德，仁义在身而色不伐，思虑明通而辞不争，故犹然如将可及者，君子也。"（《荀子·哀公》）但是他对于思孟学派以仁义礼智圣为"五行"的思想提出了严厉的批评，认为他们是"略法先王而不知其统，案往造旧说，谓之五行"。在心性论上，他持性恶论，主张君子人格是由后天学习而成的，特别强调学习礼义、克制性情对于成就君子人格的重要性。他说："故人知谨注错，慎习俗，大积靡，则为君子矣。纵情性而不足问学，则为小人矣。"（《荀子·儒效》）又说："今人之化师法，积文学，道礼义者为君子；纵性情，安恣睢，而违礼义者为小人。"（《荀子·性恶》）在荀子看来，君子作为一种人格形象，全是后来学习之功，而与先天的因血缘传承关系而具有的政治地位高低没有任何关系，他反对以出身、以政治地位高低评判君子小人。他主张化性起伪，强调后天学习的重要性，人人皆可通过为学"积礼义而为君子"。

荀子注重对后天礼义的学习，以君子为理想人格。他曾说："无君子则天地不理。"（《荀子·王制》）在君子人格独立性这一问题上，孟子和荀子都主张将"位"从君子思想中剥离出来。荀子从剥离世俗社会的宗法血缘传承的先天之别的角度，否定君子因血缘出身而具有的传承性，否认君子原初所具有的"君之子"之意，否认以出身贵贱、世俗地位高低论君子的评价方式。他在人性论问题上持"性恶论"，认为君子是通过后天学习而成，人人皆可学而为君子，"积礼义以成君子"。正是通过后天的礼义学习，君子、小人才得以分判，君子作为一种理想人格，才摆脱了世俗政治地位高低的影响。

经过孟子、荀子对成就君子人格理论的不同阐发，中华君子人格最终摆脱了世俗政治因素的影响，实现了"位"的剥离，君子成为人人皆可成、皆可为、皆应当为的理想人格形象。

除了儒家之外，先秦道家、墨家等对于人格的探讨也非常深入。道家对于中华君子的精神境界的开拓具有重要的意义。如老子对君子的期待是以"无为"为本，从主"静"、守柔处弱、不争、不尚兵事等方面提出了对君子修身治国的要求，从崇尚自然无为出发，以厚重、静定之道为根本，通过抱朴守真、虚心守一而努力摒弃种种外在的诱惑，"燕处超然"地保持内心平静，以守住自然之道作为君子的思想境界。庄子则探讨了"天之君子"与"人之君子"，并以"天之君子"作为应然的价值追求。他认为儒家的君子形象是"人之君子"，关注现实社会的伦常关系，注重道德修养。庄子注重提升君子的精神境界，关注个体生命，追求自我独立和精神自由，开显了中华君子的自然主义、浪漫主义情怀。人既是自然的人，也是社会的人；人既要遵循自然法则，也要遵守社会伦理。儒道二家君子人格相异而互补，儒家强调的对社会和他人的仁爱尊重，道家追求的自我独立和精神自由等，两相结合，使中华君子的人格形象既有社会担当的责任感，又能保持人格的独立和心灵的清净。

墨家对于君子思想的阐发，则更多指向现实的社会政治，以"兴天下之利，除天下之害"为其一切思想和行为的价值标准，表现出强烈的济世担当精神。君子如何济世，是墨家君子思想关注的核心。围绕着这一核心问题，墨家的君子以"兼相爱，交相利"为其思想核心，而"兼爱"在墨家思想中，亦即是仁义，墨子曾说"兼即仁矣、义矣"（《墨子·兼爱下》）。此外，"非攻""尚贤""尚同""非命""节葬""非乐""非命"等都构成了墨子君子思想的独特内涵，而墨子这种打破血缘亲疏远近关系的兼爱思想，以及提倡节俭、否定命定、推崇贤能、反对战争的思想，至今仍然为人们所认同。

总而言之，经过先秦诸子百家的争论，中华君子的人格形象在先秦时期形成了共识。《庄子·天下》描述君子人格形象曰："以仁为恩，以义为理，以礼为行，以乐为和，熏然慈仁，谓之君子。"《天下》作为与儒家相对立的道家的著作，它关于君子形象的描述，可以说代表了当时诸子百家对于君子人格形象的共识。经过先秦诸子百家争鸣，中华君子的人格形象得到了充分诠释，君子作为一种人格形象，经由儒家的探讨，挣脱了世俗政治之"位"的束缚，获得了最终的独立性；经由道家的诠释，拓展了君子思想的精神境界，凸显了人格的自由与内在精神的饱满。在此之后的两千多年的历史中，中国士人大都以君子人格作为理想人格形象。汉代之后，佛教因果观念、去除贪欲、破除执着、慈悲助人等思想的传播，也为中华君子思想的发展提供了重要养料。总之，历朝历代的中华儿女，用自己的生命、精神品质，不断地丰富了中华君子人格形象的内涵，有"为天地立心，为生民立命，为往圣继绝学，为万世开太平""天下兴亡，匹夫有责"的担当精神，有"苟利国家生死以，岂因福祸避趋之"的爱国情怀，有"横眉冷对千夫指，俯首甘为孺子牛"的奉献精神，等等。正是因为君子人格的感召，最终成就了中华民族自强不息、厚德载物的精神脊梁。

三、君子人格是中华儿女的最大共识

先秦时期，经过诸子百家的争鸣，君子作为一种人格形象，获得了共识，其基本特征是以躬行仁义为精神内核，以仁义礼智信"五常"为行事原则，以成德为尚，唯善是从。自先秦之后，随着儒学影响的扩大及其与诸家学说的融合发展，君子文化在后世两千多年不断丰富，两汉时期以经学为主，君子形象庄重大气；魏晋时期玄风兴盛，社会动荡，君子人格飘逸洒脱、性情坦荡；隋唐时期国威强盛，君子人格气象豪放；宋元明清时期，儒家心性学说得到了极大发展，"天理"与心性贯通，"良知"与个体行为建构了体用关系，君子的人格形象自觉将"天理""良知"作为自身的德行尺度措之于日常伦常。此外，佛教与中国传统文化相融合，佛教的因果观念，也完善了君子行善积德理论。近现代时期，中国由传统社会向现代社会转型，君子形象以自觉践行传统美德和以"自由""民主""平等"等为主要内容的社会主义核心价值观为其典型特征。君子作为一种理想人格，经过两千多年的发展，已成为海内外中华儿女的最大共识。

君子作为一种理想人格，之所以能够历经二千多年的发展而不消亡，最终成为海内外中华儿女的最大共识，有以下几个原因。

第一，"与时俱进"是中华君子文化的典型特征及其理论自身的内在要求。中华君子的内涵一直处于不断丰富的变化发展当中，每个时代的君子都在用其生命、智慧不断扩充、彰显中华君子的时代特色。《周易·系辞下》曰："穷则变，变则通，通则久"，《大学》引汤之《盘铭》曰："苟日新，日日新，又日新"，"变动不居""日新其说"为中华君子的内涵与时俱进、随时变易以适道提供了理论支撑。

第二，本天道以立人道，君子之道与天地之道天人一体的理路架构，是中华君子文化长存不朽的终极理论根基。因天地不朽，故君子之道不朽。法象天地以进德修业，是中华君子思想的基本特色，本天道以立人道，是先秦诸子理论建构的基本特征。如老子《道德经》曰："人法地，地法天，天法道，道法自然。"老子以水之象教人"守柔处下"之道。在我国古代经典当中，将天地之道与君子之道相贯通之集大成者是《周易·大象传》："天行健，君子以自强不息""地势坤，君子以厚德载物"。这是几千年来中华君子人格最为经典的表述，"自强不息"与"厚德载物"集中体现了中华君子的精神面貌。先贤正是通过将君子之道与天地之道相贯通，使得中华君子思想，从理论上获得了与天地并存不朽的超越时空限制的特征，这种观象进德修业以为君子的理论，使得中华君子文化的传播，不再局限于语言文字，只要置身于这片天地当中，无论何时何地，是何种族，都可以受到这种君子文化的感召，自修以为君子。

第三，君子作为一种理想人格，是儒家"成人之学"的精神内核，随着儒学获得统治者认同而推广，在中国传统文化当中处于核心地位，这客观上使君子文化成为精英文化，成为传统社会上层人士普遍认同的人格形象追求和自觉践行的理想人格目标。在传统社会，以君子人格作为理想人格形象的儒家被统治者认同，主要体现在两个方面：其一，统治者认同儒家的治国平天下的理念，自觉地用儒家的思想规范自身的行为，以垂范天下。比如汉代的统治者为了标榜自己所谓的"以孝治天下"，终汉之世，皇帝除了高祖刘邦及光武帝外，皆以"孝"为谥以垂范天下子民。自西汉到魏晋南北朝时期，统治者不仅诏告天下奖孝惩不孝，帝王还亲自讲《孝经》或撰写阐释《孝经》的专著。其二，统治者以儒家学说作为选拔官僚的考核手段，使得长期研究儒家经典的士大夫阶层自觉或不自觉以儒家的君子形象作为自身的行为导向。两汉时期实行的察举制和征辟制，魏晋时期实行的九品中正制，隋唐以后实行的科举制，都将儒学学说中评判君子标准的仁义忠孝等作为选拔官吏的考量标准。

第四，君子文化作为儒家文化的精神内核，与中国古代家训思想相结合，成为传统社会中家族培育子弟理想人格的标准尺度。家训文化是中华君子文化由官方走向民间，由精英文化转向大众文化，获得中华民族的普遍认同，并成为积淀于民族文化心理结构深处的重大推动力。我国的家训文化源远流长，发轫于先秦时期，极盛于宋元明清时期。我国的家训文献极其丰富，种类繁多，形式多样。家训专著就有几百部，如《颜氏家训》《曾文正公家训》等，海内外载有家训（族训）"宗规""祠规""家约"等的家谱（族谱），据不完全统计，就有四万多种，各类家训书信，如诸葛亮的《诫子书》，以及长辈临死前教诫子孙的"遗书""遗训"等，更是不计其数。家训对于儒家文化的吸引，使得儒家经常强调的君子所必备的德目，如孝、悌、忠、信、仁、义、礼、智、友、恭、俭等，也成为传统家族培育子孙内在品性的要求。家训教育相较于学校教育，有着无可比拟的优越性，因为这种教育方式以血亲伦常关系为基础，以耳提面问的方式、以家常化的语言将经典中的君子文化作深入浅出式的宣扬，其中既有家规强制，也有亲情感化。通过这种教育方式，人人相责以善，相戒以恶。家训文化的代代传承，使得中华君子文化，人之所至，必传其学，家之所在，人必习之，深入到千家万户当中。此外，家训不仅吸收了儒家的君子文化，同时也丰富了传统君子文化的内涵，如诸葛亮的《诫子书》曰："君子非淡泊无以明志，非宁静无以致远"，刘备诫子曰"勿以恶小而为之，勿以善小而不为，惟贤惟德，能服于人"，都成为中华君子文化发展的重要养分。

第五，人口迁移与民族融合，使君子文化的传播打破了地域、语言、民族的限制，实现了君子文化由汉族文化向多民族文化、由中原文化向边疆文化、由中国文化向世界文化的拓展，成为海内外中华儿女的共识。在我国古代，由于战争、政治等原因，先后发生过多次大规模的人口迁移活动，如东汉末年到魏晋南北朝时期的"五胡乱华"和晋王室南迁；唐代安史之乱时，大批北方居民南下逃避战乱；北宋末年到南宋时期，大宋王室迁都临安，大批人口随着败退的统治者，迁居江南；明初山西"洪洞大槐树"下大移民；清朝前期的"湖广填四川"；清末民国时期的"闯关东""走西口"和"下南洋"三次移民运动；新中国成立后，改革开放使得越来越多的中国人走出国门，走向世界。这些大规模的移民运动，以及历史上的屯田戍边，将罪犯发配边远地区，都使得儒家文明不断扩散，而君子文化也随着儒家文化的传播得以扩大其影响，成为海内外中华儿女的人格共识。

总之，中华君子与时俱进，不断丰富自身内涵，保证了中华君子文化的根本生命力。君子之道与天地之道天人一体关系的理论架构，保证了中华君子文化与天地相共存的不朽魅力。传统社会统治阶层的大力推行，促使了精英阶层自觉地以君子人格作为自身的价值追求，树立了君子人格的现实经典榜样。家训文化对于儒家君子文化的吸引传播，使得君子文化实现了由精英文化向大众文化的下移，打破了君子文化传播的文化、阶层等界限，使得君子文化真正根植于家家户户，融入中华儿女的文化血脉基因当中。人口迁移与民族融合，使得君子文化的传播打破了地域、民族、语言的限制，成为整个中华文明圈乃至海内外中华儿女所追求的人格理想的最大共识。此外，一些世俗文化演义小说、话本等塑造的君子形象，为大众树立了君子人格的虚拟偶像，也使得君子文化深入人心，个人对于道德的追求，对于修身齐家治国平天下的抱负的追求，也成为君子文化得以推行的内在动力。古代社会是一个熟人社会，人与人、家与家、族与族之间的关系极其紧密，对于个人作风、家风、族风的品评，人人相责以善，对于个人德性、家风、族风的养成提供了现实的舆论导向。君子文化成为全社会人的共同的道德评判尺度，这为君子文化的传播与普及提供了舆论保障。正是由于上述诸种原因，中华君子文化历经几千年而传承不绝，融入中华儿女的血脉当中，成为中华儿女理想人格的最大共识。

四、中华君子文化的当代价值

历经两千多年的传承发展，中华君子文化已经浸润到中华民族的文化血液传承当中。君子文化获得了中国社会从古到今、自上而下最广泛的认同。虽然历史上君子文化为适应具体的历史境遇而几经变革，但是君子理想人格中自强不息、厚道载物、以仁爱为根本原则的精神，却一直没有断裂。做人做君子，一直是世世代代的中国人的理想追求，对于"正人君子"的崇敬，对于"无耻小人"的鄙弃，一直是中国人内在的自觉的价值取向。当前党和国家正在大力发掘宣扬优秀传统文化，对于中华君子文化的研究，无疑是传承和弘扬中华优秀传统文化的突破口。对于中华君子文化的研究和宣扬，不仅能够回应当前社会道德滑坡、价值观扭曲等社会问题，也可以站在中国的文化价值立场对一些国际问题予以回应。

（一）中华君子文化是实现传统文化现代转型的着力点

我们的传统文化，在某种程度上，其显著特征即是伦理道德文化，传统文化所关注的天地人三才之道，其核心是人道，对于天道、地道的把握，皆是为人道立法，最终实现天地人三才之道的和谐，而中华传统文化中的君子即是实现人道与天地之道贯通的纽带。但是在今天，传统三才之道的思维方式遇到现实的挑战，资本主义文明兴起的冲击，中国传统社会本之于天地之道而确立的人伦社会秩序、道德原则、礼法制度等都在走向消解（甚至崩溃）。如何发掘、维系、发展传统中华文明中的优秀思想，使之与现代社会接轨，实现现代转型，是以自强不息、敢于担当为精神依归的时代君子所面临的现实问题。要促使传统文化的现代转型，进而使得中华民族在现代化道路上勇往直前、披荆斩棘，就必然需要培养一批智识卓著、勇于担当的君子。而中华传统文化中的君子人格的内涵也必将不断丰富发展，为培养新时代君子理想人格注入丰富的养料和源源不断的精神动力。

文化要转型、价值要弘扬，这都需要有一个现实的人格载体、一种深厚的文化传统的依托，而中华君子文化无疑适应了这样的时代需求。在君子文化这里，我们才能找到传统文化传承和弘扬的着力点，才能以之为基点，推动中国传统文化的现代转型。

（二）中华君子文化可以积极回应现代性问题

现代性问题，是困扰着当代人的基本问题，包括国与国之间的政治经济文化争端、人与人之间的贫富差距、道德的日益沦丧、人的不断异化等等。当代社会出现的这么多问题，其根源在什么地方？有的学者认为根源在科学技术对人的统治，有的学者把根源归罪于工具理性的统治和形而上学思维方法，认为科技对人统治的根源是理性对人的形而上学统治，正是科学技术与形而上学同谋导致了现代人的普遍异化。马克思主义哲学则认为造成现代社会危机的根源是现代资本，正是资本使人成为一种失去生存意义的工具性存在。马克思曾以"资本来到世间"这个短语，提示现代文明之具有世界历史意义的决定性开启。他说："资本一出现，就标志着社会生产过程的一个新时代。"当代社会的核心问题就是集善恶于一身的资本问题，资本既有其邪恶面又有其文明面，然而，这个时代，离开资本毕竟是不可能的，这就意味着，对于资本的研究与把握，是打开现代社会的一把钥匙。关于现代社会的问题如何解决，西方一些伟大的思想家都作过精深的思考，其中著名的有胡塞尔开创的"回归生活世界"的解决路径，在其后海德格尔、马尔库塞、弗洛姆、哈贝马斯等人都提出了一系列的解决方案。

随着我国改革开放的不断深入，肇端于西方的现代性问题，也不断渗透到我们国家当中，传统社会秩序的解体、道德的沦丧，成为当前不容回避的社会问题。对于现代性问题的回应，也成为当前我们必须正面回应的问题。现代性的问题的显著特征就是"人的意义的失落"，或者说是人的异化。而中华传统文化当中，君子文化正是立足于培养独立健全的人格形象为其精神内核。在处理人与物、人与人、人与社会、人与国家等一系列问题中，其核心思想都是"以人为本"，以突显人的道德自主性为目标，君子文化崇尚的是价值理性，而非工具理性；推崇义利之辨，而不唯利是图。这些思想对于克服、抵制现代技术工具理性以及资本对于社会人心的腐蚀都有着极其重要的价值。中华君子文化追求的是人的全面发展，以实现君子人格的自我完善为目标，其中以儒家为代表的心性论思想，强调君子内省不疚，具有强大的道德自我兴发力，可以产生抵制人的异化的内在心理机制。因此，立足当下，以现代性问题为指向，推进中华君子文化现代话语体系的诠释性转向，既可以增强中华君子文化的生命力，又可以扩大中华君子文化在世界文明中的影响力，为世界文明的发展作出中国的贡献。

（三）中华君子文化可以有效应对"中国威胁论"

"中国威胁论"由来已久，随着中国特色社会主义建设不断取得伟大成就，它也在西方国家愈演愈烈。20世纪90年代，美国一些学者从意识形态、社会制度乃至东西方文明特色的角度，从理论上论证"中国威胁论"。在以美国为首的西方国家看来，中国的崛起，必然会冲击他们主导下的传统国际秩序和地缘政治关系，"中国威胁论"之实质是以美国为代表的西方国家为了维护其霸权地位和现有的国际利益格局，而刻意宣扬的一种意在制约中国发展的舆论手段。

为了回应以美国为代表的西方国家所宣扬的"中国威胁论"，中国政府提出了"和平崛起"的口号，并积极与其他国家加强互惠往来关系，宣扬中国的和平外交政策。而中国"和平崛起"的口号，其底色无疑与中华君子文化中"和而不同""为而不争"的观念非常契合。中国君子文化以仁爱为核心，崇尚和平，反对战争。国家是大写的人，中国的对外形象，其实就是抽象的中华民族人格形象。而中华民族的这种理想人格形象，无疑即是君子。因此对于中华传统文化中以孔子"君子矜而不争"、老子"为而不争"为代表的君子贵和、重礼，为而不争、争亦有礼有道的思想的弘扬，无疑是在思想文化领域回应国际社会流行的"中国威胁论"的一个有针对性的策略。同时，随着中国经济实力的增长，中国人越来越多地走出国门，面向世界，对国人进行君子文化教育，也是一个向世界人民展示中华民族君子人格形象的有效措施，对于消除其他国家的人民由于"中国威胁论"所导致的对中国的误解有着非常正面的意义。

（四）中华君子文化是两岸认同的文化基础

君子是中国传统文化中的一个重要形象，也是中国传统精神价值的集中体现。如果说在西方的传统中，绅士或者说贵族是其文化形象的代表，那么在中国的传统中，这个代表非君子莫属。作为中华民族的集体形象，君子是先人在各个历史时期共同推崇的理想人格，是中华儿女独特的集体创造。而君子文化则是民族伦理的基本要素和民族精神的集中体现，是几千年来推动中华文明生生不息的正能量、主旋律，也是在历史发展过程中实现中华民族民族认同的文化基础。当前，由于台湾行政部门推行"去中国化"等主张，使得两岸之间的关系非常紧张。而君子文化的弘扬，可以很好地为两岸之间寻找彼此认同的文化基础。

总而言之，对于中华君子文化的研究与宣扬，是扩大中华民族文化影响力，提高民族文化自信的重要举措。传统的中华君子文化，固然有其不合时宜的地方，但是这并不影响君子文化的现代研究价值。因为任何文化都是具体的，具有历史性。我们当前要做的就是取其精华，去其糟粕。而在当今社会，君子文化要更新，无疑即是要与社会主义核心价值观相契合。此外，中华民族的君子文化，其核心精神是自强不息、厚德载物，敢于担当、勇于进取是中华君子理所应当的精神气质。随着社会的发展，我们需要有担当的君子从各方面引领时代的潮流，实现中华民族的伟大复兴。同时，对于中华传统君子文化的研究与宣扬，还可以加强中华文明圈的文化认同，为海峡两岸缔结良好的文化纽带，为两岸的和平统一搭建精神文化桥梁。

君子文化浸润中国人的日常生活 [*]

钱念孙 ^{**}

摘要： 君子文化作为中华民族千锤百炼的文化基因，既是上层社会构造主流价值观的核心内容和鲜明标识，也是下层民众共识度较高的信仰原则和为人处世之道，千百年来对中国人的思想、情感、行为、生活等起着潜移默化的引导和规范作用。本文从器物、植物、动物、食物、俗语民谚、家训家谱、戏曲小说等众多层面，描述和讨论君子文化作为民族文化心理结构的内核及外显形态，如何浸润并显现于中国人的民间信仰和日常生活之中，及其与当代文化相适应、与现代社会相协调的意义。

关键词： 君子文化；浸润；日常生活

一、君子文化：中国人立身处世之道

关于君子文化的研究近几年已有不少成果，但在一些基本问题上仍有不少意见分歧。譬如，君子是泛指各类有德之人的代名词，还是主要指社会精英阶层人士？尽管多数学者认为君子作为"积极向上向善的正面人格形象，是中华民族共同的成人成己的价值认同，是中华文化做人标准的人格化体现"^①，也有学者在肯定君子人格具有一定普遍性的同时，强调"中华传统君子文化是以官君子文化为核心的

---

* 本文曾于 2018 年 11 月 20 日发表在《光明日报》，《学习活页文选》2018 年第 53 期全文转载。

** 钱念孙，安徽社会科学院研究员，主要研究方向为中国古代文学。

① 洪修平、孙亦平：《君子、理想人格及儒道君子文化的相异互补》，《哲学研究》2018 年第 4 期。

道德文化，凸显了官君子的道德示范作用，是当代社会主义官德建设的重要文化资源"①。

其实，伴随中华文化数千年的发展和积累，君子概念的指称对象经历了不断衍变和拓展的过程，不仅内涵非常丰富，外延也逐步扩大，乃至在中华文化史上形成了有关君子论述汗牛充栋、君子文化在社会生活诸多领域异常繁盛的壮丽景观。②我们探讨"君子"一词的内涵和外延，既要注意它在不同时代、不同层次上呈现和解读的特定意蕴，也要看到它作为中华民族古老而鲜活的人格基因，具有其约定俗成并得到广泛认同的基本含义。

从词源学的意义看，"君"是一个会意字，在字形上从尹从口，"尹"表示治事，"口"表示发布命令，"君"即指发号施令的人。《仪礼·丧服》："君，至尊也。"郑玄注："天子、诸侯及卿大夫有地者皆曰君。"在西周及春秋时期，君子主要是对各级统治者和贵族男子的通称。《尚书》卷十二："君子勤道，不作无益害有益，功及成。"《国语·鲁语上》："君子务治，小人务力，先王之制也。"它们都是在诸侯及卿大夫的意义上使用君子一词。早期君子概念虽然多半专指社会中上层特定人群，但已有明确的价值导向，如《尚书》强调"不作无益害有益"，《周易》象辞说"天行健，君子以自强不息""地势坤，君子以厚德载物"等，为此后君子人格和君子文化的形成发展奠定了方向与基础。

历史演进到春秋战国百家争鸣时代，君子的意义发生重大变化，即由原来主要指称"有位者"衍变为更多指代"有德者"，促成这一变化的主要功臣是儒家创始人孔子。集中记载孔子及其弟子思想和言行的《论语》，全书不到一万六千字，君子一词出现一百零七次，使用频率之高反映孔子对君子人格的悉心打造。孔子继承西周以来有关君子论述的思想资料，认为崇德向善不仅是对少数权贵的要求，也应是多数人普遍追寻的目标。《论语》从头至尾二十篇，每一篇章都以若干段落从不同方面对君子不断刻画、反复雕塑，尽管在有些语境下仍然专指"有位者"，但

---

① 周玉清、王少安：《中华传统君子文化的历史发展及其当代价值》，《光明日报》2016 年 4 月 22 日。

② 参见拙文《君子文化与社会主义核心价值观》，《光明日报》2014 年 6 月 13 日，《新华文摘》2014 年第 19 期；《君子：中华民族千锤百炼的人格基因》，《群言》2016 年第 2 期，《博览群书》2016 年第 5 期；《开垦君子文化沃土，收获精神文明硕果》，《光明日报》2016 年 4 月 11 日；《君子文化在传统文化中地位和影响》，《学术界》2017 年第 1 期；《培养君子人格是传扬中华优秀传统文化的重要目标》，《中国艺术报》2017 年 3 月 13 日；《中华民族历久弥新的人格基因》，《北京日报》2017 年 11 月 13 日；《君子文化的传统魅力与当代张力》，《光明日报》2018 年 4 月 3 日。

总体倾向却是对"有德者"的描述和界定。孔子及后世儒家所倡导的仁、义、礼、智、信，以及忠、孝、廉、悌等为人处世的伦理和规范，都注入和融化到其精心塑造的君子人格上。正是看到这一点，清末民初思想家辜鸿铭说："孔子的全部哲学体系和道德教诲可以归纳为一句话，即'君子之道'。"① 海外学者余英时也说："儒学事实上便是'君子之学'。"②

经由孔子儒学重铸而获得更加普遍意义的君子形象，作为一种可学可做并应学应做的人格模式，在中华文化数千年奔腾不息的历史长河中，引起历代统治者、思想家和文人士大夫的共鸣和推崇。这不仅体现在历代典籍里关于君子及君子文化的解说和阐发俯拾即是、数不胜数，而且表现在灿若星汉的有关君子和君子文化的论述，与以儒学为主干的中华传统文化话语体系的主旨高度重合一致。君子文化堪称中华优秀传统文化的精髓和标识，其内涵和特质不管人们自觉或不自觉、意识到或没有意识到，都早已成为民族文化-心理结构的核心部分，千百年来对中国人的思想、情感、行为、生活等起着不可低估的引导和规范作用。③ 这种制约和影响，随着岁月的积累，天长日久，习用而不察、日用而不觉，以至成为某种思维定势、情感取向、生活态度乃至经验习惯，以各种形态呈现于社会生活的方方面面。

本文所描述和讨论的，就是君子文化作为中华优秀传统文化的精髓和标识，以及民族文化-心理结构的核心元素，如何浸润并显现于中国人的民间信仰和日常生活之中。这种浸润和显现表现在器物、植物、动物、食物、俗语民谚、家训家谱、戏曲小说等众多层面，下面择其要者作简要描述，以就教于方家。

二、玉石温润：蕴藏君子之德

在器物层面，最突出彰显君子文化内涵的莫过于玉。

中华民族有着悠久的爱玉传统，采玉、琢玉、尊玉、佩玉、赏玉、玩玉的历史，至少已绵延六千年以上，④ 且一直没有中断，至今仍然兴盛不衰。为什么会出现这种颇为独特的现象？除了玉作为一种"美石"具有欣赏价值和经济价值外，关

① 辜鸿铭：《中国人的精神》，海南出版社，1996，第 50 页。
② 余英时：《儒家"君子"的理想》，《现代儒学的回顾与展望》，生活·读书·新知三联书店，2004，第 271 页。
③ 参见李泽厚：《初拟儒学深层结构说》，《世纪新梦》，安徽文艺出版社，1998，第 112—127 页。
④ 参见杨伯达：《中国史前玉文化》，浙江文艺出版社，2014。

键在于自殷周时期起，我们的祖先就将玉石的特质与君子的品格相类比，赋予玉诸多君子人格和美好道德的寓意。《诗经·国风·小戎》："言念君子，温其如玉。"《礼记·玉藻》："古之君子必佩玉，君子无故，玉不离身，君子于玉比德焉。"诸如此类以玉譬人、赞美君子品性如美玉一般"温润而泽"的话语，在先秦及后世典籍中如繁星闪耀，充分反映了中华文化对君子人格的尊崇和推许。中国玉文化的繁盛，很大程度在于其中注入君子文化的灵魂，饱含君子文化的丰厚意蕴。

在《礼记·聘义》中，孔子与其学生子贡有一段颇有意味的对话。子贡问孔子曰："敢问君子贵玉而贱珉者何也？为玉之寡而珉之多与？"孔子答曰："非为珉之多故贱之也，玉之寡故贵之也。夫昔者，君子比德于玉焉，温润而泽，仁也；缜密以栗，知也；廉而不刿，义也；垂之如队，礼也；叩之其声清越以长，其终诎然，乐也；瑕不掩瑜，瑜不掩瑕，忠也；孚尹傍达，信也；气如白虹，天也；精神见于山川，地也；圭璋特达，德也；天下莫不贵者，道也。诗云：言念君子，温其如玉。故君子贵之也。"

孔子解答"君子贵玉而贱珉"的原因，并非玉少贵之、珉（像玉的石头）多贱之，而是玉的品质是君子仁、智、义、礼、乐、忠、信、天、地、德、道等诸多德行的象征。此外，管子论玉有"九德"说、荀子论玉有"七德"说、刘向论玉有"六美"说等等。东汉许慎《说文》在先秦各家之论基础上，进一步概括说："玉，石之美者。有五德：润泽以温，仁之方也；鰓理自外，可以知中，义之方也；其声舒扬，专以远闻，智之方也；不桡而折，勇之方也；锐廉而不忮，洁之方也。"玉石润泽，触手生温，犹如施人温暖的仁德；透过玉石纹理，能够自外知内，就像表里如一的坦诚道义；敲击玉磬，其声清脆远扬，恰似给人教益的智慧；玉器可以摔碎，但不会弯曲，仿佛坚贞不屈的勇毅；玉石虽有棱角，却不伤害别人，正如君子洁身自好，行止有度。这里表面谈的是玉，实质是赞美君子品格，在赋予玉诸多美好品德的同时，也提醒君子时刻以美玉的品性要求自己，高扬着一种崇高的道德情感和伦理精神。

"玉不琢，不成器；人不学，不知道。"出自《礼记·学记》中的这句话，后来被收入家喻户晓的《三字经》里，成为脍炙人口的名言。与其说，这是强调美玉待琢，只有经过细心雕琢打磨，玉石才能成为国之宝器，不如说，这更是通过比喻衬托来说明学习对人增长知识、明白事理的重要性。今天人们所说的"知道"，是了解掌握某种知识或信息的意思，此处所言的"知道"，乃指通晓大事理大道理。欧阳修《诲学说》言："玉不琢，不成器；人不学，不知道。然玉之为物，有不变之常德，虽不琢以为器，而犹不害为玉也。人之性因物则迁，不学则舍君子而为小人，可不念哉。"这是告诫人们：君子人格的养成，要像治玉一样"如切如磋，如琢如磨"，不断进德修业，提升自己人生境界，否则不进则退，很容易"舍君子而为小人"。

中国作为爱玉之国、崇玉之邦，源于古代先贤观物析理，化以人文，既看到玉的自然之美，又在玉中寄寓丰厚的文化意蕴，形成"君子比德于玉"的深厚传统。在中华文化传统里，玉一直是纯洁、美好、善良、高雅、华贵的象征。带玉的词多为褒义词，如赞美人的有玉女、玉人、玉容、面如冠玉等，称赞住处的有玉府、玉堂、玉房、玉楼等，夸赞衣食的有玉衣、玉帛、玉冠、玉食等。在汉语词汇里，有关玉的成语典故比比皆是，如冰清玉洁、玉骨冰肌、金科玉律、金口玉言、字字珠玉、玄圃积玉、金玉良缘、如花似玉、金玉满堂、金声玉振、冰心玉壶等等。这是君子文化从玉这一器物层面渗入我们文化观念和日常生活的反映，也从一个侧面表明，君子文化对中国人思想和行为的影响至为深远。

三、梅兰竹菊：彰显君子之品

在植物层面，最鲜明体现君子文化内涵的莫过于梅兰竹菊。

梅、兰、竹、菊这四种植物，在中国文化里有个特别的雅号，即"四君子"。尽管这一称谓在明代著名出版家黄凤池刻印《梅竹兰菊四谱》以后才流行[1]，但以花草树木比喻君子人格的做法，早在先秦时期典籍《诗经》《离骚》里已屡见不鲜。《孔子家语》记载，孔子周游列国而不见用，返回鲁国途中看到兰花独开山谷，发出感叹说："夫兰当为王者香，今乃独茂，与众草为伍，譬犹贤者不逢时，与鄙夫为伦也。"他还说："芝兰生于深林，不以无人而不芳；君子修道立德，不为穷困而改节。"这里是以兰喻人，表达君子情怀和节操，说明早在中华文化蓬勃发展的春秋战国之时，就已形成以自然景物比拟人品志向的"比德"传统。梅兰竹菊被称作"四君子"，正是这一传统延续发展的丰硕成果，也是君子文化深入人心的突出表

---

[1] 黄凤池《集雅斋梅竹兰菊四谱》小引中说："文房清供，独取梅竹兰菊四君者，无他，则以其幽芳逸致，偏能涤人之秽肠而澄莹其神骨。"可能受此处"梅竹兰菊四君者"启发，后人多把梅兰竹菊并称为"四君子"。

现。梅兰竹菊成为历代诗人、画家反复吟咏和描绘的对象，主要原因即在于，其形象饱蕴和体现着君子人格的高贵品性。

梅在寒冬腊月绽放，它吸引人的往往不是娇艳的外表，而是凌霜傲雪、不畏艰难的精神。这种精神是君子人格及君子文化的核心要素，也是中华民族历来推崇的性格和气质。宋代王安石《梅花》诗："墙角数枝梅，凌寒独自开。遥知不是雪，为有暗香来。"他以梅花傲雪呈艳、凌寒送香的形象，表现君子傲然不屈又幽香袭人的魅力。元代画家王冕曾在墨梅卷上题诗曰："吾家洗砚池头树，个个花开淡墨痕。不要人夸好颜色，只留清气满乾坤。"其抒发的是弃尘绝俗、清高自洁的君子情怀。毛泽东也有咏梅词："风雨送春归，飞雪迎春到。已是悬崖百丈冰，犹有花枝俏。俏也不争春，只把春来报。待到山花烂漫时，它在丛中笑。"梅花象征严酷环境下人所应有的君子品格，集刚健、坚毅、俏丽、希望于一身，这首《卜算子·咏梅》将此意刻画得深刻有力。

兰生长于深山幽谷，终年长青，不因无人而不芳，其远离尘嚣、清丽高雅的气质，体现着慎独自守、"人不知而不愠"的君子品格。唐朝颜师古《幽兰赋》对此有生动描绘："惟奇卉之灵德，禀国香于自然。俪嘉言而擅美，拟贞操以称贤。咏秀质于楚赋，腾芳声于汉篇。冠庶卉而超绝，历终古而弥传。"明代画家徐渭题《水墨兰花》："绿水唯应漾白苹，胭脂只念点朱唇。自从画得湘兰后，更不闲题与俗人。"他是借画兰明志，传达洁身自好、不与时俗同流合污的志趣。张学良《咏兰诗》："芳名誉四海，落户到万家。叶立含正气，花妍不浮华。常绿斗严寒，含笑度盛夏。花中真君子，风姿寄高雅。"他则把兰花坚守节操、淡泊名利的君子品格表现得淋漓尽致。中国人爱兰、种兰、咏兰、画兰，究其背后原因，无不隐含着通过兰花来寄情明志的文化动因。

竹子中空有节的枝干、挺拔清逸的外形，很早就被古代先贤作为君子风骨的象征而不断抒写。植物生长，经历雨雪风霜，多数折枝落叶，而竹却不改颜色，峭拔挺立。正如《礼记·礼器》所称赏："其在人也，如竹箭之有筠也，如松柏之有心也。二者居天下之大端矣，故贯四时而不改柯易叶。"东晋著名书法家王羲之之子王徽之，爱竹如命，即使借住朋友家中，发现无竹，也要命人种上，"何可一日无此君"是其名言。苏东坡诗句："宁可食无肉，不可居无竹。无肉令人瘦，无竹令人俗。人瘦尚可肥，士俗不可医。"其用典正出于此。清代画家郑板桥，一生以竹为伴，其《题画竹》云："盖竹之体，瘦劲孤高，枝枝傲雪，节节干霄，有似君子豪气凌云，不为俗屈。"他的诗作"衙斋卧听萧萧竹，疑是民间疾苦声。些小吾曹州县吏，一枝一叶总关情"，在竹子劲节虚心的品性中，注入体恤民间疾苦之情感，受到广泛称颂。

菊于深秋开花，艳而不娇，既有傲霜不凋的气节，又有义让群芳的品德。陶渊明不为五斗米折腰，隐居山林，与菊为伴，不慕荣利，超然淡泊，吟咏出"采菊东篱下，悠然见南山"的千古佳句。白居易《咏菊》："耐寒唯有东篱菊，金粟初开晓更清"，元稹《菊花》："不是花中偏爱菊，此花开尽更无花"，生动刻画了菊花兼具勇士与隐者的两种品格。宋代女词人朱淑贞《菊花》诗："土花能白又能红，晚节犹能爱此工。宁可抱香枝头老，不随黄叶舞秋风"，洋溢着不向世俗低头和对独立人格不懈追求的精神。明代高启《菊邻》诗："菊本君子花，幽姿可相亲"，更是将菊花直接赋予"君子花"的美名，既揭示出菊花蕴藏的道德品性，又说明了人们喜爱菊花的缘由。

除了梅兰竹菊"四君子"以外，在植物层面与君子文化发生紧密联系的，还有被列为"岁寒三友"①首位的松，被称为"花之君子者"的莲。在中华文化中，松树很早就作为"比德"的对象。《论语·子罕》中的"岁寒，然后知松柏之后凋也"，是孔子家喻户晓的箴言。唐代大诗人李白《赠韦侍御黄裳》："愿君学长松，慎勿作桃李。受屈不改心，然后知君子。"宋代范仲淹歌吟青松："有声若江河，有心若金璧。雅为君子材，对之每前席。"如此等等，表明以松树作为君子人格的象征，具有悠久的传统和深厚的文化根基。至于莲（荷花）被视为君子之花，则源于宋代周敦颐的名篇《爱莲说》："予独爱莲之出淤泥而不染，濯清涟而不妖，中通外直，不蔓不枝，香远益清，亭亭净植，可远观而不可亵玩焉。予谓菊，花之隐逸者也；牡丹，花之富贵者也；莲，花之君子者也。"他对莲花品性的独到评述，称其为"花之君子者"，千百年来得到人们的广泛认可并产生深远影响。

四、家谱家训：传扬君子之风

君子文化向民间沉淀，还通过家谱、家训等渠道，使传统伦理在家庭落地生

---

① "岁寒三友"指松、竹、梅三种植物。苏东坡有诗云："风泉两部乐，松竹三益友。"明代程敏政曾作《岁寒三友图赋》。清赵翼《陔余丛考》载元次山《丐论》云："古人乡无君子，则以山水为友；里无君子，则以松柏为友；坐无君子，则以琴酒为友。"

根，化为家庭成员的做人信条和生活习惯。

每一个人都诞生并生活在一定的家庭之中。每个家庭在世代繁衍和薪火相传的同时，都会或隐或显地积淀并形成某种价值观念和德行风尚，即人们通常所说的家风。一般说来，家风既包括有文字及实物遗存的有形部分，也包括仅是口头和行为传授等随时消失的无形部分。有形部分多半彰显在如家训、家规、家法、家谱、族谱、族规、宗谱、家族祠堂，以及各种祭祖敬宗仪式等方面；无形部分则主要表现在长者的行为举止、言传身教，以及由此形成的家庭生活习惯和家族气质风貌等方面。有形的部分以家训、家谱等为载体，固然有助于家族文化的传递和弘扬；无形的部分如长辈的言谈等虽然往往随生随灭，但它会留在后辈心中，对家族成员的成长和家族风气的形成同样发挥着不可忽视的作用。

中华民族具有深刻的"家国同构"观念：一方面，家是国的细胞，没有家就没有国；另一方面，国是家庭细胞赖以生存的肌体，国盛才能家兴，国破则难免家亡。正是这种水乳交融的家国同构理念，不同时代、不同区域、不同家族的家训、家谱等，虽然具体内容互有差异并各具特色，但其中所宣扬的立身处世、持家兴业的规则和教导等，基本都是建立在对中华文化主流价值体系的集体认同之上。《孝经·广扬名》："子曰：君子之事亲孝，故忠可移于君；事兄悌，故顺可移于长；居家理，故治可移于官。"这种把家之"孝"与国之"忠"、家之"礼"与国之"法"对应贯通，使家族文化与国家意识形态联结一体的现象，贯穿整个古代社会发展历程。君子文化作为儒家思想乃至整个中华传统文化的精髓和标识，与历代著名家训、家谱秉持和崇尚的做人理念及价值观念等高度契合。从一定程度上来讲，众多家训、家谱所传达的励志勉学、入孝出悌、勤俭持家、精忠报国等优良家风，就是修身、齐家、治国、平天下理念的具体细化，是君子文化从庙堂走向民间的具体实践和生动体现。

三国时期政治家诸葛亮临终前写给儿子诸葛瞻的《诫子书》，是一篇传颂千古的著名家训："夫君子之行，静以修身，俭以养德。非淡泊无以明志，非宁静无以致远。夫学须静也，才须学也，非学无以广才，非志无以成学。淫慢则不能励精，险躁则不能治性。年与时驰，意与日去，遂成枯落，多不接世，悲守穷庐，将复何及！"这里强调君子的行为操守，关键在于修身养性，治学做人；而不论是提升人格修养，还是勤学立志，都要从淡泊宁静中下功夫，切戒懈怠险躁。诸葛亮是中国历史上贤相的典范、智慧的化身，他对儿子的谆谆教诲，是他毕生经验和智慧的结晶，也是对如何培养君子人格的精彩阐释。

强调君子人格对家族成员成长的重要意义，在各类家训、家谱中不胜枚举。著名的《颜氏家训》开篇就呼吁家族成员要追随学习明达君子：“傥遭不世明达君子，安可不攀附景仰之乎？”①明代散文家归有光《家谱记》也说：“仁孝之君子，能以身率天下之人，而况于骨肉之间乎？古人所以立宗子者，以仁孝之道责之也。宗法废而天下无世家，无世家而孝友之意衰。风俗之薄日甚，有以也。……故吾欲作为归氏之谱，而非徒谱也，求所以为谱者也。”②归有光认为，家族成员只有以君子为楷模，行仁义、重孝道，家族宗法才可确立，立宗法方可成世家，成世家方可正风俗，而正风俗，则将仁孝品德彰扬于世，进而代代瓜瓞绵延，形成世有君子、代有贤良的良性循环。

君子文化与家族文化融合，在家训、家谱及家风中扎根开花，不仅有助于崇德向善之风在家族中世代相传，还能够由家族推向村邑、由村邑推向国家。《孝经·广至德》曰：“君子之教以孝也，非家至而日见之也。教以孝，所以敬天下之为人父者也。教以悌，所以敬天下之为人兄者也。”清代名臣张廷玉作《王氏族谱序》也说：“故君子之用心，必将使人知族人之咸本于一气，则孝弟亲睦之意，油然自生。而婚姻洽比之风，因之可以渐及，由一家以推于一乡，由一乡以推于天下。风俗之美，教化之成，未尝不由于是。此谱牒之设所为深有功于世道，而君子详慎之不敢忽也。”③社会风俗之美，正是通过“由一家以推于一乡，由一乡以推于天下”的形式，逐步改善并蔚成风尚。

以家训、家谱为主干的家族文化，与君子文化看似概念不同、内涵相异，但两者的思想来源和核心理念却有诸多相似之处。两者谈论的中心都是如何做人、如何立身处世、如何兴家立业等问题，而得出结论或者说给出的答案，又十分相近乃至多有重合。君子文化为什么能够沉入并浸润历代家训、家谱而成为基层民众认同的价值导向？为什么历代世家硕族的家训、族谱等总是以君子文化为主调凸显家族文化特色？其原因和奥秘都在这里。

---

① （北齐）颜之推：《颜氏家训》，夏家善、夏春田注释，天津古籍出版社，2016，第58页。
② （明）归有光：《家谱记》，《震川先生集》卷十八，周本淳校点，上海古籍出版社，2007，第437页。
③ （清）张廷玉：《王氏族谱序》，《澄怀园文存》卷八，《张廷玉全集》上册，江小角、杨怀志点校，安徽大学出版社，2015，第160页。

五、俗语民谚：诉说君子之道

君子文化向民间沉淀，更加贴近民众生活、走入民众内心的，是大量有关君子及君子文化的俗语民谚。

俗语，又称俗话，指约定俗成、流行广泛且言简意赅的语句。它是汉语语汇里为大众或文人所创造，并在人们口头频繁使用，具有口语性和通俗性的定型语言单位。"俗语"一词，早在西汉司马迁《史记·滑稽列传》就有使用，可指代和囊括民谚、俗谚、村言、俚语、歇后语及口头常用成语等多种语言现象。俗语的来源，一方面源于人民群众对生产生活实践经验的感悟和创造，一方面来自书面文献即文化典籍中的经典短语和名句。这些出自书面文献的"雅语"和"箴言"，有些本来就是在民间口语基础上提炼打磨而成，有些则是思想家、文学家等对人生世态的独到体察和概括。不论是人民群众直接创造的俗语，还是源自书面典籍的俗语，都以人们熟知的思想观念或形象比喻，反映世代积累的人生经验和价值追求，堪称中华民族智慧的结晶。俗语民谚，由于短小精练、意蕴深厚，共识度高并相沿成习，在千百万次地引用和传播中，往往被作为不证自明的"道理"，成为人们警策自己或说服他人的理由，指导日常生活。

关于君子和君子文化的俗语民谚，不仅数量多，而且内容丰富多彩，涉及为人处世的诸多侧面，是俗语民谚宝库中的重要部分。下面从义利气节、诚实守信、处世交友等几个方面略作陈述。

在义利气节方面，人们最熟悉的莫过于口头禅："君子爱财，取之有道。"这句出自《增广贤文》的俗语强调，虽然钱财人人都爱，但要通过辛劳付出，正当合法地获取，而不能不择手段，取之无道。与此意义相近的俗语民谚较多，如"君子盼得天下富，小人发得一人财""君子不怕明算账，小人贪恋不义财""君子争礼，小人争利""义动君子，利动小人""君子务本，小人逐末""君子重名节，小人重名号""知足称君子，贪婪是小人""君子谋道不谋食""君子忧道不忧贫""君子安贫，达人知命"，等等。如何对待义与利，最能看出一个人的品格和气节。这些关于君子义利气节方面的俗语民谚流行民间，充分反映人民群众对君子文化的高度认同和拥护。

在诚实守信方面，人们经常爱说的就是："君子一言，驷马难追""君子一言，快马一鞭"。这两句俗语大同小异，均出自《论语·颜渊》："夫子之说君子也，驷不及舌"，强调诚实守信，不能食言。此类有关君子诚信的俗语民谚不胜枚举："君子说话，如笔泼墨""君子坦荡荡，有话当面讲""明人不做暗事，君子不说假话""君子当面骂人，小人背地说话""有事但逢君子说，是非休听小人言""直率坦白真君子，笑里藏刀是歹人""君子用嘴说，牛马用脚踢""君子不欺暗室""君子无戏言""君子之言，信而有征""宁做真小人，不做伪君子""君子耻其言而过其行""君子讷于言而敏于行"，等等。有关君子诚信的俗语民谚如此之多，既表明诚信作为社会有序运转基本原则的重要性，也说明君子文化作为中华文化的精髓和标识得到人们的普遍尊崇。

在处世交友方面，有关君子的俗语民谚更多："君子成人之美""君子与人为善""君子之交淡如水""君子不念旧恶""君子绝交无恶言""来而不往非君子""亲君子，远小人"，等等，都是源于古代经典又活跃于人们口头的常用语。其他如"君子不夺人所好""君子动口不动手""君子不掠人之美""君子记恩不记仇""量小非君子，德高乃丈夫""居高善下真君子，将有视无大丈夫""君子有容人之量，小人存嫉妒之心""有恩不报非君子，忘恩负义是小人""结交结君子，栽树栽松柏""以小人之心，度君子之腹""门内有君子，门外君子至；门内有小人，门外小人至""宁愿得罪君子，不能得罪小人""君子抱怨，且息三年""君子报仇，十年不晚；小人报仇，从早到晚"，等等，都是把人们心目中善恶是非标准在君子与小人的对比中和盘托出，君子文化何等深入人心，于此可见一斑。

有关君子的俗语民谚几乎遍及社会生活的各个方面，除了上面所谈论的义利气节、诚实守信、处世交友以外，起码在仁义济世、砺学修身、怡情养性、慎独操守等层面，相关俗语民谚同样数不胜数。本文只是从总体上勾勒君子文化民间沉淀的概貌，无法一一细谈，这里先把问题提出来，以后再作专文探讨。[①] 总之，有关君子的俗语民谚不仅是中华优秀传统文化对民间意识形态的直接投影，而且对普通百姓立身处世的道德伦理和价值观念等方面，常常发挥着直指本心、明心见性的独特作用。

---

① 本人对此已经初步做了一些资料收集整理工作，参见钱念孙等选著：《君子格言选释》附录"君子俗语"部分（黄山书社，2016，第351—355页）。

六、君子文化：雅俗共赏，历久弥新

君子文化洪流漫延和冲刷宽阔的民间河床，并波及社会生活的诸多畛域。这些领域与人们日常生活关系颇为密切，但其所内藏的君子文化蕴蓄却较少被人提及。

譬如在动物层面，鸡作为家禽的一种，被赋予"五德君子"的美名。此说源于汉代《韩诗外传》所载春秋时期田饶对鲁哀公说的一段话："君独不见夫鸡乎！首戴冠者，文也；足搏距者，武也；敌在前敢斗者，勇也；得食相呼，仁也；守夜不失时，信也。鸡有此五德，君犹日瀹而食之者，何也？"鸡头顶红冠，不论是昂首阔步、英勇搏斗，还是低头觅食、高歌打鸣，确实体现出文、武、勇、仁、信"五德"。就其实质而言，这是用人所拥有的道德观念解释鸡的特性，饱含着人们的道德期许，因而后人时常把鸡称作"五德君子"。笔者曾欣赏过晚清海派著名画家任伯年一幅画鸡的国画，题字就是"五德君子图"。当今许多国画家画鸡，也经常以"五德图""五德君子图"名之。

在乐器层面，琴（今称古琴）作为"八音之首"，具有"贯众乐之长，统大雅之尊"的地位，自古就有"君子之器"的雅称。古琴音量不大，音域宽广，讲求中正平和，深沉飘逸，古朴含蓄，空灵悠远，极具沧桑感和圣洁性。东汉桓谭《新论·琴道》云："琴之言禁也，君子守以自禁也。大声不震哗而流漫，细声不湮灭而不闻。八音广博，琴德最优。"这就是说，琴与一般乐器以绚丽华美的声响给人娱乐不同，它的作用是祛除欲望杂念，让人静心明志，回归心性的本源，达到天人合一的境界。如果说，其他乐器往往奏出郑卫之音，是刺激的享乐的，那么，琴则偏向演奏雅乐正声，是收敛的、回归的，是调和人心而禁止邪念淫欲的。所以，蔡邕《琴操》说："昔伏羲作琴，以御邪僻，防心淫，以修身理性，反其天真。"汉代《白虎通·礼乐》云："琴者，禁也，所以禁止淫邪，正人心也。"明代《神奇秘谱·序》言："然琴之为物，圣人制之，以正心术，导政事，和六气，调玉烛，实天地之灵气、太古之神物，乃中国圣人治世之音，君子养修之物。"因此，琴在古代被视为修身养性的君子之器，有"君子之座，左琴右书""君子无故不撤琴瑟"等说法。

在饮食层面，茶很早就被誉为"饮中君子"。文人雅士七件事，琴棋书画诗酒茶；百姓开门七件事，柴米油盐酱醋茶——两者共同交集，或者说两者都离不开之物就是茶。君子文化从上层雅好向百姓日用转移和沉淀，茶可说是典型的津梁，所谓"若问饮中君子谁？雅俗共赏只有茶"是也。茶有多重保健作用，入口微苦，饮下之后，渐生甘味，是为"苦后回甘"，淡雅澄心，回味无穷，颇似人生历练所需境界。唐代释皎然与茶圣陆羽为忘年至交，曾赋《九日与陆处士羽饮茶》诗："九日山僧院，东篱菊也黄。俗人多泛酒，谁解助茶香。"这里把品茗看作雅士之举，并在韦应物《喜园中茶生》诗中得到呼应："性洁不可污，为饮涤尘烦。此物信灵味，本自出山原。"宋代苏轼《和钱安道寄惠建茶》诗，则直接认为茶天然具有君子品性："我官于南今几时，尝尽溪茶与山茗。胸中似记故人面，口不能言心自省。为君细说我未暇，试评其略差可听。建溪所产虽不同，一一天与君子性。"清代乾隆亦有《虎跑泉》吟茶诗云："溯润寻源忽得泉，淡如君子洁如仙。余杭第一传佳品，便拾松枝烹雨前。"此诗描写泉水煮茶"淡如君子洁如仙"，既是对茶的特性的赞美，也是对茶所寓含的君子品格的称颂。林语堂说："茶是象征着尘世的纯洁。"当代茶圣吴觉农也说："君子爱茶，因为茶性无邪。"中国茶文化渊博精微，其中很重要的内容就体现在与君子人格及君子文化精神有着深广的联系。

君子文化在元明清戏剧小说，即郑振铎所说的"俗文学"中同样表现充分，异彩纷呈。对此，已有学者结合中国古代文人创作的大量戏曲作品，从忠烈君子、勇义君子、高行君子、多智君子、红粉君子五个方面梳理其中的君子形象，并对每类君子形象的品质特征及书写策略作了考察和阐释。① 此不复赘。

上面，我们从器物、植物、动物、食物、俗语民谚、家训家谱及戏曲小说等层面，对君子文化民间沉淀的状况作了提要性的巡阅和描述。由此探寻可知，君子文化在社会民众中的普及流行程度，或者说君子文化在民间的深入人心程度，远超原有预料和想象。君子人格和君子文化，作为中华民族千锤百炼的人格基因和文化精髓，既是精英文化的中心内容，又是大众文化的重要内涵；既在高雅文化中居于中心地位，又在通俗文化里占据焦点位置。它是构造主流价值观的标志性话语，也是中国人立身处世共识度较高的信仰原则；它是文人雅士欣赏的阳春白雪，也是群众百姓喜爱的下里巴人。君子文化不仅雅俗共赏，而且历久弥新。它从遥远的商周时期跋涉启程，跨越数千年的历史沧桑，至今仍以矫健身影在中华文化蓬勃发展的大道上阔步前行，以不言之教潜移默化地滋润和涵养每个中华儿女的心田。就此而

---

① 参见黄胜江：《论中国古代文人剧作中的君子形象》，《上海师范大学学报（哲学社会科学版）》2014年第5期。

言，君子文化又是打通传统与当代、涵盖传统与当代，使传统与当代互联互通的桥梁和纽带，是让中华民族传统最基本的文化基因与当代文化相适应、与现代社会相协调的传输宽带和融合平台，是中华优秀传统文化与当代核心价值观活态嫁接的生长沃土和丰收舞台。

君子观念在公共生活中的三重意义 *

朱 承 **

摘要： 在儒家哲学里，君子人格不仅具有个体性意义，还具有公共性的意义。君子人格具有公共性意义，使得君子人格不单是个人的心性修养追求，还成为公共生活的重要内容。在公共生活中，君子人格的"导向性"意义具体体现为人们要在公共生活中规约自己的言行，努力成为公共生活所需要和期待的君子；其"规范性"意义体现为，人们在公共生活中知道如何去做是符合君子标准的，明确了"哪些事该做，哪些事不该做"，也就是明确了公共生活的规范；而其"评价性"意义则在于，如何运用君子这一评价工具来影响社会的伦理道德建设，明确了人们行为是否合乎君子标准，通过道德褒奖和道德批判等评价行为来约束和引导人们的行为，将有利于共同体成员的大同团结和互相协作。君子在公共生活中的多重意义，显示了君子不单是个心性修养的问题，更是政治建设所关注的问题。

关键词： 君子；公共生活；导向性；规范性；评价性

在中国传统儒家文化的语境中，君子往往指的是品德高尚、能力出众的个体。君子，既是人们对于理想人格的一种指称，也是对日常生活中德性出众之人带有赞美性意义的评价。宽泛地看，在中国思想史上，君子已经成为具有符号性意味的概念，可以视为理想人格的符号，同时也是伦理生活中带有评价性意味的符号。儒家经典文献中给予了君子概念以丰富的内容，后世人们又以经典文献中君子概念的抽象规定性来评价、范型、约束现实生活中的具体的、活生生的人，以此来验证和发

---

　　* 本文主体部分曾以"儒家政治哲学的人格指向"为题发表在《探索与争鸣》2018 年第 5 期。

　　** 朱承，华东师范大学教授，主要研究方向为中国哲学史。

展经典文献中对于君子的各种规定。在这样的过程中，君子逐渐成为既有抽象指导性又具有现实规范性的价值符号。

作为价值符号的君子观念，其发挥效用的场域，既在个体的私人伦理生活中，又特别体现在人际交往的公共生活中。众所周知，儒家道德规范和伦理原则比较多地体现在人际交往中，如"孝弟"体现在家庭成员的交往中，"忠信"体现在政治生活与社会生活中的人际关系中，礼乐制度更是主要是针对人际交往的等级、秩序而言的。儒家视域中的人际交往，既有私人性的领域，如父子、夫妻、兄弟等，也有公共性的领域，如君臣之间、乡党之间、同僚之间等等。《中庸》里曾列举了国君修身、待人、治理国家天下的九个主要领域，"凡为天下国家有九经，曰：修身也，尊贤也，亲亲也，敬大臣也，体群臣也，子庶民也，来百工也，柔远人也，怀诸侯也。"如上所引，除了"修身""亲亲"具有个体性、私人性、家庭性以外，其他七个方面都涉及公共生活、政治生活。《中庸》里的这段话，从文字上看，主要是对国君说的，但在长期的思想史发展历程中，也逐渐具有了一般性的泛指意义，对于社会生活中从事社会活动的普通个体也有一定的针对性。个体在社会上生存，除了私人生活之外，还有更为广泛的公共生活，要在公共生活的各种场景中履行各种身份职责，与不同的人发生不同的伦理关系，承担不同的道德义务。儒家对个体生活规范的要求，很大一部分发生在公共交往、公共生活中，公共生活是儒家伦理原则和礼仪规范产生作用的主要场域。具体到君子观念上，君子不仅要"慎其独也"（《礼记·中庸》），更要在公共生活中以儒家的伦理原则和礼仪规范要求自己，"成为君子"既意味着以一种"慎独式"的方式对自己严格要求，也意味着要在公共生活中约束自己和将自己修养的成果展示出来，最终"成己成物"。在《论语》中，子路曾经问孔子何为君子，"子路问君子。子曰：修己以敬。曰：如斯而已乎？曰：修己以安人。曰：如斯而已乎？曰：修己以安百姓。修己以安百姓，尧舜其犹病诸。"（《论语·宪问》）在孔子与子路这段对答中，可以看出，在孔子看来，君子不仅要修己，更为重要的是要将君子之德在人际交往、公共政治生活中体现出来，实现社会和政治意义上的效果，只有这样，才是真正的君子品格之完成。可见，君子不仅仅是个人德性的问题，更主要涉及"如何在公共生活中发挥效用"的问题。

正是因为君子观念不仅具有"个体性"意义，更具有"公共性"意味，故而，我们在讨论儒家君子观念时，特别要注意君子观念对于公共生活的意义。换言之，君子观念在公共生活中将发挥何种作用？我们认为，在公共生活中，儒家君子观念的价值符号性功能和意义，主要表现在三个方面，第一是导向性，第二是规范性，第三是评价性。下面分别阐释之。

第一，关于"导向性"意义。"导向性"意义意味着"应该成为君子"。儒家的君子观念，其首要意义在于给人们的自我修养提供一种理想信念意义上的导向。换言之，人们通过自我的修养可以实现一种在当下生活中呈现的"理想人格"。圣人、贤人、君子等，在儒家经典里都具有人格理想的意义，不同的是，圣贤在理想人格序列中占据较高的层次，一般用来特指历史上出现过的伟大人物，如尧舜禹汤、文武周公；而君子则更多泛指一般在现实生活中以修养自我、服务公众为人生要务的普通人。在儒家思想史的语境中，圣贤往往是具象的、有着特指的人格对象，而君子则是抽象的、无确定的人格指称。孔子说："圣人，吾不得而见之矣；得见君子者，斯可也。"（《论语·述而》）这说明在孔子看来，君子更具有现实性。《孔子家语》曾假借孔子之口说儒家心目中的人格序列："孔子曰：'人有五仪：有庸人、有士人、有君子、有贤人、有圣人。审此五者，则治道毕矣。'"（《孔子家语·五仪解》）"君子"处在这一人格序列的中间地位，比圣贤更具有现实可能性，也就是可以期望并能达到的。就是否能够达到的角度来看，相较于"贤人""圣人"，"君子"更容易实现。《孔子家语》里还曾对君子作了进一步解释："所谓君子者，言必忠信而心不怨，仁义在身而色不伐，思虑通明而辞不专。笃行信道，自强不息，油然若将可越，而终不可及者，此君子也。"（《孔子家语·五仪解》）从这个解释可以看出，满足一定的德性和德行要求，在精神气质上符合儒家的要求的人，就可以称之为"君子"。作为现实的理想人格符号，君子成为人们在现实生活中德业有所成就的现实追求，人们以成为君子作为自己人生修养的方向。《中庸》曰："故君子尊德性而道问学，致广大而尽精微，极高明而道中庸。"（《礼记·中庸》）后世将其作为君子的修养路径，对人们的修养具有示范性意义。孟子说："君子所以异于人者，以其存心也。君子以仁存心，以礼存心。仁者爱人，有礼者敬人。爱人者人恒爱之，敬人者人恒敬之。"（《孟子·离娄上》）在孟子看来，君子作为一种人格，之所以异于常人，是因为能够将"仁""礼"的观念长存于心。君子因心存"敬爱"也能被人们所"敬爱"，故而值得人们效仿。"是故君子动而世为天下道，行而世为天下法，言而世为天下则"（《礼记·中庸》），君子的言行举止为人们所效仿，就此而言，君子是具有典型导向性意义的观念。因此，儒家文献里不厌其烦地以"成为君子"作为人们德性修养的指向。君子观念与"成为君子"的追求始终是联系在一起的，当儒家提到对君子的各种要求或者君子的各种德性的时候，其潜在的意义就是说，君子是值得追求的人格，人们都要努力成为君子，正是在这个意义上，我们说，君子观念具有"导向性"意义。

第二，关于"规范性"意义。"规范性"意义意味着"如何成为一个君子"。君子观念还内在地包含了"如何成为一个君子"，"如何成为君子"直接关涉着"成为一个君子要遵守哪些要求和规范"的问题。在儒家文献里，我们可以看到，儒家对君子的言论、行动作了多重方面的规定，有的是从正面来讲君子应该如何，如"天行健，君子以自强不息""地势坤，君子以厚德载物"（《周易》），"君子务本，本立而道生"（《论语·学而》），又如"君子食无求饱，居无求安，敏于事而慎于言，就有道而正焉，可谓好学也已"（《论语·学而》），"君子之道者三，我无能焉。仁者不忧，知者不惑，勇者不惧"（《论语·宪问》），"君子有三畏：畏天命，畏大人，畏圣人之言"（《论语·季氏》）。也有从否定角度来讲君子不应该如何，如"君子不器"（《论语·为政》），又如"君子不忧不惧"（《论语·颜渊》），"君子不以言举人，不以人废言"（《论语·卫灵公》），"君子有三戒：少之时，血气未定，戒之在色；及其壮也，血气方刚，戒之在斗；及其老也，血气既衰，戒之在得"（《论语·季氏》），等等。儒家经典从多个维度规定了君子的德性应该包括哪些方面、应该遵守何种原则。除此之外，儒家还在日常具体的生活规范中对君子有所要求，如孔子说"君子不以绀緅饰，红紫不以为亵服"（《论语·乡党》），孟子说"君子远庖厨"（《孟子·梁惠王上》）。类似这样从正面或者反面以及日常生活规范中来要求君子应该做什么、不应该做什么的话语，在儒家经典文献里十分多见。这就说明了，在儒家的君子观念里，特别是在对公共性人际交往中的君子言行的描述中，已经内在地承担了对于人的行为的规范功能，提到君子，就意味着要遵守这些规范。因此，在儒家的经典里，君子观念所呈现的不仅仅是描述"君子是什么"，而且还通过对君子形象的刻画来告诉人们应该如何去做，因而具有"规范性"意义。

第三，关于"评价性"意义。"评价性"意义意味着"如何运用君子观念"。在传统儒家文化里，君子观念还具有评价性意义，可以作为对于人的德性、德行的评价性话语，参与道德评判，并用来引导人的行为。《论语》首章里就说："人不知而不愠，不亦君子乎？"（《论语·学而》）如果能做到"人不知而不愠"的宽容与自信，就是君子，显然，君子是对人具有宽容自信这种美德的褒扬。再如，"曾子曰：可以托六尺之孤，可以寄百里之命，临大节而不可夺也，君子人与？君子人也"（《论语·泰伯》），对人的道义担当，也会作出是否是君子的评价。另外，在经典文献里，有很多地方以君子、小人对举，以此来彰显具有"评价性"意义的君子观念，如"君子怀德，小人怀土；君子怀刑，小人怀惠"（《论语·里仁》），"君子喻于义，小人喻于利"（《论语·里仁》），"女为君子儒，无为小人儒"（《论语·雍也》），"君子坦荡荡，小人长戚戚"（《论语·述而》），"君子之德风，小人之德草"（《论语·颜渊》），"君子中庸，小人反中庸"（《礼记·中庸》），等等。君子意味着具有高尚品行的人，小人则反之，故而，当儒家将君子、小人对举的时候，看上去只具有描述性，但实质上在后世的传习中，这些就变成了具有"评价性"意义的话语，具有了评价的功能。当某人有某种言行时，人们往往会搬出经典话语，进行君子或者小人的判别和评价。这种评价是具有现实效力的，君子会获得道德荣誉，而小人则会遭舆论谴责。毋庸赘言，君子、小人是一种道德判断，是对于人格属性的道德评定，这种评定也具有"导向性"和"规范性"意义，也即用道德荣誉、道德积极评价来引导"人们应该成为君子"，并具体指导"成为君子应该如何"。因此，就君子观念的"评价性"而言，还内在地包含了"导向"和"规范"的意义。

如上所述，君子观念所包含"导向性""规范性""评价性"三重意义，它们不是截然分开的，而是互相融摄的。"导向"影响着"规范"和"评价"，"规范"也意味着"导向"和"评价"，而"评价"也包含着"导向"和"规范"，所以从事实上、效果上来看，三者往往是一体的，共同在道德生活中发挥作用。但从逻辑上，可以作上述三种意义的某种区分，这对于我们更加深入理解君子观念的丰富性具有一定的意义。特别是在公共生活中，君子观念的"导向性"意义具体体现为人们要在公共生活中规约自己的言行，努力成为公共生活所需要的君子；其"规范性"意义体现为，人们在公共生活中知道如何去做是符合君子标准的，明确了"哪些事该做""哪些事不该做"，也就是明确了公共生活的规范；而其"评价性"意义则在于，在公共生活中，如何运用君子这一评价工具来影响社会的伦理道德建设，明确了人们行为是否合乎君子标准，通过道德褒奖和道德批判等评价行为来约束和引导人们的行为，将有利于共同体的社会团结和社会协作。

在传统社会中，君子观念的三重意义都集中指向人的道德水平，这是儒家思想的根本特色。一言以蔽之，传统儒家所讨论的君子，都是道德意义上的君子，主要是以是否合乎儒家道德原则作为最终标准。随着现代社会的到来，以道德作为轴心的传统公共生活方式不断变化，而以制度、法律作为公共生活基本准绳的现代公共生活空间逐渐形成。如果说君子作为传统公共生活中人格意义上的符号还将继续发挥作用，"君子"这个词本身还可以作为共同体优秀成员的指称，那么，"君子"这一符号里所包含的内容就应该随着时代的变革而变化，除了包含道德因素以外，还要增加现代性的精神，如民主、科学、自由、平等、公正、法治等现代性观念，这些现代性观念应该作为现代君子或者现代合格公民所应该拥有的基本价值观念。这样，作为公共生活中的人格符号，君子观念将会依然有效地发挥其导向性、规范性和评价性三重功能。

君子之道与大学生人格塑造

黄华新[*]

摘要： 君子是中华民族价值取向的人格化象征，它萌芽于先贤君王形象中，被儒家学者重新定义和塑造，对中华民族的文化心理起到了鲜明的导向作用。在新的历史时期，有必要重新审视君子文化的精英属性，把君子人格的塑造确立为高等教育的重要目标，从道德境界、自律准则、人际伦理三个方面理解君子文化对个人涵养的要求，带动全社会道德风尚的积极转变。要把握君子文化动态发展的历史性特征，寻找一以贯之的"最大公约数"，与时俱进培育具有精英抱负的时代高才。

关键字： 君子文化；高等教育；人格塑造

在千差万别的生活世界中，各个民族往往会根据自身的历史传承和文化记忆，形成独特的价值取向，并为这种价值取向赋予凝固的人格化象征，远如欧陆之骑士、英国之绅士，近如美国之牛仔。对于中华民族而言，这种人格化象征正是君子。

"君子"一词，原本是对统治者和贵族男子的通称，如《诗·魏风·伐檀》："彼君子兮，不素餐兮！"另一方面，君子人格的内涵则肇起于中国文明的蒙昧阶段，萌芽于先贤君王形象之中。《易·系辞下》："黄帝尧舜，垂衣裳而天下治。"《礼记·大学》："尧舜率天下以仁，而民从之。"此时的尧舜，已经带有后世君子志存天下、仁爱待人的色彩。春秋以降，以孔孟为首的儒家文士阶层重新定义和塑造君子形象，将克己复礼、天下大同的政治理念融汇于君子的言行中，将君子人格深深烙印在中华文明的血脉基因之中，对中华民族的文化心理塑造起到了鲜明的导向作用。

---

[*] 黄华新，浙江大学教授，主要研究方向为逻辑学。

　　然而，尽管儒家淡化了君子的贵族血统色彩，为士人阶层树立了人际交往和道义使命的终极目标，但拘囿于古代书籍出版业的低效和教育资源的稀缺，德才兼备的君子人格塑造注定不能是全民性的。历史条件的制约决定了传统君子文化的本质仍然是精英文化，带有浓厚的精英特质，并在精英属性的导向下进行持续的自我修缮。"君子之德风，小人之德草，草上之风，必偃。"（《论语·颜渊》）对于君子群体而言，他们出生于市井田间，受黎民苍生的接济，不但自身要自强不息、厚德载物，更要担当大任、感化小人，促进天下的和谐大同。一旦到了民族生死存亡的时刻，君子们便会自然地挺身而出，将个体的生命紧密维系在中华民族的集体根基之上，从而在更宽广的尺度上完成思想的解放，满足个体生命自我实现的最高需要，最终从容自信地喊出："人生自古谁无死，留取丹心照汗青"（文天祥《过零丁洋》）。

　　时至今日，社会物质基础和精神文化生活的日渐丰富为拓宽君子人格的培养路径提供了前所未有的机遇。然而在风云激荡的近百余年里，不但我国自身的历史文化传承受到严重的破坏，西方文明对我国精神领域的冲击更是严重动摇了大众对君子人格的尊崇和景仰。传统君子文化托身的士人阶层已经解体，反其道而行之的小人却往往把持着社会舆论的热度。为了在复杂的社会背景下继承君子文化的精神气度，在新的历史时期保护中华文明的主流价值，眼下我们有必要重新审视君子文化的精英属性，要把君子人格的塑造确立为高等教育的重要目标，着重在大学校园重建君子之道生长的文化氛围，以此带动全社会道德风尚的积极转变。

　　想要在大学生群体中传承君子之道，将大学生人格塑造为君子人格，必须着重强调实事求是的精神，把高高在上、抽象宽泛的君子具象化，从以下三个方面理解君子文化对个人涵养的要求。

一、道德境界

　　"德"是君子安身立命的根本。古往今来，君子的内涵不断丰富变化，唯有对道德孜孜不倦的追求是君子永恒不变的特征。《论语》有言："君子怀德。"东汉班固《白虎通·号》也说："或称君子何？道德之称也。"千年之后，北宋苏轼在《君子斋记》里再次强调："故天下之有德，通谓之君子。"推行君子之道的第一要务，在于修德。

　　那么，君子所称的道德究竟指称的是什么内容呢？从现代汉语的角度看，道德是"人们共同生活及行为的准则和规范、品行、品质",是与"法律"相对而言的柔性约束;没有道德的人,虽然不至于判刑获罪,却绝对会收获周遭的白眼。也就是说,道德是促进人与人之间交往的纽带,是人与集体相关联的凭证,君子怀德,意味着君子绝不是远离尘世的苦行僧,而是积极入世的实践者。在中国古代,"德"是一个宏大的概念,与仁、义密切相关。"君子于仁也柔,于义也刚"(《扬子法言·君子》),说的就是君子凭借着施行仁义,半是怀柔,半是怀刚,仁以爱人,义以诚人,最终焕发出无穷的人格魅力。总之,君子心怀仁义对待他人,亲切地融入群体之中,在他人看来却是巍然屹立,这必定是"德"的重要组成部分。

唐代魏征在《十渐不克终疏》里概括说:"君子之怀,蹈仁义而弘大德。"此处的"大德"应作何解?我们可以从孔子的《论语·颜渊》中找到答案:"君子之德风,小人之德草,草上之风,必偃。"孔子说,君子的道德就像风一样,民众的道德就像草一样,风吹向草,草就随风倾伏。换言之,君子要实行真正的道德,就要向周围的普通人施加自己的影响;不仅自己一个人要施行仁义,更要以榜样的作用让仁义广泛传播,从而实现个人对世间的伦理秩序的观照,实现天下的和谐大同,这才是真正的"大德"。当代大学生对君子文化精英主义的传承,决定了其人格对道德的理解不能仅限于日常生活中的心怀仁义,而是要反对自闭、化身成风,登高望远,极目四野。如果能够真正践行这种道德,君子的力量将无可匹敌:"惟德动天,无远弗届"(《尚书·大禹谟》),最终甚至将得到上天的眷顾:"皇天无亲,唯德是辅"(《尚书·蔡仲之命》)。

二、自律准则

施行仁义,体现了君子道德的一种目的性。为了实现这种目的,君子必须掌握相应的一套方法论。在《论语》对道德的描述中,"中庸之道"无疑是一种突出的自律准则:"中庸之为德也,其至矣乎"(《论语·雍也》)。中,即为中正、中点之意;庸,何晏集解曰:"常也,中和可常行之道。"

"中庸"一词,我们已经耳熟能详,经过千百年的词义衰变,如今它大多用于形容一个人迂腐寻常,绝难与飘飘欲仙的君子相联系。但《礼记·中庸》却说:"君子中庸,小人反中庸。"实际上中庸之道亦是君子人格精英主义的一处遗存,是中华先民们在筚路蓝缕的传说时代经历长期实践总结出的经验。《尚书·大禹谟》说:

"人心惟危，道心惟微，惟精惟一，允执厥中。"此处的"厥"意为"其"，"允执厥中"简而言之就是"好好执行中道"。《论语·尧曰》中再次出现了这个词组："咨！尔舜，天之历数在尔躬，允执其中。四海困穷，天禄永终。"也就是说，与中庸相关的"中道"，最早是执政者治国理政的核心要义，而后逐渐演化为君子秉持的准则。

君王治民，君子修身，中庸思想要求执政者"执其两端，用其中于民"，对于大学生个人而言则可理解为"执其两端，用其中于己"，此中的重点不在"其中"而在"两端"。中庸绝非要求做事不尽力，当个只求平安的和事佬，而是君子要在心中持一把始终保持中正不阿的标尺，警惕做事越轨的极端主义思想，"过犹不及"。著名革命家李大钊十分推崇中庸之道，他说："判其曲直，辨其诚伪，校其得失，衡其是非，必可修一中庸之道。"①若是事事务求处于中位，则又陷入另一种极端思想的窠臼之中了。

君子自律的另一条底线，在于"知耻"。耻辱是一种人尽皆知却难以描述的心理体验，《尚书·说命》对"耻"的描述最为生动："其心愧耻，如挞于市。"羞耻的感受普遍存在于人的内心，但并不是所有羞耻感都属于君子；大学生必须在对君子人格的模仿学习中分清什么应该羞耻，什么不该羞耻，无谓的羞耻只会让人陷入无端的忧虑和消极情绪中。耻辱所引起的连带情绪十分复杂，有人会觉得因轻视而愤怒，这种耻辱往往来源于外界；有人则觉得因失败而羞愧，这种耻辱总是归结于自身；而君子的耻感属于后者。至于具体的实例，荀子有一番完整扼要的描述："君子耻不修，无耻见污；耻不信，无耻不见信；耻不能，不耻不见用。"（《荀子·非十二子》）在"耻"与"不耻"的对比中，君子对自身的极其严苛审慎的要求跃然纸上。当大学生们在明确了"君子耻感"的正确内涵后，他们就能正视自己的缺点，接受自身的不足，从而摆正态度，勇敢地去攻克难关。正如《礼记·中庸》中所说："知耻近乎勇。"

三、人际伦理

君子对"大德"的实践，要求君子肩负着深入大众之中传播自己的品德的使命。而在这种人际交往与道德感化的过程之中，君子对外的言行逐渐固化成了一套

---

① 李大钊：《民彝与政治》，见刘军宁主编：《北大传统与近代中国：自由主义的先声》，中国人事出版社，1998，第24页。

完善的人际伦理，它的内里闪烁着仁义本质的朴素之美，外在则又具有由心赋形的高度灵活性。

人际伦理是服务于集体生活的行为规范。大学生在与人相处时，首先要铭记的是君子"和而不同"的理念，只求心心相印，不求处处相同，培养包容开放的精神气度，落落大方地与不同的人交往，汲取他人身上的闪光之处，"三人行必有我师"，"见贤思齐焉"，以此来完善自身。其次，要坚持"群而不党"的信念。在一个人数较多的集体中，人们很容易出于一些观念上的契合点或感性的认知，与几个特定的"熟人"结成更小一级的利益共同体，从而与集体中的其他小团体人为地制造了隔阂，最终争个你死我活；就算最终某个团体侥幸胜出，其内部必然将发生进一步的分裂，从而攻讦不止、纷争不休。大学生身处集体之中，必须时刻防范这种人性的弱点，必须从集体的全局考量。而想要真正落实"群而不党"的原则，大学生必须做到"周而不比"，周全、平等地对待人们，团结一切可团结的对象，而不偏袒阿私，被所亏待的人埋怨嫉恨。

除却个人与集体的人际伦理关系，个人对个人的双边交往也是君子人格重点关注的领域。我们认为，"君子成人之美，不成人之恶"（《论语·颜渊》），可谓是对君子与人相处准则提纲挈领的概括。在大学生活中，我们能看到许多所谓的"老好人"，他们秉持着"与人为善"的信条，别人提出任何要求都尽量满足，以此结个善缘。而君子行事超过"老好人"之处，就是能用内心的伦理道德去衡量"美"与"恶"。通常来说，我们会把"善"与"恶"作为道德标杆下黑白分明的对立面，利人者称"善"，损人者为"恶"，但生活中还有许多利己不损人的事情，若是达成，对自己就是一桩"美事"。厘清善、恶、美的区分，再来看"君子成人之美，不成人之恶"这句话，我们就能从中体会到君子浓郁的人格魅力：君子不仅仅是惩恶扬善的卫道士，同时也具有乐于助人、古道热肠的无私品质。

如果每个大学生都能如君子那样劝阻他人为恶，同时力所能及地维护助长他人的正当利益，互相尊敬、互相辞让，"己所不欲，勿施于人"（《论语·颜渊》），君子的道德就会如同清风吹拂水面泛起的波纹，将明辨是非的能力广泛地传递给整个社会，这样君子的终极抱负就将实现：所有违背道德的罪恶受到千夫所指、无所遁形，整个社会、整个民族始终保持着昂扬向上的精神状态——这正是中华文明数千年来历久弥新的力量之源。

以上对君子人格塑造所归纳阐释的几点，实际上并不能十分完整地涵盖君子之道的所有内容。在自尧舜以来数千年的历史流变中，君子文化一直在推陈出新，从一个以儒家文化为主导的政治理想形象，演变为兼容并包的中华民族人文素养综合体。我们在致力于为大学生群体塑造君子人格的同时，也必须客观地看待君子文化的历史性特征。君子文化是一个动态发展的系统，孔孟时代的君子，不同于程朱理学时代的君子；儒家经典描绘的君子形象，可能与儒释道杂糅后的君子产生观念上的龃龉。因此，我们所要倡导的君子人格，并非简单地从古籍中迎回一位圣贤，而是要与时俱进，明确数千年来一以贯之的君子人格特征，找到"最大公约数"，在此基础上为其赋予更加鲜明的时代色彩。我们所需要的，不是一批唯道德论的道学先生，而是具有高远抱负的时代英才，他们应有"天行健，君子以自强不息；地势坤，君子以厚德载物"的雄浑气势和"博学之、审问之、慎思之、明辨之、笃行之"（《中庸》）的精诚态度，最终成长为"公忠坚毅、担当大任、主持风气、转移国运的领导人才"[①]。

---

① 语出 1938 年竺可桢校长在浙江大学开学典礼上的讲话。

论传统儒家君子观在当代的传承与实践

张舜清 *

摘要：在当代传承和实践儒家的君子观应当坚持对传统儒家文化进行"创造性转化"和"创新性发展"的原则，对之作出顺应时代需要和合乎人性的诠释。为此我们必须要重新检讨传统儒家君子观的理论缺陷和时代局限，敢于舍弃其中一些不合时宜和严重超出普通人的道德觉悟水平和践行能力的内容，根据时代需要重新厘定和设定新式儒家君子的内涵和评判标准。但是这种"创造性转化"和"创新性发展"务须在充分理解儒家君子观的基本精神的基础上进行，而不能从根本上违背儒家君子观的理论精神和背弃儒家评判君子人格的根本依据和标准。从儒学建立的本体依据角度来说，"生"体现着儒家君子观的基本精神，对"生"的体悟和践履，也构成了儒家评判君子人格的主要标准。在当代践行儒家的君子观、培育君子人格，从这种精神出发，不仅可以充分体现儒家君子观恒久的精神价值，而且这种理解也因更加切合普通群众的实际思想水平和道德践行能力，容易得到贯彻和推行，从而使传统儒家君子观在当代的实践能够成为普遍的现实。

关键词：儒家；君子；当代实践；天道；生命

在传统儒家文化的语境中，君子无疑是一个十分美好的词汇，它意味着一个人拥有良好的社会地位、文化教养、出众的人品，人们以君子为荣，也以争做君子作为人生进取的重要方向，它培养出传统中国人特有的风骨，也体现出传统中国人格的精神气度。但是现代以降，随着中国社会政治、经济和社会风俗的变迁与革异，特别是在现代市场经济利益导向的驱动下和人们日益勃涨的现代公民意识如权利意

---

* 张舜清，中南财经政法大学教授，主要研究方向为中国哲学史。

识、平等意识等的影响下，儒家式的君子人格在当代的实践遭遇到了巨大的挑战。在当代，君子不但没有成为人们普遍自觉的人格追求，甚至在一定程度上还成为人们嘲讽的对象。然而，传统儒家的君子观在当代所遭遇到的困境绝不是说儒家的君子观念业已丧失了思想魅力，不再具有当代价值。事实上恰恰相反，儒家的君子理念在帮助我们安身立命、实现自身的生命意义，以及促进社会和谐、创造人类美好命运等方面仍然具有特别重要的价值。关键的问题在于，何以传统儒家的君子不再是人们的普遍追求，是什么阻碍了人们践行这种理念，而我们又应当如何改变这种困境，从而使儒家的君子观念发挥出现代价值呢？

一

传统儒家君子观在当代实践中遭遇困境，主要原因在于这种观念自身的理论缺陷及其在当代应用时所表现出来的时代局限。

首先，儒家的君子内容过于烦琐，而且要求过于全面，极大超出了普通人可践行的范围和能力。从儒家典籍中的记载来看，君子无疑是一个涉及多方面内容、对人们的行为有超高要求的概念，涉及对一个人的处世能力、行动执行能力、道德水准、智慧水平、心理素质以及身份地位等全方位的评价。一个完全意义上的君子，要"仁、智、勇"齐全，即拥有极高的道德觉悟、思维水平、勇敢的品质，所谓"君子道者三：仁者不忧，智者不惑，勇者不惧"（《论语·宪问》）；要有灵活处世的"时中"与"权变"的能力和艺术，所谓"君子时中"（《中庸》）；要有敏捷的行动能力、执行力，以及良好的心理素质，所谓"君子敏于事"（《论语·宪问》）、"君子不忧不惧"（《论语·颜渊》）；要谈吐优雅、博学多识、善于修饰自己的外部形象，所谓"君子博学深谋"（《荀子·宥坐》）、"文质彬彬"（《论语·雍也》），等等。除此之外，理想的君子还应能够识大节、受大命、堪大任，能够"托六尺之孤，寄百里之命"（《论语·泰伯》）。更重要的是，真正的儒家式的君子必须要"仁民爱物"，具有关心民生、修己安人的自觉追求和实际事功。一个没有仁民爱物、为民请命、服务人民、奉献社会的情怀和责任感的人，在儒家这里，就不可能成为真正意义上的君子。不仅如此，儒家对君子要求的多个方面是互相联系、相辅相成的，它们构成了一个完整的君子人格形象，并不能单独抽出其中任何一条来作为评判君子的标准。在儒家的概念中，一个完全意义上的君子，

"仁""智""勇""学""美",乃至一定的社会地位即"位"都要具备。总之,君子之为君子,就在于君子注意和拥有各方面的修养。正如《荀子·劝学》曰:"君子知夫不全不粹之不足以为美也,故诵数以贯之,思索以通之,为其人以处之,除其害者以持养之。天见其明,地见其光,君子贵其全也。"

显然,儒家之君子的内容的复杂性和超高要求对于绝大多数人来说,其实是很难完全达到的,其内容与标准的设定虽然为人们的修身提供了具体的目标和行为导向,为人们树立了终极的行为典范,有它的正面价值,但是我们却很难保证它的实效性,即很难保证这种观念能够为广大普通群众所践行,从而也就不可能产生普遍意义的君子人格。也就是说,如果我们把儒家式的君子人格作为一种类似于公民道德建设的标准来推行,势必会落空。道理很简单,一方面,人们难以做到;另一方面,人们未必愿意做到,也就是人们未必认可这样具有超高要求的人格教育和塑造标准,从而排斥这种人格理念。

其次,传统儒家君子观毕竟产生于以农业文明为主要特征的中国古代社会,基本上是一种适应传统家国一体化社会结构的人格理念,与传统中国的政治、经济发展水平相适应,因而它不可避免地具有时代的局限性。这也决定了我们必须对之进行因时制宜的损益,而不能全盘继承,否则,势必难以在现实中推行这种观念。因为儒家对君子的具体界定和要求并不是都符合当代人们的生存观念和价值理念。从儒家的典籍记载来看,儒家的君子虽然主要是就人的品性而论,但也蕴含着明显的特权、等级意识,孔子和孟子对君子的描述也是如此。儒家的君子并非一个单纯的道德概念,具有明显的"位"的属性,体现着某种身份意识、阶级或阶层意识、等级意识。这一点,无论是在孔、孟以前的典籍中,还是孔、孟等人的典籍中,表现得都十分清楚。首先,孔、孟之前的典籍中的君子,基本上都是指"有位者"。这正如一位学者所说:"征诸经典,春秋时期及以前(即所谓'六经'所反映的时代),人们对于'君子'与'小人'的理解,基本上都是着眼于其地位上的区别。"① 其次,在孔子、孟子等原始儒家代表人物的言论当中,君子一词的"位"的属性也是显而易见的。比如在《论语》中,孔子明白无误地把君子与专事耕种稼穑的小人对立起来(《论语·子路》),孟子讲"无君子莫治野人,无野人莫养君子"(《孟子·滕文公上》),都十分清晰地说明了这一点。从中国传统社会的实际生活来看,所谓的君

---

① 黎红雷:《"位"与"德"之间——从〈周易·解卦〉看孔子"君子小人"说的纠结》,《孔子研究》2012年第1期。

子与"多能鄙事"的主要从事体力劳动的普通群众之间的确存在身份与人格上的不平等，这是一种客观事实。而这样一种客观事实，注定了儒家的君子理念在追求人格平等、特别是在注重权利和身份平等的当代社会，必然会遭到广大普通群众的质疑与刻意疏离。

所以，在当代社会，要真正使传统儒家的君子理念能够贯彻落实，发挥其思想价值，我们就应当认真对待这种观念的理论缺陷和时代局限。我们如果不想传统儒家的君子观在当代只是流于空洞的说教，而是想要切实发挥它的影响力，体现它的价值，那么就应该重新审视儒家君子观在内容设定上的合理性，并对之作出因时因地的诠释。

二

鉴于传统儒家君子观自身的理论局限和时代局限，我们要想在当代践行这种观念并取得实效，也就是使之成为多数普通人可践行的道德标准和人格，就应当坚持对这种观念的"创造性转化"和"创新型发展"。对此，我们应当形成共识。正如习近平总书记在谈到如何继承和发扬儒学时所说："传统文化在其形成和发展过程中，不可避免会受到当时人们的认识水平、时代条件、社会制度的局限性的制约和影响，因而也不可避免会存在陈旧过时或已成为糟粕性的东西。这就要求人们在学习、研究、应用传统文化时坚持古为今用、推陈出新，结合新的实践和时代要求进行正确取舍，而不能一股脑儿都拿到今天来照套照用。"① 更为具体地说，就是要"辩证取舍、推陈出新，摒弃消极因素，继承积极思想，'以古人之规矩，开自己之生面'，实现中华文化的创造性转化和创新性发展"②。习近平总书记的这些话，同样适用于我们思考传统儒家君子观在当代的传承和实践的问题。这里面有一些问题值得我们注意。

其一，我们应当认识到对传统儒家君子观进行"改造"，也即"创造性转化"和"创新性发展"的必要性，不能一提"改造"、一提"转化"和"发展"，就武断地认为这是颠覆儒家的思想，从而盲目地拒绝对传统儒家君子观的所谓"改造"。

---

① 习近平：《在纪念孔子诞辰 2565 周年国际学术研讨会暨国际儒学联合会第五届会员大会开幕会上的讲话》，《人民日报》2014 年 9 月 25 日。

② 习近平：《在文艺工作座谈会上的讲话》，《人民日报》2015 年 10 月 15 日。

事实上，对传统君子观作出适合时宜的损益或发展、不断赋予其适应时代需求的新的内容，这本身就是儒家的一贯做法，也反映出儒学固有的动态发展和开放精神的理论品质。君子一词并非儒家所创，在儒学创始之前即早已有之。但儒家无疑在继承"传统君子观"的基础上，对之进行了富有特色的思想转化，使它从一个主要具有"位"的属性的概念，成为一个以德性为主的概念。[①] 所以，我们不能一谈改造，一谈"创造性转化和创新性发展"，就认为在改变儒学的理论气质，在曲解儒学精神。

其次，要想真正做到对传统儒家君子观"在继承中发展、在发展中继承"，必须坚持一些必要的原则，注意方法的运用。其中最为重要的，就是注意要把儒家君子文化的实践同当代中国现实的思想文化建设要求紧密结合起来。此即习近平总书记所说，要注意"把弘扬优秀传统文化和发展现实文化有机统一起来，紧密结合起来"，"使之与现实文化相融相通，共同服务以文化人的时代任务"。[②] 当前，马克思主义是我们思想文化建设的指导思想，社会主义核心价值观是我们的主流价值观念，因而在当代要弘扬儒家的君子文化，就必须注意把儒家的君子理念与马克思主义和社会主义核心价值观紧密结合起来。社会主义核心价值观反映了我国社会主义的本质要求和思想道德文化建设的基本原则，也充分反映了当前中国人民普遍的精神和价值诉求。它提示我们在倡导和推行某种思想文化价值观念时，必须要充分尊重和对待人们的权利意识、平等意识、民主法治观念以及人们追求美好生活的意愿，要充分反映当前社会人们对正义的呼声、对公正、平等的深切关注。因为这些都是社会主义核心价值观的应有之义，这种情况也充分反映出当前人们的思想实际。所以，在当代践行儒家的君子观，我们要正视人们的这种思想实际和社会主义核心价值要求，敢于扬弃传统儒家君子观中不合时宜的成分，如蕴含在其中的明显的等级、特权意识等等。在这方面，我们可以借鉴贺麟先生在培育新式儒者人格时所提出的一些基本原则，即"合理性""合人情""合时代"。

所谓"合理性"，即"揆诸天理而顺"[③]，也就是推行的观念要经得起普遍理性的推敲，能够反映人类经久不衰的基本理念，这就要求新式儒家君子观内容的设定要充分尊重客观规律和普遍规则。所谓"合人情"，即合乎真实的人性需要和感情需要。人有七情六欲，但凡生命也都希望得到尊重、平等对待，希望能够好好地生存，因而君子观内容的设定不能脱离这种人性需要。从现实的角度说，就是要肯定人们追求物质利益、满足自己生存需要的功利想法的合理性，把君子的评判尺度与人们建立事功、发展基业、创造物质富裕的幸福家园的行为结合起来。所谓"合时代"，即合乎当代的文化价值观念的发展趋向和当前社会的普遍价值取向。也就是君子观念的践行，必须要与当代中国社会的文化价值建设的实际状况相符合。在当代，就是要把君子文化的践行与社会主义文化建设的具体目标相结合，与当代的公民社会、法治社会的建设相结合，与马克思主义、先进的科学技术理念等相结合。依据这三个原则，我们可以根据人们的思想实际和当前我国对公民道德的基本要求区分出不同层次的君子。高层次的君子，无疑是指品学兼优、德才兼备、仁智勇俱全的人。而一个人只要具有良好的道德操守，遵纪守法、克己奉公、与人为善，那么他就不失为君子，而不必非要求他博学多智，更不必要求他一定要多才多艺。正如贺麟先生所说，品学兼优、德才兼备，这是理想的完美的儒者人格，但一个人因资质不够而不能成为才智之人，也不应妨碍他是一名真正的儒者。"因限于资质，无才能知识而卓有品德的人亦可谓儒者。""惟有有学无品，有才无品，只有知识技能而无道德，甚或假借其知识技能以作恶者，方不得称为儒者，且为儒家所深恶痛绝之人。"① 社会上并不是每个人都具有较高的资质，每个人的思想水平并不一样，因而不宜将君子人格的标准固化，而应当着眼于人们的生存实际和思想实际，使之成为人们通过一定努力就可以切实达到的目的，这样才能充分发挥这种观念的价值引导和鼓励作用，才能使之成为人们自觉提升自己的精神动力。

最后，同样非常重要的是，我们强调在当代践行儒家的君子观必须要对之作出"创造性转化和创新性发展"，绝不意味着我们要抛弃儒家君子文化理念的基本精神，恰恰相反，我们务须要对儒家君子理念的基本精神和思想重点有深刻认识和把握，要充分认识到儒家确立和评判君子人格的根本依据和尺度，并在贯彻这一基本精神的基础上做到对传统儒家君子观的"转化"和"发展"。这样做，一方面不至于使我们打着"转化"和"发展"的名号从根本上背离儒家君子观的基本精神，另

---

① 贺麟:《文化与人生》，商务印书馆，2002，第11—12页。

一方面也可以使评判君子的标准更为具体化、现实化，有助于我们找到一个普遍性的标准。

三

传统儒家君子观的基本精神，体现在儒家确立和评判君子人格的终极依据和根本尺度上。我们当然可以从不同角度对传统儒家君子观的基本精神和儒家评判君子的标准作出不同的概括，但是从根本而言，儒家是以对"天道"的体悟和践履作为评判君子人格的根本尺度的，传统儒家君子观的基本精神也正蕴含其中。在儒家这里，"君子之道"本原于"天道"，这是儒家的一个普遍共识。这在儒家典籍中有着丰富的记载。比如《礼记·祭义》曰："君子合诸天道。"《中庸》第十二章曰："君子之道，造端乎夫妇，及其至也，察乎天地。"都表明了这一意思。《易传》也把"君子之道"的根源归诸"天道"。《易·系辞上》曰："一阴一阳之谓道，继之者善也，成之者性也。仁者见之谓之仁，知者见之谓之知，百姓日用而不知，故君子之道鲜矣。"如金景芳所说："这一阴一阳之道也就是'天道'。"[1] "君子之道"就是继这"一阴一阳"之"天道"而形成的"人道"或"为善之道"。在《易经》这里，君子之为君子，就在于君子能够自觉体悟和依循、效法"天道"。我们看《周易》通篇提到的君子其实都是在这一意义上说的。如"天行健，君子以自强不息"（《易·乾卦·象》），"天地不交，否，君子以俭德辟难"（《易·否卦·象》），等等。总之，其正如王夫之所说，"君子之道，天之道也"。[2] 而儒家所说的"天道"，从其实质内容来看，本质即指上天创生之道，或者说"生"之道。儒家的"天道"本质上就是"生"之道，这在学界也颇有共识，宋代以降几成定论。如二程所说，"天只是以生为道"。[3] 清儒戴震、李光第等对此也均有明确论述。当代学者梁漱溟甚至认为儒学的整体精神就在这一个"生"字，他说："这一个'生'字是最重要的观念，知道这个就可以知道所有孔家的话。"[4] 因为儒家评判君子人格的根本依据

① 金景芳、吕绍刚、吕文郁：《孔子新传》，见金景芳著，吕文郁、舒大刚主编：《金景芳全集》第5册，上海古籍出版社，2015，第2451页。
② （明）王夫之：《船山经义》，见（明）王夫之撰，船山全书编辑委员会编：《船山全书》第十三册，岳麓书社，2011，第666页。
③ （宋）程颢、程颐：《河南程氏遗书》卷第二上，《二程集》，王孝鱼点校，中华书局，2004，第29页。
④ 梁漱溟：《儒学复兴之路：梁漱溟文选》，上海远东出版社，1994，第71页。

在于对"天道"的体悟和践履，而"天道"在"生"，故对"生"的刻意维护和关心，事实上就构成了儒家君子观的基本精神，也成为儒家评判一个人是否为君子的既有根本性又有现实内容的标准或尺度。

儒家所谓"生"，并非单纯指上天创生万物这一自然事实，而是具有明确价值内涵，所谓"天地之大德曰生"（《易·系辞下》）。以"生"为"道"、以"生"为"德"，人的行为就具有了明确的价值取向。在儒家这里，"生"首先是指天地之本性，万物之"生生"不已是天地的本然状态，也是应然状态，因而对这种"生生"境界的体认和维护就代表了儒家最高的生命境界追求，成为儒者的当然义务和最高责任。一个真君子，应当具备维护整体宇宙生态平衡与和谐发展的道义意识，有责任和使命帮助天地宇宙更好地实现其"生生"。从人之为人的特殊性而言，儒家认为这正是人作为人在天地创生的一切生命中最为高贵的原因。"天地之性人为贵"（《孝经·圣治章》），这个"贵"不是指人在先在价值上贵于群生，每一种生命都是天地父母所生，都先天具有"生"的价值规定，从这一意义上说，人的生命与动物等自然生命的价值是同一的，并不存在高低贵贱之分，但是人同时被上天赋予了一种为人所独有的道德理性，人依此道德理性能够充分认识到人之存在的特殊性即在于只有人才有"参赞天地之化育"，"财成天地之道，辅相天地之宜"（《易·泰卦·象》）的特殊能力，也只有人被上天赋予了助益其创生之功的当然义务，所以人的高贵不在于人对万物所天生具备的裁夺能力，而是体现在唯有人具有助益天地创生之功的能力和责任上，这是"天之所命"，所以董仲舒说"人受命于天，固超然异于群生，……此人之所以贵也"①。这一点亦如白奚所说："肯定人贵于万物，是对人提出仁爱万物的高标准道德要求的前提。……人作为'万物之灵'和'最贵者'，理应对万物以爱心相待，参赞天地之化育，否则就是没有尽到责任，就是道德尚未完成。"②

生命诚可贵，因为生命代表了天道之本然和应然，具有先天的"生"的价值。而"人道"本于"天道"，对于君子而言，充分体悟到上天的这种"生意"，积极助益上天的创化之功，就是君子之大德。故宋儒张浚说："天道之大，在生物。生物者，天道之贞。君子协进生物之功，可以配天。"③从这个角度判定君子，君子的生

① （东汉）班固：《汉书·董仲舒传》，浙江古籍出版社，2002，第799页。
② 白奚：《儒家的人类中心论及其生态学意义》，《中国哲学史》2004年第2期。
③ （宋）张浚：《紫岩易传》卷二，见《摛藻堂四库全书荟要》经部第二册，世界书局，1985，第252页。

命境界便一目了然。

首先，君子应当是那些对维护宇宙生命系统的平衡与和谐运行有着明确自觉的道德意识的人，他们深知万物之"生生"不已，这是天道之当然，深知维护这种生命境界对于人类乃至万有生命之长久存在具有根本的决定意义，因此自觉爱护生态环境。

其次，君子也应当是那些对一切生命抱有同情心、爱护心，对生命的生存处境具有同情共感能力的人。君子深知一切生命均先天赋有"生"的价值，均具有其存在的意义，因为上天既创生了这种生命，就赋予了它存在的"生生之道"，赋予了其在宇宙生命系统应然的位置，各种生命各安其位，各遂其生，这就是天之道。所谓"万物并育而不相害，道并行而不相悖。小德川流，大德敦化。此天地之所以为大也。"（《中庸》）因此，真正的君子必然以博大的胸怀包容一切生命、关爱一切生命，努力做到与各种生命和谐共处，而不是以一己之私利，虐杀生命，以伤生害生为事。当然，这也并不是说人类不可以利用和食用动物等自然生命，各种生命之间的相互利用、动物相食也是生态之事实，对此儒家并不否认。但是人们对动物等自然生命的利用和索取必须建立在维护整体宇宙生命系统的平衡与和谐发展的基础之上，而不能滥杀、滥用动物等自然生命。一个君子，应当具备这种生态文明意识。孔子说"子钓而不纲，弋不射宿"（《论语·述而》），孟子说"数罟不入洿池，鱼鳖不可胜食也；斧斤以时入山林，材木不可胜用也"（《孟子·梁惠王上》），都反映了儒家的这种意识。

真正的君子，绝不会漠视生命，对生命的处境麻木不仁，更不会为一己之欲恣杀生命。"君子之于禽兽也，见其生，不忍见其死，闻其声，不忍食其肉，是以君子远庖厨也。"（《孟子·梁惠王上》）儒家这么做并非出于伪善，而是本着"善生"的理念形成的一种对待生命的极为审慎的精神和态度。这种精神和态度随着儒学在中国的普及和影响，也逐渐成为民间的生活信念。如《朱子家训》曰"毋贪口腹而恣杀牲禽"[①]，即体现了这一点。

当然，从儒家的"人本主义"的立场出发，在万有生命中，儒家格外看重人的生命，格外强调对人的生命的关爱。这并不是说人的生命在先天价值上高于其他生命，而是因为唯有人能成为体认和践履天道、促进生命大化流行的主体，所以优先

---

① （清）朱柏庐：《朱子家训》，中州古籍出版社，1995，第3页。

保证人的生命，这对于整体宇宙生命的良好存在实际上具有重要的前提意义。这正如荀子所说："天地生君子，君子理天地，君子者，天地之参也。"（《荀子·王制》）没有人的道德理性的充分运用，自然也就没有灵性，人类也只能爪牙相见，如此世界将混乱不堪。《礼记·礼运》曰："天之所生，地之所养，人为大矣。"因此充分确证人之生命特性之所在，充分保证人的生命尊严，以充分发挥人的道德理性，从而使人天定的道德义务能够真正履行，这是儒家特别看重的。因而儒家给予了人的生命以特别关照，并坚决反对把人的存在降格为动物式的存在，且把这看作君子之所以为君子的极为重要的评判标准。一个真正的君子，必然懂得优先对待人的生命的道理，也必然懂得维护人的生命尊严的道理。"君子学道则爱人"（《论语·阳货》），而真正的爱人，就要懂得维护人的生命尊严，对人的生存处境具有高度的同情共感能力。如果心系天下苍生，肯于为广大人民群众奉献、牺牲自己，"博施于民而能济众"，在儒家这里，就不仅绝对可以被评价为君子，甚至可以称之为"仁者"或"圣人"了。①

总之，真正的君子，重生、乐生、厚待众生，懂得爱护生命、欣赏生命，尤其是对人的生命，能够给予格外的关照。一个人懂得尊重生命、爱护生命，能够自觉维护宇宙生态，特别是对人类命运共同体的长久存在葆有强烈的道义意识，自觉把自己的命运与人类整体命运联系起来，重视修己、注重安人，② 以天下苍生为念，他就是真正的君子。

可见，从"生"的角度来看待君子，君子之为君子的根据和标准清晰可见，不仅凸显出儒家君子观的基本精神，也充分显示出儒家君子理念的当代价值。更为重要的是，从这个角度来评判君子，君子的形象就不那么遥不可攀，具有现实性和针对性。我们如果从这一精神来看待和推行儒家君子观，就会容易将这种观念落到实处。

---

① 参见《论语·雍也》："子贡曰：'如有博施于民而能济众，何如？可谓仁乎？'子曰：'何事于仁，必也圣乎！'"
② 君子"修己以敬""修己以安人"等语见《论语·宪问》。

新时代教育呼唤新时代师君子

李利君[*]

摘要： 中央两办印发了《关于实施中华优秀传统文化传承发展工程的意见》，要求优秀传统文化教育要"贯穿国民教育始终"，培养学生具有"家国情怀、社会关爱和人格修养"等中华君子品德精神和人格特质，这就要求教师首先要成为新时代君子教师或师君子。这一师德建设任务是由教育目的与师德现状所决定的。新时代师君子有十条标准和多种实现途径。

关键词： 新时代；师德；君子品德；人格；新师君子

习近平总书记高度重视中华优秀文化的传承与弘扬，他在十九大报告中强调，没有高度的文化自信，就没有中华民族的伟大复兴。2017年1月25日，中共中央办公厅、国务院办公厅印发了《关于实施中华优秀传统文化传承发展工程的意见》（以下简称《意见》），要求各地区各部门结合实际认真贯彻落实。根据《意见》精神，优秀传统文化教育要"贯穿国民教育始终"，要"围绕立德树人的根本任务，以弘扬爱国主义精神为核心，开展家国情怀教育、社会关爱教育和人格修养教育。着力完善青少年学生的道德品质，培育理想人格，全面提升其素养"。由于"家国情怀、社会关爱和人格修养"这三方面素养正是中华君子品德精神和人格特质的重要表现，我们有理由认为：新时代教育事业的新目标任务就是要将青少年一代培养成具有中华君子品德和人格修养、全面发展、能担当起实现中华民族伟大复兴中国梦重任的新一代青少年君子，它要求负责培养任务的教师首先要成为传承与弘扬优秀传统文化的新时代君子教师或新师君子。

---

[*] 李利君，湖南省君子文化研究会会长。

一、君子品德和人格修养及其立德树人价值

（一）君子文化中推崇的君子品德和人格修养

君子文化是中华民族的优秀人格标识和基因，是中华民族深沉的精神追求和价值取向。君子文化汇聚了中华民族数千年立德树人的智慧，是优秀传统文化的精髓。君子文化推崇的君子品德和人格修养至今仍有积极意义。

心忧天下，爱国为民。君子具有强烈的家国情怀。孔子认为：君子"修己以安百姓，尧舜其犹病诸"。修己只是君子的最低要求，作为君子，应以安民济众为己任。历史上涌现出的无数君子人物中，尤以具有以天下为己任的家国情怀和伟大人格之君子最受人敬仰。

义以为上，见义勇为。"君子喻于义。"（《论语·里仁》）"行而宜之为义。"（韩愈《原道》）君子拥有摆脱个人功利价值的行为道德标准，即"义以为上"，为坚守义，甚至不惜舍弃个人一切。"生，亦我所欲也，义，亦我所欲也，二者不可得兼，舍生而取义者也"（《孟子·告子上》），"见义不为，无勇也"（《论语·为政》）。义以为上、见义勇为是君子至上的人格和精神追求。

诚实守信，担当有为。"诚者，天之道也。思诚者，人之道也。"（《孟子·离娄上》）在君子心目中，讲诚信是天经地义的天理，是做人之道。君子坚守言必信、行必果，说到就要做到，对自己的言行担当负责，否则不可为人。"君子一言，驷马难追"，诚信担当，迄今仍是做人之本、交友之基、经商之魂，是衡量君子与小人的重要界限。

仁爱友善，成人之美。仁爱即"爱人"，"泛爱众"。孔子认为"恭、宽、信、敏、惠，能行五者于天下为仁矣"，做人处事能符合以上五点要求，就是行仁。"惠"即施给好处，即如君子之"己欲立而立人，己欲达而达人""成人之美"等等。今天，君子的这种社会关爱精神和品德仍是中华民族共同崇尚的道德选择。

孝敬父母，友爱兄弟。"夫孝者，百行之冠，众善之始也。"（《后汉书》）"百善孝为先"，"孝"是一切德行的根本。孔子认为，君子要"入则孝，出则弟"。孔子还认为君子之孝是"孝"与"敬"的结合，并将能否"敬亲"、孝敬父母作为人与畜、君子与小人的区别。今天行孝友悌不仅是齐家之道，也是构建和谐社会不可或

缺的美德。

自强不息，厚德载物。《易传·系辞》曰："天行健，君子以自强不息"，"地势坤，君子以厚德载物"。作为君子，只有自强不息，才能获得较高的道德修养，达到完美的境界，实现君子的使命。君子的德行像大地一样宽广厚重，能承载万物。孔子曰："其为人也，发愤忘食，乐以忘忧，不知老之将至。"（《论语·述而》）孔子自己就是自强不息的榜样。自强不息和厚德载物是对君子崇高的品德境界和人格魅力的集中概括。

谦虚谨慎，笃志博学。谦虚是君子最突出的人格特征。因为谦而虚，君子总是学而不厌，见贤思齐，智而无忧；终生学习，永远保持空杯心态，笃志不移，因而能够不断提升自身素质，完成自己的使命。同时也赢得了世人对其"谦谦君子，温润如玉"之品质与风范的美赞。

自省自讼，反求诸己。"内省不疚，夫何忧何惧。"（《论语·颜渊》）由自省达到无愧无忧无惧，这是一种建立在理性基础上的心理平衡。为此，孔子认为：君子应当每日"三省其身"，有问题先从自身查找原因，"求诸己"，"不怨天，不尤人"，"内自省"，"内自讼"。孟子认为君子要"反求诸己"，"自反""自得"，达到"仰不愧于天，俯不怍于人"，"反身而诚，乐莫大焉"（《孟子·尽心上》）的精神充实快乐的境地。正是这种自觉的律己自省的健康心理和人格特征，造就了君子的高尚品德和人格魅力。

文质彬彬，内外兼修。孔子认为："质胜文则野，文胜质则史。文质彬彬，然后君子"（《论语·雍也》），君子"志于道，据于德，依于仁，游于艺"（《论语·述而》）。即内在美德和外在文采的统一才是君子，做到表里如一、德才艺兼备的人才是真君子。

和而不同，周而不比。"君子和而不同"（《论语·子路》），君子与人交往和谐友善，但在具体观点上不苟同于对方。"君子周而不比"（《论语·为政第二》），君子团结而不搞团团伙伙，是讲原则讲是非的团结，小人则相反。这也是今天我们仍应具备的品德。

正直不苟，是非明确。"君子敬以直内，义以方外。"（《易经》）君子正直，明辨是非，不趋炎附势，不苟同，具有北宋理学家周敦颐在《爱莲说》中赞颂的君子如莲的品质："予独爱莲之出淤泥而不染，濯清涟而不妖，中通外直，不蔓不枝，……"这篇短文也成为赞美君子正直不倚、品格高洁的千古绝唱。

宁静致远，淡泊明志。君子心中有大爱大义，所以看轻个人私利，能抵御物质欲望。正如诸葛亮《诫子书》中所说："夫君子之行，静以修身，俭以养德，非淡泊无以明志，非宁静无以致远。"这就是说，做一个君子，能宠辱不惊，智而不忧，总是在身心安宁中完成他的修养，在无欲无求中养成他的美德。在物欲横流、人心浮躁的今天，我们是多么需要塑造君子这种健康心态和可贵的人格修养啊！

（二）君子品德与人格的立德树人价值

君子的优秀品德和人格特征，经儒释道大家和众多名人学者的一致推崇，以及历代君子人物反复践行诠释，其内容已涵盖修身、齐家、治国、平天下等各个范畴（孔子的学说甚至可以称为"君子学"），汇聚了个人修养提升、家庭关系处理、社会关系协调、事业成功成就、人生价值实现、国家社会治理等各方面的智慧。

在立德树人方面，君子文化尤其具有独特的价值和作用，是凝聚中华民族立德树人智慧的智库。它告诉人们如何成功做人、如何妥善处世，从修身修心到不断地自我提升完善、处理与他人关系、应对各种困扰，直至取得人生事业成功、家庭和睦幸福、个人价值实现等，几乎贯通社会人生的所有方面。如果能坚持做君子，对普通人而言，一定是身心健康、精神愉悦、家庭和睦、事业有成的价值人生和幸福人生；对担负重要社会责任的人而言，一定是立德立功立言、平安、愉悦的人生。可以说，君子的人生是智慧人生、成功人生、价值人生和幸福人生的代名词。

历经数千年传承发展，作为优秀传统文化精髓的君子文化应当由精英文化发展为大众文化，成为每一位正心正性的真正中国人的修身之诀。我们用中华立德树人的君子文化培养具有君子美德和人格修养的青少年君子，不仅有利于培养身心健康、全面发展的下一代，有利于孩子长大后适应社会生存发展环境、建立和睦幸福家庭，而且可以为实现中华民族伟大复兴的中国梦培养造就一大批有理想、有担当、有道德、有智慧、有才干、有能力的德才兼备的栋梁之材。

二、新时代教育的新目标要求

教育的目的是什么？这似乎不值得一提。但是，事实并非如此。我们教育的现状和新时代的要求，都需要我们认真审视我们的教育理念和目标定位。

（一）教育之目的

首先，教育的目的应当是培养具有健全的人格和美德的人。德国学者卡尔·雅斯贝斯认为："教育的本质意味着：一棵树摇动另一棵树，一朵云推动另一朵云，一个灵魂唤醒另一个灵魂。"苏霍姆林斯基认为："真正的教育者不仅传授真理，而且向自己的学生传授对待真理的态度，激发他们对于善良事物受到鼓舞和钦佩的情感，对于邪恶事物的不可容忍的态度。"陶行知认为教师的职务是"千教万教，教人求真"，学生的职务是"千学万学，学做真人"。可见，教育的本质是心灵的沟通，灵魂或良知的唤醒与启迪，其目的是育人，是培养具有优秀品德、健全人格的人。

其二，教育的目的应当是培养学生的独立性。正如德国教育家第斯多惠所讲的："教育的最高目标就是激发学生的主动性，培养学生的独立性。从广义上讲，这就是一切教育的最终目的。"美国教育家赫钦斯也认为："教育就是帮助学生学会自己思考，作出独立的判断，并作为一个负责的公民参加工作。"独立性不仅包括学生独立思考的能力，还包括独立生活、妥善协调人际关系的能力等。

其三，教育的目的是激发学生的潜能，培养人的个性。爱尔兰教育家威廉·叶芝说："教育不是注满一桶水，而是点燃一把火。"教育应当是去发现并激发每一个学生的兴趣和潜在的特长，而不是压抑它。正如美国学者约翰·杜威所说的，"教育即生长，生长就是目的，在生长之外别无目的"。苏联教育家赞可夫也说过："教育是让孩子了解自己！解放自己！发展自己！创造自己！"

其四，教育的目的是让学生学会学习。这即是要引导和培养学生的自学理念和自学能力。叶圣陶认为，"教师之为教，不在全盘授予，而在相机诱导"，"教是为了不需要教。……就是说咱们当教师的人要引导他们，使他们能够自己学，自己学一辈子，学到老"，"自能读书，不待老师讲；自能作文，不待老师改。老师之训练必做到这两点，乃为教学之成功"。

（二）目前学生教育方面存在的问题

我国现行教育体制曾经发挥过非常积极的作用，培养了大批有用人才。但随着时代发展，现在已显示出一些不容忽视的问题。

一是教育目的模糊。教育目的是什么，很多人并未有过清晰的思考和认知。现实生活中，教育目的基本演变成为学生分数和升学率而奋斗。在这种目标下，学生、学校和家长都在为应考而拼尽全力，学生的健全人格、个性发展和学习能力培养等教育目的无法保障。

二是难以培养创新型人才。我国目前实行的主要是整体讲授、统一考试——"填鸭式"的教育方式。这种教育方式虽可能有利于培养大量技术性人才，但学生的创造性思维、实践能力等方面的培养遭到忽视，难以满足新时代发展对各种创新型人才的需求。

三是不利于学生身心健康和全面发展。目前学校教育科目内容似乎有很多，但学校教育的所有时间几乎都花在知识教育上，德、美、体等方面，包括身心调适和协调处理人际关系能力等的培养严重缺失，或效果甚微，学生的人格养成不足，社交能力和心理健康调适能力等较弱，甚至有不少学生身心健康受到影响。

（三）新时代教育的新目标要求

十九大报告提出了新时代新征程新使命的一系列新任务，新任务的实现需要培养大量新型人才。教育系统责任重大，为适应新时代对人才培养的要求，需要学习领会好两办《意见》精神，明确新时代教育的目标任务，抓好贯彻落实。根据两办《意见》和教育部《关于印发〈完善中华优秀传统文化教育指导纲要〉的通知》（以下简称《通知》）精神，新时代教育的新目标要求主要有：

1. 将优秀传统文化教育贯穿国民教育始终。促进青少年学生全面发展，培养富有民族自信心和爱国主义精神的社会主义事业的建设者和接班人。

2. 围绕立德树人根本任务，把中华优秀传统文化全方位融入思想道德教育、文化知识教育、艺术体育教育、社会实践教育各个环节。

3. 开展家国情怀教育。培养学生爱国情感，树立民族自信和振兴中华的理想。

4. 开展社会关爱教育。使学生学会正确处理协调个人与他人、个人与社会、个人与自然的关系，关爱他人，尊重自然，热心公益。

5. 开展人格修养教育。引导学生崇正义，明是非，遵纪守法、坚韧豁达，奋发向上，自强不息，知荣辱，守诚信，敢创新。

6. 加强面向全体教师的中华文化教育培训，全面提升师资队伍水平。

由此可见，针对现行学校教育中存在的问题，新任务明确了新时代各级学校教育的新目标：通过加强优秀传统文化教育，培养学生的家国情怀、社会关爱品德，提升学生的人格修养，使学生成为道德人格高尚、身心健康、全面发展的人才，成为能担当起新使命的新时代青少年君子！

为了实现这一新的教育目标，必须加强对全体教师的中华优秀传统文化培训，培养造就一大批具有中华君子品德和人格的教师或新师君子。

三、新时代教育需要新师君子

实现新时代教育的新目标，做好用优秀传统文化培养新时代青少年君子的工作，关键在教师。为此，需要加强教师的优秀传统美德和人格修养教育，即要加强新师君子师德建设。

（一）新师君子师德建设的必要性

师德决定教育目的的实现。完成培养造就新时代青少年君子的任务取决于是否有一批具有君子品德和人格的教师。正如王安石所言："善之本在教，教之本在师。"韩愈曰："师者，所以传道授业解惑也。"老师首先是要传道。叶圣陶指出："中国之知识教育以德性教育为基本，亦以德性教育为归宿。"梁启超更是认为："古今中外之哲人无不以道德为重于知识者，故古今中外之教育无不以道德为中心。"而师德如何，直接影响学生的人格养成。正知法国桑弗所称："只有在人格的直接影响之下来培养学生并发展他的智力和品德。不可能用任何程式、任何纪律、任何规章和课程时间来人为代替人格的影响。"所以，一名合格的老师，首先必须是道德之师，具有高尚的师德和人格修养，成为学生的表率。只有教师具有君子的美德和人格魅力，才能在一言一行中、在潜移默化中感染带动学生君子人格的养成。

师德现状需要改善。当前，师德建设中存在着一些不容忽视的问题，需引起重视和解决。虽然，我国教师队伍整体道德水平是高的，大多数教师为人师表，默默耕耘，赢得了社会赞誉。但是，受市场经济环境等因素影响，一些教师出现了与其身份不相称的言行，引发负面社会反响，不同程度地损害了教师应有的道德形象。其主要表现有四。一是理想信念淡薄。个别教师在教学活动或其他场合，发表违背党的路线方针政策的言行，或通过课堂及其他渠道发表错误观点，或编造散布虚假信息、不良信息等。二是缺乏教师的敬业精神。一些教师不是将教育作为事业，而是仅仅将其作为谋生之职，不能真正认识教师职业的光荣与神圣，工作随意，备课马虎，上课应付，对学生不负责任。三是不能为人师表。一些教师不能严格要求自己，言行失范，降低了教师应有的表率作用。四是急功近利，物欲膨胀。个别教师一切向钱看，违规补课办班收费，以"教"谋私，以"分"谋私，引发社会负面影响。五是违法乱纪，道德败坏。极个别教师利用教师地位，违法受贿，谋取不正当利益；有的甚至猥亵性侵学生，严重败坏了教师声誉。

（二）新时代新师君子标准

解决当前教师队伍师德问题需多管齐下。但调动教师自尊自律的内在主动性，唤醒其良知，塑造其君子品德和人格，是极其重要之举措。根据《意见》《通知》中新时代教育目标要求及教师行为规范，结合培养青少年君子的实际需要，特提议以下新师君子标准以就教于大家。

忠诚教育，坚定信仰。这是新师君子首德和新时代特色。一名教师，只有将教育作为一生的事业，深刻认识教师职业的光荣与神圣，树立正确的价值取向，才能坚守党的教育方针，坚持社会主义道路，践行社会主义核心价值观，忠诚于人民的教育事业，真正做到奉献教育不动摇。

为人师表，言传身教。这是新师君子的基本品德。教育者应当为人师表，成为学生的表率。为人师表由教师职业的示范性所决定。教育的目的是育人，为人师表不仅表现为教师在知识技能传递过程中的示范作用，更重要的是教师自身的思想道德水平对学生的言行和人格培养起到的示范和表率作用，即身教的道德示范。

仁爱共济，关爱学生。君子的仁爱共济是教师献身教育事业的人格之基；关爱学生，是师德的核心。教师对学生的爱，是一种只讲付出不计回报、无私无血缘关系的爱。这种爱是一种出自仁爱共济情怀的"泛爱众"的大义，是神圣的。所以，作为教师，不仅要具备孝悌等人伦之爱，还要有广泛地关爱社会、关爱国家民族发展、热爱教育事业之爱，这样他才能自觉地去关爱学生，全身心地为学生付出。我国著名教育家徐特立认为："教育之不能没有感情，没有爱，如同池塘没有水一样，就不能为池塘；没有情感，没有爱，就没有教育。"所以，关爱学生为新师君子之要德。

笃志弘毅，爱岗敬业。这是新师君子必备的品格。"士不可以不弘毅，任重而道远。"（《论语·泰伯》）教育是百年树人之业，任重而道远，要求从事教育事业的士人、君子，必须有弘大的志向、坚毅的品质，爱岗敬业，经得起各种诱惑的考验，坚守教育阵地，专心致志于教育事业，敬业勤勉，不辱使命。

学而不厌，诲人不倦。这是师君子之应有之德。作为教师，不仅要自己学习，永不满足，更重要的是教诲学生要有耐心，不知疲倦。学而不厌、诲人不倦体现着教师的高度责任感、爱心和敬业精神，只有对教育事业充满热情、对学生充满热爱和高度负责任的教师，才能做到热衷于不断提升自身的学养，不知疲倦地谆谆诱导和教诲学生。

正直公道，不偏不倚。这是新师君子必备的人格修养。君子坚持正义，守正道，正直不偏私。不因失去某些眼前的物质利益而改弦易张，这就是所谓正人君子。孟子认为："教人治人，宜皆以正直为先。"新师君子应当给学生树立正直的榜样，在各种物欲诱惑中坚守公平正义原则，不因个人私利牺牲公道，不拿原则做交易，守住人格底线和操守。

礼貌谦虚，温润如玉。谦虚是君子最突出的人格特征。"谦，尊而光，卑而不可逾，君子之终也。"（《易经·象传上·谦》）谦虚让尊贵者光彩照人，让卑下者不可逾越。一名教师，如果态度傲慢，言行无礼，缺乏应有的谦虚与礼貌，就不配为人师表之称号。新师君子应当具有礼貌谦虚的品格，树立"谦谦君子，温润如玉"的形象。

文质彬彬，内外兼修。作为新师君子，仅有内在的美德还不够，还须有与其相适应的外在文采，内外兼修，德才兼备，文质彬彬。他们既要具有高尚的品德，又要具有能满足教学需要的精深的专业知识，以及优良的才艺和良好的行为风范等。

和而不同，周而不比。新师君子在人际交往中要做到和而不同，周而不比，善于正确协调处理与他人的关系，以更好地完成其教育使命，并示范教育学生学会协调人际关系。新师君子要既能和谐友善地与人交往，又不搞无原则的和气，不盲目附和；既能合群团结，又不搞团团伙伙。

淡泊名利，宁静致远。教育是大德之业，是神圣光荣的事业，忠诚于教育的教师必须具有崇高的精神追求，一旦选择了这项事业，就选择了大义大爱，就选择了奉献。所以一名优秀的教师会淡泊私利，抵御物质欲望，保持心态的宁静平和，"静以修身，俭以养德"，心无旁骛地耕耘，担当起为国育才之重任。

（三）新师君子培养途径

新君子教师队伍的造就绝非一日之功。根据一些地方的做法，目前，可以先从以下几方面着手。

第一，开展君子文化进学校工程，加强新师君子队伍建设。通过开展对教师的君子文化学习与培训，提升其君子文化素养、师德水准和培养学生成为青少年君子的能力。子夏曰："博学而笃志，切问而近思，仁在其中矣。"（《论语·子张》）通过系统培训，让教师广泛阅读君子文化经典，学习君子人物故事，坚守教育报国志向，全面提升教师职业道德和个人修养，造就一大批传承弘扬优秀传统文化的优秀君子教师人才。

第二，建立新君子教师评价体系。教师是最高尚的事业，需要高尚的人来成就。君子文化作为立德树人的优秀传统文化精髓，是社会主义核心价值观的重要思想和文化根源，君子是中华民族千锤百炼的理想人格和人生价值取向，理当成为教师应有的品德与人格的选择和标准。为此，我们建议建立新师君子的评价标准和激励机制，每年评选一批新君子师德标兵，大力宣传表彰其事迹，在教师队伍中形成人人学"做君子，不做小人"的道德风气，以弘扬社会正气，助推社会主义核心价值观落到实处。

第三，建立青少年君子文化教育践行基地，让教师在学教实践中边学习边锻炼边提升。美国教育家赫钦斯认为："德行应该在邪恶尚未占住心灵之前，早早就教。"越早让学生学习君子文化经典，培养其传统美德，加强其人格修养，立德树人就越有效果。建议大力推进青少年君子文化教育践行基地的建设工作。湖南在全省一些中小学启动少年君子文化教育践行基地，已取得初步成效，社会反响较好，既培养了学生的君子志向和品德情怀，又提高了教师的传统文化素养和君子人格修养。